城市轨道交通风险管控系列丛书

城市轨道交通系统
运营安全保障理论与方法应用

王艳辉　贾利民　李宇杰　张欣　李曼　路堃　著

人民交通出版社股份有限公司

北　京

内 容 提 要

本书为城市轨道交通风险管控系列丛书之一。本书面向城市轨道交通运营安全,详细介绍了城市轨道交通系统运营安全保障理论与方法应用相关内容。本书共分为7章,主要内容包括城市轨道交通系统拓扑网络模型构建、城市轨道交通系统风险点辨识与分级、城市轨道交通系统风险链构建、城市轨道交通系统风险传播路径预测、城市轨道交通系统风险传播控制、城市轨道交通系统风险管控、城市轨道交通系统风险网络模型应用研究。

本书可供轨道交通行业技术人员学习参考,也可作为轨道交通行业培训教材或普通高等教育、职业教育轨道交通类专业拓展课教材。

图书在版编目(CIP)数据

城市轨道交通系统运营安全保障理论与方法应用/王艳辉等著. —北京:人民交通出版社股份有限公司,2023.12

ISBN 978-7-114-19026-1

Ⅰ.①城… Ⅱ.①王… Ⅲ.①城市铁路—交通运输安全—安全管理体系—研究 Ⅳ.①U239.5

中国国家版本馆 CIP 数据核字(2023)第 190781 号

城市轨道交通风险管控系列丛书
Chengshi Guidao Jiaotong Xitong Yunying Anquan Baozhang Lilun yu Fangfa Yingyong

书　　名:	城市轨道交通系统运营安全保障理论与方法应用
著　作　者:	王艳辉　贾利民　李宇杰　张　欣　李　曼　路　堃
责任编辑:	钱　堃
责任校对:	赵媛媛　魏佳宁
责任印制:	张　凯
出版发行:	人民交通出版社股份有限公司
地　　址:	(100011)北京市朝阳区安定门外外馆斜街3号
网　　址:	http://www.ccpcl.com.cn
销售电话:	(010)59757973
总　经　销:	人民交通出版社股份有限公司发行部
经　　销:	各地新华书店
印　　刷:	北京虎彩文化传播有限公司
开　　本:	720×960　1/16
印　　张:	14.5
字　　数:	244千
版　　次:	2023年12月　第1版
印　　次:	2023年12月　第1次印刷
书　　号:	ISBN 978-7-114-19026-1
定　　价:	79.00元

(有印刷、装订质量问题的图书,由本公司负责调换)

第4章　城市轨道交通系统风险传播路径预测　/074

4.1　风险传播机理分析 …………………………………………………… 074
4.2　基于故障模式改进的 SIR 风险传播动力模型 ………………………… 080
4.3　基于动力传播模型的风险传播路径仿真 ……………………………… 090
4.4　本章小结 ……………………………………………………………… 094

第5章　城市轨道交通系统风险传播控制　/095

5.1　引言 …………………………………………………………………… 095
5.2　基于数据驱动的运营风险传播方法 …………………………………… 096
5.3　基于免疫策略的风险传播控制方法 …………………………………… 113
5.4　节点风险传播能力评价指标 …………………………………………… 118
5.5　基于节点随机自游走算法的免疫策略生成 …………………………… 121
5.6　本章小结 ……………………………………………………………… 126

第6章　城市轨道交通系统风险管控　/127

6.1　风险管理需求 ………………………………………………………… 127
6.2　基于本体的主动安全知识图谱构建方法研究 ………………………… 129
6.3　递阶循环协同控制模型 ……………………………………………… 149
6.4　基于人因复合风险网络的运营安全管理策略 ………………………… 166
6.5　本章小结 ……………………………………………………………… 174

第7章　城市轨道交通系统风险网络模型应用研究　/175

7.1　面向制动场景的风险链构建 …………………………………………… 175
7.2　基于车辆系统的风险传播与控制实例分析 …………………………… 189
7.3　人因复合风险网络模型构建及系统运营安全管理策略应用实例 …… 201
7.4　本章小结 ……………………………………………………………… 214

参考文献　/216

CONTENTS 目录

第1章 城市轨道交通系统拓扑网络模型构建 /001

1.1 引言 ………………………………………………………………… 001
1.2 拓扑网络模型构建 …………………………………………………… 002
1.3 本章小结 ……………………………………………………………… 013

第2章 城市轨道交通系统风险点辨识与分级 /014

2.1 风险点分类 …………………………………………………………… 014
2.2 风险点辨识 …………………………………………………………… 022
2.3 风险点分级 …………………………………………………………… 049
2.4 风险点辨识与分级计算实例分析 …………………………………… 051
2.5 本章小结 ……………………………………………………………… 053

第3章 城市轨道交通系统风险链构建 /054

3.1 风险点状态及转化 …………………………………………………… 054
3.2 风险点间耦合作用机制 ……………………………………………… 057
3.3 风险链构建理论基础 ………………………………………………… 060
3.4 风险链构建 …………………………………………………………… 063
3.5 基于风险链的系统风险推理 ………………………………………… 070
3.6 本章小结 ……………………………………………………………… 073

为主线,构建了相对完整的城市轨道交通运营安全保障理论和方法体系,为保障城市轨道交通系统运营安全奠定了理论方法基础。全书共分为7章,主要内容包括:城市轨道交通系统拓扑网络模型构建、城市轨道交通系统风险点辨识与分级、城市轨道交通系统风险链构建、城市轨道交通系统风险传播路径预测、城市轨道交通系统风险传播控制、城市轨道交通系统风险管控、城市轨道交通系统风险网络模型应用研究。

本书面向城市轨道交通系统运营安全,详细介绍了城市轨道交通系统安全保障的理论与方法,并以城市轨道交通的典型场景和系统为实例对理论进行应用,能够为城市轨道交通相关专业的从业人员和大专院校提供参考。

本书是北京交通大学作者团队承担的"十三五"国家重点研发计划"城市轨道交通系统安全保障技术"(课题编号:2016YFB1200402)的部分研究成果。王艳辉、贾利民、李宇杰负责第1章和第2章的撰写;王艳辉负责第3章、第4章和第5章的撰写;张欣、李曼、路堃、李宇杰负责第6章、第7章的撰写;王艳辉负责全书内容组织、优化和统稿工作;张天格、绳可欣、牛鹏骅、赵盛盛、郝伯炎、崔逸如、李阳、杜宇朝、李承叡等为本书的资料搜集与整理、数据与方法分析、图表编制等提供了重要帮助。限于作者水平,书中疏漏和不足之处在所难免,希望抛砖引玉,对提升我国城市轨道交通系统运营安全保障起到促进作用。

作　者
2023年8月

PREFACE 前言

2019年9月,中共中央、国务院印发的《交通强国建设纲要》明确了"安全保障完善可靠、反应快速"的重点任务,提出"完善交通基础设施安全技术标准规范,持续加大基础设施安全防护投入,提升关键基础设施安全防护能力""完善网络安全保障体系,增强科技兴安能力,加强交通信息基础设施安全保护"。

城市轨道交通是建设交通强国和智慧城市的重要组成部分,是城市交通的"主动脉",也是保障城市正常运行的重要基础设施。近年来,城市轨道交通发展迅猛,在促进我国经济发展、方便人民群众生活、保障社会安全稳定等方面发挥了重要作用。

安全是城市轨道交通正常、高效运营的前提和保障,是城市轨道交通立足的根本所在。城市轨道交通系统复杂而庞大,由众多子系统组成,各子系统之间相互作用、相互影响,设施设备之间有着较强的耦合性,不同线路之间的统一协调难度大,网络化运营情况复杂,一旦某一站点或线路出现问题,有可能影响线网大面积运营。因此,多线路、多方式与多部门复杂的协调工作,使网络化运营背景下的运营安全管理需要系统、全局、协同的理论方法与技术做支撑。

目前,与城市轨道交通系统运营安全风险管理相关的系统性理论、方法与技术仍相对缺乏,基本没有形成轨道交通系统安全风险辨识、系统风险预测预警等系统全局安全保障理论与方法体系,难以满足支撑城市轨道交通系统主动安全保障与管理的需要。将城市轨道交通安全管理由传统的"被动安全预警"转变为"主动安全预测",将以往的"经验驱动"转变为"风险驱动",将传统的"设备级"安全防范转变为"系统级"综合安全管控,从根本上进一步推动促进我国城市轨道交通行业安全保障领域技术创新发展,对支撑交通强国建设具有重要的现实意义和深远的战略意义。

本书以风险管理理论为出发点,以"风险点辨识与分级方法—风险链模型构建方法—风险传播路径预测方法—风险传播控制方法—风险管控方法—应用研究"

第1章 城市轨道交通系统拓扑网络模型构建

1.1 引言

城市轨道交通系统是城市公共交通系统的骨干，是城市综合交通运输系统的重要组成部分，也是城市交通活动的关键载体之一。提升城市轨道交通系统的安全服务保障能力及质量效益，是行业内众多专家和学者一直追求的目标。从系统规模来说，城市轨道交通系统是一个规模庞大、结构复杂的集成系统，专业高度密集且种类繁多，系统内存在众多子系统和大量的组成部分（简称"组分"），它们之间具有各式各样复杂、紧密的关联关系。就系统功能而言，城市轨道交通系统的各子系统之间、子系统内部各组分之间都存在着信息、物质、能量的交互作用，各组分、各子系统间协同工作才能形成城市轨道交通系统整体具备的功能特性。因此，城市轨道交通系统是一个有机的整体，其整体功能是各组成部分在孤立状态下所不具有的。此外，城市轨道交通系统还是一个受外部环境影响的开放系统，不仅涉及人、机、环境三者之间的关系，还与政策法规、管理和控制等活动密切相关，这使得城市轨道交通系统的运营组织过程涉及因素较多，给系统的安全运营带来了较大的不确定性。因此，为了减少这种不确定性对城市轨道交通系统造成的影响，需要从系统的角度对城市轨道交通系统进行研究，实现各系统之间的协同协作，达到系统安全、高效运营的目标。

然而，目前对城市轨道交通系统运营安全领域的研究多集中在局部子系统或某些组分上，行业内较少有学者从系统整体的角度出发对城市轨道交通系统的运营安全保障方法进行深入、系统的研究。进入21世纪，新形势下复杂网络理论以其在描述系统拓扑特征、功能特性及组分节点间关联关系的优势，迅速成为系统建模领域关注的热点。应用复杂网络理论,结合系统科学理论对城市轨道交通系统开展深入的理论和应用研究,从由局部到整体的角度去认识整个城市轨道交通系统,可为城市轨道交通系统运营安全问题提供有效的解决方案。本书以复杂网络理论为基础,对城市轨道交通系统内的组分结构及其物质、能量、信息连接关系进行了梳理,在此基础上,将存在相关关系的点进行连接,得到了城市轨道交通系统基础组分的相关关系;以组分节点之间的连接关系类型为基础,以单一组分关系网络化表征模型的构建方法为参照,结合单一连接与复杂连接关系,构建组分关系网络化表征模型,形成了城市轨道交通系统的拓扑网络模型。该模型一方面反映了城市轨道交通系统的物理拓扑结构,另一方面清晰地表征了系统组分节点之间复杂的作用关系,能够实现对城市轨道交通系统清晰、准确的网络化描述。

1.2 拓扑网络模型构建

1.2.1 组分相关关系

城市轨道交通系统内组分间的相关关系是指组分间实际存在的,能够通过物质连接、能量连接、信息连接的方式产生交互的连接或作用关系,这种连接或作用关系反映了组分之间的相关性,是有指向性的、能够被观察或测量到的实体性关系。随着时代的发展,城市轨道交通系统网络化运营不断加强,车站与车站之间、线路与线路之间、系统与系统之间的关联性日益紧密,一旦网络中的某一点发生突发事件,风险就会在网络中传播,使突发事件的影响进一步扩大,进而影响整个网络的运营安全,造成更加严重的后果。城市轨道交通系统组分之间的相关性是系统功能呈现涌现性的根本原因,这种涌现性是一种从低层次到高层次的过渡,是宏观系统在功能结构上的突变。根据城市轨道交通系统组分连接情况,本书将组分之间的相关关系分为物质连接关系、能量连接关系、信息连接关系三类,具体如下。

(1)物质连接关系。在城市轨道交通系统中,存在着各类液态、固态以及气态的物质沿着设计好的管道或者通道传递,为途经的各种组分提供功能支持(包括原料供给、缓解摩擦、吸收能量等),或者被途经的组分管辖(各类阀体控制、泵类的推动)。这种物质的传递行为称为物质连接。物质连接包含两种过程:一种过程为"机-环"大循环过程,在机械力的作用下,将物质由系统外引入,物质经循环作用后被消耗或者转化后排出;另一种过程的传递主要受机械力作用,物质在系统内循环利用。物质沿其传递路径构成的物质连接网络称为物质连接结构。不同的机电系统中,传递的物质不同,物质传递的轨迹也不相同,但物质传递过程中形成的连接结构应该是类似的。例如在动车组系统中,物质连接中进行传递的主体物质主要包括空气、冷却液、润滑液等,这些物质在不同的位置发挥作用,但都要具有物质提供装备、运输装置等。组分 v_1、v_2 的物质连接关系示意图如图 1-1 所示。

(2)能量连接关系。城市轨道交通系统中的物质传递需要能量,能量的传递、转换和利用产生于物质的形态转化或位移过程中。能量连接是能量从传递、转换到利用以及回收的整个过程。能量连接是系统实现动作所需的动力,存在于整个工作过程中。在物理连接系统中,物质的传递需要能量,不论是物质的位置移动过程还是形态转化过程,其中一定伴随着各种能量的传递、转换和利用。能量的传递、转换、利用以及回收过程称为能量连接。能量连接存在于城市轨道交通系统整个工作过程之中,它是城市轨道交通系统实现动作过程所需的动力,没有能量连接也就不存在城市轨道交通系统的工作过程。能量连接的类型多种多样,例如机械能、电能等。以机械能为例,机械能是由能量系统中的驱动装置提供的,能量系统的起点是驱动装置,来自机械系统外部的能量通过驱动系统送往机械系统的各有关环节或子系统来维持各环节的运动,并通过转化、存储、传递、损耗来完成机械系统的有关功能,能量连接的终点是机械系统中的执行部件。组分 v_1、v_2 的能量连接关系示意图如图 1-2 所示。

图 1-1　物质连接关系示意图　　图 1-2　能量连接关系示意图

(3)信息连接关系。在城市轨道交通系统中,物质、能量连接在进行传递或者转换时将伴随着大量信息的产生,这些信息通过有线或无线的方式,被不同类型的传感器收集起来,并在城市轨道交通系统的各部件之间、各环节之间进行传递、储存以及处理。信息传递、储存以及处理过程称为信息连接。

例如在环境与设备监控系统(Building Automation System,BAS)中,温湿度传感器和二氧化碳传感器会将检测到的信息传递给网络设备进行存储和处理,则温湿度传感器和二氧化碳传感器与网络设备之间分别存在信息连接关系。信息连接反映了数据的检测、传输和显示过程,利用这些信息,可以对物质连接以及能量连接进行标示、控制、观测和管理。因此,信息连接结构对于城市轨道交通系统有序以及有效地完成工作而言是必不可少的。信息的类型也是多种多样的,例如物质或者能量的物理过程图形显示信号、物理结构的运动状态参数以及各种控制元件的可控制信号等。组分 v_1、v_2 的信息连接关系示意图如图 1-3 所示。

图 1-3 信息连接关系示意图

在城市轨道交通系统中,物质连接、能量连接与信息连接之间联系密切。一方面,物质连接与能量连接在时间上的路径反映了物质和能量在系统各环节传递的消耗与积存。此时,信息不断产生、传递与利用,并对物质连接、能量连接起着关键的标示、警戒、导向及调控作用。另一方面,信息连接必须以物质连接或能量连接为载体进行信息的获取、传递、处理和利用。也就是说,城市轨道交通系统中的物质连接、能量连接和信息连接相辅相成、互相影响。系统越复杂,物质、能量和信息交换就越频繁,部件间的作用关系形成的物质连接、能量连接及信息连接等越复杂。

因此,在城市轨道交通系统组分结构的基础上,将存在相关关系的点进行连接,即可得到系统性的城市轨道交通系统基础组分相关关系图,如图 1-4 所示。本书对供电系统、信号系统、土建系统等组成城市轨道交通系统的八个典型子系统进行分析,这些子系统都存在相互依赖的交互关系。比如供电系统作为城市轨道交通能源供应和传输系统与信号系统、机电设备系统、通信系统、线路系统、自动售检票(Automatic Fare Collection,AFC)系统等都有紧密的能量连接关系,而车辆系统作为载运工具,与线路系统和土建系统等有物质连接关系。

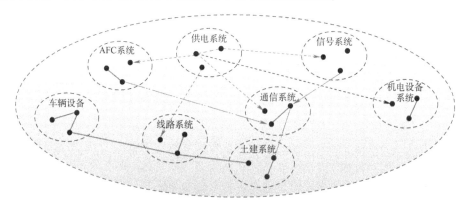

图 1-4 城市轨道交通系统基础组分相关关系图

1.2.2 网络化表征方法

1.2.2.1 组分节点表征方法

本书将系统中的设备单元定义为组分节点,包括系统中所有的基础设备单元。

组分节点可以是活跃性的设备元件,例如泵、电机、加热器、电磁阀等;也可以是一些被动承载组件,例如管道、电线、导杆、连接器等。组分节点是系统的具体组成部分,系统的功能通过部件的工作实现。根据组分节点在连接结构中所处的地位及发挥的作用,借鉴多层耦合连接模型中的相关概念,本书将组分节点分为以下类型(表1-1)。

不同类型节点示意图 表1-1

序号	类型	示意图	序号	类型	示意图
1	源头型组分节点	⊙	4	平衡型组分节点	⊖
2	汇总型组分节点	⊗	5	阻碍型组分节点	⦶
3	传输型组分节点	○			

(1)源头型组分节点。源头型组分节点用来向外提供物质、能量和信息,是各种连接的出发点。在实际系统中,源头型组分节点是各种系统中能量、信息连接等的输入端,通常由水(油)箱、驱动装置和信号发生器(传感器)等组分节点充当,源头型组分节点只存在一个输出端,功能特性由输出连接描述。

(2)汇总型组分节点。汇总型组分节点用来接受物质、能量和信息,是各种连接的结束点。在实际系统中,汇总型组分节点是各种系统中能量、信息连接等的输出端,通常由水(油)箱、能量消耗装置及存储器(阀门)等物理组分节点实现,汇总型组分节点只存在于输入端,功能特性由输入连接描述。

(3)传输型组分节点。传输型组分节点用来传递物质、能量和信息,是各种连接的中间点。在实际系统中,传输型组分节点是各种系统中能量、信息连接等传输过程中涉及的组分节点,通常包括泵、电线、管道与光纤等。传输型组分节点有一个输入端和一个输出端,功能特性由输入连接和输出连接共同描述。

(4)平衡型组分节点。平衡型组分节点用来对物质、能量、信息进行分流和汇总。在实际系统中,平衡型组分节点主要部件包括管道分支器、差动齿轮、频道转换开关等,功能特性由输入连接和输出连接共同描述。

(5)阻碍型组分节点。阻碍型组分节点用来阻止物质、能量、信息的传输。在实际系统中,阻碍型组分节点主要部件包括隔离阀、隔热材料和反应堆安全壳等,功能特性由输入连接和输出连接共同描述。

在网络图中,每个组分节点都用相应的符号代表;网络图中一些指向和背离组分节点的箭头,分别作为组分节点的输入连接和输出连接。组分节点的状态决定了输入连接和输出连接的功能特征。需要指出的是,同一个组分节点可能具有多种功能属性,当其具有多种输入、输出连接时,不同功能属性之间往往会产生依赖关系。

1.2.2.2 组分关系表征方法

城市轨道交通系统中的组分关系就是指在系统各组分节点之间发生,把组分节点连接起来形成特定结构的连接关系。在运行过程中,连接关系会在时间尺度或者空间尺度上呈现出其特有的传递特性。对于不同系统的不同连接,其组成的连接结构也会不尽相同。在城市轨道交通系统中,组分关系及组分关系结构具有连通性和依赖性两个基本特征。例如在城市轨道交通动车组的主变压器系统中,冷却液对油泵和输油管起到连接的作用,对高温工作条件下的变压器起到降温(影响)作用。基本连接类型包含物质连接、能量连接以及信息连接。

单一组分关系网络化表征模型建模可将复杂的功能实现过程简化为某一种物质、能量、信息连接的由连接的源头输入点到汇总输出点的传递和转化行为。建立组分关系网络化表征模型的具体步骤如下:

(1)明确功能目标。在系统结构功能分析的基础上,按照系统主要功能目标,确定建模的内涵(包含的组分节点)和外延(与其他连接的边界)。

(2)功能结构映射。将功能目标逐步分解成具体的功能属性,明确功能属性对应的组分节点。对组分节点进行统一编号,编号的顺序可以按照物质连接、能量连接的传递过程排列,也可以按照信号的发生时序排列。

(3)建立连接结构。根据复杂机电系统中物质、能量以及信息的产生、传输和消耗过程,建立用以描述功能目标实现过程的连接结构。如果实际系统是多输入连接结构,即具有多个源头型组分节点,针对这种连接结构可以通过虚拟一个共同源头型组分节点,把现有的多个源头型组分节点作为此结构的输出节点进行解决。

(4)绘制网络图。绘制单一组分关系网络化表征图,首先找到具有最小编号的源头型组分节点,并以源头型组分节点图形符号描述。接下来,按照连接结构搜索与源头型组分节点关联的连接输出节点,确定其功能属性,并以相应功能属性的图形符号描述。

在单一组分关系网络化表征模型 $G(N,E,\chi)$ 中,$N(G)=\{n_1,n_2,\cdots,n_v\}$ 是所有网络节点的集合。网络节点代表实际系统中的组分节点,其中节点 n_1、n_v 分别为源头型组分节点和汇总型组分节点,v 代表组分节点的数量。任意的 $n_i \in N(G)$ 有 $c_i^0,c_i^1,\cdots,c_i^a$ 共 $a+1$ 种状态。$\chi(G)=\{C_1,C_2,\cdots,C_v\}$ 表示模型 $G(N,E,\chi)$ 的状态空间。$C_i=\{c_i^0,c_i^1,\cdots,c_i^a\}$($c_i^1=0<c_i^2<\cdots<c_i^a$)表示组分节点 n_i 的状态集,其中 $c_i^0=0$ 和 $c_i^a=a+1$(一个正整数)分别表示网络节点处于零容量和最大容量时的状态值;其余状态 $c_i^j(0<j<a)$ 表示组分节点 n_i 的中间状态值。n_i 处于状态 c_i^j 是一个随机事件,该事件发生的概率 p_j^i 是给定的。由于模型中假设所有组分节点的状态概率独立,同一组分节点的不同状态也彼此独立,因此,$\sum_{j=0}^{a} p_j^i = 1$。$E(G)=\{e_1^b,e_2^b,\cdots,e_m^b\}$ 是所有边的集合。边的方向代表连接的方向;上标 b 代表连接的类型,单一组分关系网络化表征模型中连接的类型相同;m 代表边的数量。单一组分关系网络化表征模型如图1-5所示。

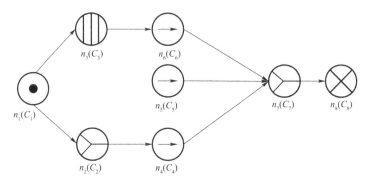

图1-5 单一组分关系网络化表征模型

1.2.3 组分关系融合方法

针对城市轨道交通系统的组成特点与网络化特征进行抽象和建模,以系统中的组分为节点,以节点之间的作用关系为连接边,结合具体的功能任务,建立表征系统结构与功能的网络化表征,揭示组分节点之间耦合关系的作用原理。组分关系网络化表征模型作为组分网络化关系的子关系,表达组分节点之间的物质连接、能量连接和信息连接的传递关系,并反映了系统的网络化特征结构。现假设如下:

(1)组分节点的提取可依据设备生产厂家提供的说明或者系统的历史故障数据。

(2) 组分网络化关系中的连接边为有向加权边,边的方向表示连接的方向,边的权重表示组分节点之间的功能依赖强度。

(3) 组分网络化关系是由分别表示物质连接、能量连接和信息连接的传递关系的三个组分关系网络化表征模型投影而成的。

(4) 组分关系网络化表征模型中,以组分节点作为网络节点,组分节点间的某一种连接作为边,连接表示了组分节点间的功能依赖关系,某一种连接完整地贯穿组分关系网络化表征模型。组分关系网络化表征模型之间也通过连接建立层间依赖关系。

(5) 组分网络化关系中组分节点之间的连接关系是组分关系网络化表征模型中连接关系的叠加。

(6) 组分网络化关系为无回路的非循环连通网络。

根据组分节点作出的假设来提取物质连接、能量连接和信息连接系统中的组分节点。作为物质连接、能量连接和信息连接的组分关系网络化表征模型中的网络节点,V 代表网络节点的集合,$V=\{v_i\}(i=1,2,\cdots,n)$,其中,$v_i$ 代表网络中第 i 个节点,n 为网络中节点的总数。

组分关系网络化表征模型中的连接边分为物质连接、能量连接和信息连接三种类型,组分网络化关系中的连接边除以上三种类型外,还有不同连接类型的叠加形式,即不同类型连接的并集。表1-2给出了网络节点间相互作用方式的类型、网络化表达的形式及其相关说明,其中 E 代表有向连接边的集合,$E=\{e_{ij}^b\}(i=1,2,\cdots,n,j=1,2,\cdots,n,i\neq j)$,边 e_{ij}^b 表示网络中两个相邻节点构成的有序对;b 表示连接的类型,$b=\{m,e,i\}$,其中,m,e,i 分别表示物质连接、能量连接和信息连接;黑色的实心点表示网络节点,网络节点之间的连接线表示节点间的连接边;v_i、v_j 表示作用关系网络模型中的节点。

网络节点间相互作用方式的类型、网络化表达形式及其相关说明　　表1-2

所属网络	连接类型	图形表示	说明
物质连接关系	e_{ij}^m	$v_i \dashrightarrow^{e_{ij}^m} v_j$	节点与节点间的连接方式为物质连接
能量连接关系	e_{ij}^e	$v_i \dashrightarrow^{e_{ij}^e} v_j$	节点与节点间的连接方式为能量连接
信息连接关系	e_{ij}^i	$v_i \dashrightarrow^{e_{ij}^i} v_j$	节点与节点间的连接方式为信息连接

续上表

所属网络	连接类型	图形表示	说明
复合连接关系	$e_{ij}^{m,e}$		节点与节点间的连接方式为物质连接与能量连接
	$e_{ij}^{m,i}$		节点与节点间的连接方式为物质连接与信息连接
	$e_{ij}^{e,i}$		节点与节点间的连接方式为能量连接与信息连接
	$e_{ij}^{m,e,i}$		节点与节点间的连接方式为物质连接、能量连接和信息连接

系统拓扑层网络模型涵盖了系统完整的结构特征,为普适化的全局系统建模提供了可能,同时也符合由"局部"到"整体"认知事物的客观规律。但是由于实际系统存在非线性因素,因此,融合各拓扑层网络构建全局拓扑网络模型时,节点和边应遵循如下规则:

若一个网络节点存在于两种或两种以上的拓扑层网络模型中,则在全局拓扑网络建模时可将该网络节点合并。如图1-6所示,网络节点v_i同时存在于物质连接和能量连接拓扑网络中。

若两个网络节点间存在两条或两条以上连接边,则将其合并为一条边。如图1-7所示,网络节点v_i和网络节点v_j之间既存在物质连接关系又存在能量连接关系,对于系统全局结构而言,更多的是关注组分节点间是否存在耦合作用关系,因此,可将其合并成为一条边。合并后的边实际上是一条表示多种作用关系的边。

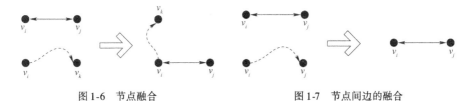

图1-6 节点融合　　　　　图1-7 节点间边的融合

组分关系网络化表征模型将复杂的系统行为组织成连接结构,抽象出基本的功能目标,并通过组分节点的输入/输出连接成有机的整体,描述基本功能目标的完成性。在表征模型的基础上,考虑同连接之间的耦合作用关系以及组分节点之间的依赖关系,建立可以描述多种功能目标组合的系统可靠性模型,其具体步骤如下:

(1)建立各层连接结构。在系统结构功能分析的基础上,按照系统不同的功能目标,区分物质、能量和信息的产生、传输和消耗过程,分别构建各层的表征模型结构;分解功能目标到具体的功能属性,明确功能属性对应的组分节点,并对组分节点进行统一编号。

(2)建立组分节点间的依赖关系:根据城市轨道交通系统中的任务剖面特点,基于连接的功能相关性,在不同层表征模型的各组分节点间建立起部件的依赖关系,这种依赖关系可能是物质连接、能量连接、信息连接中的任意一种。

(3)绘制网络图:全局拓扑网络模型图的绘制要强调对连接的作用方式的区分。对于每一层的表征模型,节点间的连接关系用直线箭头表示;对于不同层的网络,节点之间的依赖关系用带箭头的弧线表示(图1-8)。

全局拓扑网络模型一般记作 $G(N,E,\chi,D)$。

其中 $N(G) = \bigcup_{i=1}^{H} N(S_i)$,$N(G) \neq \emptyset$ 是节点的集合,是构成全局拓扑网络模型的各系统拓扑层网络模型的顶点集的集合。H 为大于零的自然数,表示表征模型的个数。S_i 表示第 i 个表征模型,$N(S_i)$ 表示第 i 个表征模型的顶点集,节点 $n_{i,1}$、$n_{i,v}$ 分别为第 i 个表征模型的源头型组分节点和汇总型组分节点,v 代表第 v 个表征模型组分节点的数量。

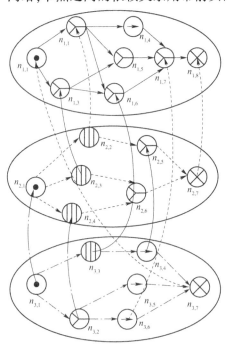

图1-8 全局拓扑网络模型

$E(G) = \bigcup_{i,j=1}^{H} E(S_i S_j)$ 是全局拓扑网络模型边的集合,这里,当 $i=j$ 时,$E(S_i S_j)$ 即为 $E(S_i)$,表示表征模型 S_i 的边集,此类边称为连接边;当 $i \neq j$ 时,$E(S_i S_j)$ 表示两个端点不在同一表征模型上,一个端点在表征模型 S_i 上,另一端点在表征模型 S_j 上构成的边集,此类边称为网间依赖边。实际上,全局拓扑网络模型的边集 $E(G)$ 由表征模型内连接边和网间依赖边两部分组成。

$\chi(G)=\bigcup_{i,j=1}^{H}\chi(S_i)$ 是全局拓扑网络模型的状态集合。H 为大于 0 的自然数,表示表征模型的个数。S_i 表示第 i 个表征模型,$\chi(S_i)$ 表示第 i 个表征模型的状态集合。

依赖关系集 $D(G)=\bigcup_{i,j=1}^{n}DS_{i,j}$,这里,当 $i=j$ 时,$DS_{i,j}$ 即为 DS_i,表示表征模型 S_i 的连接关系,鉴于表征模型中部件状态独立,规定 $DS_i=\Phi$;当 $i\neq j$ 时,$DS_{i,j}$ 表示不同表征模型节点间的状态依赖关系集:$DS_{i,j}:E(S_iS_j)\to N(S_i)\times N(S_j)$,满足 $\forall e_{u,v}\in E(S_iS_j)$,$\exists u\in N(S_i)$,$v\in N(S_j)$ 和二元组 $<u,v>\in N(S_i)\times N(S_j)$,从而使 $DS_{i,j}(e_{u,v})=\{DS_{u,v}(c_u\to c_v)\}$。

从上述分析可见,城市轨道交通系统的主要特征和功能是可以从物质连接、能量连接和信息连接中体现出来的。因此,要评价一个系统完成某一功能的能力,首先就应该从剖析系统的物质连接、能量连接和信息连接着手。

1.2.4 拓扑网络模型构建方法

系统拓扑网络模型的构建将组分节点及其之间的作用关系在结构和功能层次上得到抽象描述,将复杂的功能实现过程简化为某一种物质、能量、信息的传递和转化行为,并建立组分节点之间的耦合作用关系表征组分节点之间的功能依赖。系统拓扑网络模型中的节点具有确定的空间位置和坐标,其形态结构受制于系统的结构。

城市轨道交通系统拓扑网络模型的具体构建步骤如下:

(1)建立复合连接关系。对组分节点进行统一编号,以组分节点为网络节点,根据城市轨道交通系统中物质、能量及信息的传递和转化过程,分别建立用以表征系统结构并描述功能实现的单一组分关系网络化表征模型——物质连接单一组分关系网络化表征模型、能量连接单一组分关系网络化表征模型及信息连接单一组分关系网络化表征模型。

(2)建立单一组分关系网络化表征模型间的依赖关系。基于连接的相关性,在不同层单一组分关系网络化表征模型的组分节点之间建立依赖关系,这种依赖关系是物质连接、能量连接和信息连接的一种。

(3)投影。将单一组分关系网络化表征模型投影形成拓扑网络模型,其中系统拓扑网络模型中的节点集合为单一组分关系网络化表征模型中节点集合的并集,连接边为各层单一组分关系网络化表征模型中连接边的并集。

(4)绘制网络图,如图1-9所示。

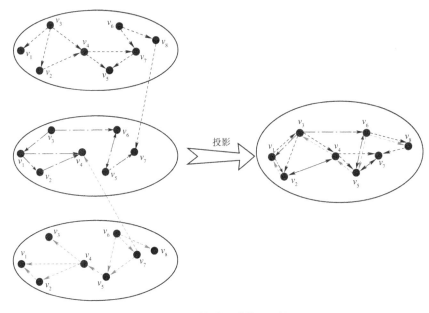

图1-9 系统拓扑网络模型示例

系统拓扑网络模型一般记作$G_f(V,E,D)$,其中$V(G_f) = \bigcup_{i=1}^{H} V(S_i)$,$V(G_f) \neq \varnothing$是节点的集合,是构成拓扑网络模型的各单一组分关系网络化表征模型的顶点集的集合。H为大于0的自然数,表示单一组分关系网络化表征模型的个数,S_i表示第i个功能连接关系网络,$V(S_i)$表示第i个单一组分关系网络化表征模型的顶点集。拓扑网络模型G_f可以划分为H个通过部分节点互联的网络化表征模型S_i;用端点表示互联的节点,记为$V_a(S_i)$;用内点表示S_i中除端点以外的节点,记为$V_b(S_i)$。$E(G_f) = \bigcup_{i,j=1}^{H} E(S_iS_j)$是系统拓扑网络模型中边的集合,当$i=j$时,$E(S_iS_j)$即为$E(S_i)$,表示网络化表征模型$S_i$的边集,$E(S_i) = \{e_1^b, e_2^b, \cdots, e_n^b\}$,边的方向代表连接的方向,上标$b$代表连接的类型,$u$代表边的数量。当$i \neq j$时,$E(S_iS_j)$表示两个端点不在同一网络化表征模型上,一个端点在网络化表征模型S_i上,另一个端点在网络化表征模型S_j上构成的边集。功能依赖关系集$D(G_f) = \bigcup_{i,j=1}^{n} DS_{i,j}$,当$i=j$时,$DS_{i,j}$即为$DS_i$,表示网络化表征模型$S_i$内部的功能依赖关系;当$i \neq j$时,$DS_{i,j}$表示不同网络化表征模型的节点间的功能依赖关系集。作用关系网络的邻接矩阵为记为

$\boldsymbol{A}_\mathrm{f} = [a_{ij}]_{n \times n}$，表示为$\boldsymbol{A}_\mathrm{f}(i,j) = \{\omega(e_{ij})\}$，$\omega(e_{ij}) \in (0,1)$。$\omega(e_{ij})$表示$v_i$与$v_j$之间的连接边的权重。

在上述理论的基础上，构建得到城市轨道交通系统拓扑网络模型。城市轨道交通系统拓扑网络模型的构建，为后续研究中风险辨识、风险传播路径预测以及风险传播控制等研究内容提供了研究基础。

城市轨道交通系统拓扑网络模型

1.3 本章小结

本章详细介绍了城市轨道交通系统各部分的组成和特点。利用复杂网络思想，从城市轨道交通系统的结构分析入手，自上而下地将整个系统划分为若干个边界清晰、功能相对独立的子系统，然后讨论研究子系统、组分之间复杂的相互作用关系，最终达到将整个城市轨道交通系统的物理结构模型化的目的。这种建模方法的思想与复杂网络理论框架中所言及的节点动力学行为和节点之间的相互作用共同涌现出整体动力学行为是一致的。

第2章 城市轨道交通系统风险点辨识与分级

按照不同的类别辨识城市轨道交通系统组分节点中的风险点,并对风险点进行分级,对有针对性地科学管控城市轨道交通系统风险具有重要意义。组分节点是否被判定为风险点需要考虑累计故障次数、风险点结构重要度、风险点功能重要度等风险点辨识要素;而对风险点进行分级则需要考虑风险点稳定状态值这一风险分级要素。

2.1 风险点分类

2.1.1 系统组分节点分类方法

从多种复杂系统组分节点所属的城市轨道交通系统结构出发,结合大量系统的实际运营情况,可将系统组分节点分为系统内部组分节点和系统外部组分节点。其中,系统内部组分节点主要包括系统中的设备设施组分节点,是运输的主体;系统外部组分节点包括系统所处的运营环境和参与运营的人员,此类组分节点不是系统中固有的部件。

"人、机、环、管"是安全综合管理四要素,最早是从"全面质量管理(TQC)""人机料法环"引申而来的。某一系统运营过程中所涉及的风险往往是由"人"的不安全行为、"机"的不安全状态、"环境"的不适应性和"管理"上的缺陷导致的。而管理通常主要指规章制度、政策法规以及管理人员的指挥调度,这些因素渗透到系统运营的各个环节,促使"人、机、环"中各要素相结合,共同保障系统的高效运行。由于这些因素是通过施加于其他类组分节点而影响运营安全的,故其不属于系统中的组分节点。

因此,运用系统科学理论和系统工程方法,从"人、机、环"角度出发,结合系统的内部及外部情况,可将某一复杂系统的组分节点分为人因类组分节点、物理结构类组分节点和外部环境类组分节点这三类。其中,人因类组分节点指的是参与系统运营的人员,人是系统运营的核心;物理结构类组分节点属于系统内部组分节点,是系统运营的基础,主要包括全部设备设施组分节点;外部环境类组分节点是系统外部的组分节点,是系统运营的条件,主要包括会对系统运营产生影响的外在组分节点。

2.1.2 基于集合理论的风险点分类和风险点集构建

2.1.2.1 集合理论

集合是由确定的互不相同的事物构成的总体,这些不同的事物是集合中的元素,元素是可描述清楚的事物,不论是具体的还是抽象的、有形的还是无形的;并且元素也是可辨认的、客观存在的,不因为某个新集合的提出而产生。

由于一个集合的存在,世界上所有的元素可被分为两类:一类元素属于这个集合,一类元素不属于这个集合。对于个体 g 和某个集合 G,只有以下两种情况:

(1) g 属于集合 G,记作 $g \in G$,称 g 是集合 G 中的元素;

(2) g 不属于集合 G,记作 $g \notin G$,称 g 不是集合 G 中的元素。

个体与集合中的关系称为属于关系,一个元素 g 或属于集合 G 或不属于集合 G,二者必居其一,也只居其一,即元素与集合之间的关系是无二义性的。判断元素 g 是否属于集合 G 要用到个体的可辨认性,个体的可辨认性是无二义性的,个体的可辨认性有赖于各方面公认性的知识,而不是只依赖于集合本身的内容。

集合以能界定其成员、能明确地分辨世界上个体与该集合的隶属关系为准,集合的概念是唯一的,但集合的表示方法却是多种多样的,常用的集合表示方法有如下两种。

(1) 列举法:将集合中的元素逐一列出,放入大括号中。

例如:{高速铁路,城市轨道交通,飞机}{1,3,5,7,9,…}。

采用列举法表示集合时,当集合中的元素较多无法一一列出时,可以使用省略号"…"表示,但是此时集合中省略的元素必须是明确的,只有当集合中元素明确时,才能在大括号中使用省略号。例如对于集合{$\sqrt{3}$,眼镜,太阳,…},由于此处的省略号无法表示具体明确的元素,无法将一个集合明确表示出来,此时不能使用省略号。

(2)隐式表示法:通过刻画集合中元素所具备的某种特性来表示集合。通常用 $P(x)$ 表示不同元素 x 所具有的性质 P,由 $P(x)$ 所定义的集合 A 可记作:

$$A = \{x | P(x)\} \tag{2-1}$$

对于两个集合 A 与 B,若对于 A 中的每一个元素 x,都有 $x \in B$,则有 A 包含于 B,记作 $A \subseteq B$,称 A 是 B 的子集,用符号语言来描述即为:

$$A \subseteq B \Leftrightarrow 对 \forall x,如果 x \in A,则 x \in B$$

若有 $A \subseteq B$ 且 $B \supseteq A$,则 A 等于 B,记作 $A = B$。

若 S 是全集,A 和 B 是 S 的两个子集,则 $A \cup B$ 也是一个集合,表示的意义为:

$$A \cup B = \{x | x \in A \text{ 并且 } x \in B\} \tag{2-2}$$

此时,称 $A \cup B$ 为 A 与 B 的并集,"$\cup$"为并运算。

2.1.2.2 城市轨道交通系统风险点分类

结合基于运营系统组分节点分类的方法和"人、机、环、管"的安全综合管理理论,将城市轨道交通系统所涉及的风险点按照自身特点划分为以下几类:

(1)人因类风险点。人是城市轨道交通系统运营的主体,同时也是服务的主要对象,所以人是涉及风险问题最重要的部分。将与人有关、由人主导和改变的、可能对城市轨道交通系统运营产生影响,能够产生或传播风险的主观或客观因素定义为人因类风险点。

在城市轨道交通系统运营过程中,各环节都需要人的参与、协调、控制及监督。人是运营过程中最积极、最活跃、最主动的部分,但也是最不容易把控的因素,因此,人因类风险点是影响城市轨道交通系统运营的一个非常重要的因素。此类风险点是引起系统发生变化的外在的风险点,人因类风险点属性描述的是该因素当前状态值,是引起系统发生变化的外在风险点。人的不安全行为有很多,主要包括指令发布错误、心理状态发生变化以及违规操作等。另外,人本身的一些特征也会成为潜在的风险,并成为关键的风险节点。例如工作人员的专业素养和工作经验匮乏、心理负面情绪强烈、身体长时间处于疲劳状态等,或者在工作过程中信息传递失误、信息读取失误等。这些状态和行为都是人本身存在的风险,一旦未得到有效控制,就有可能成为隐患,甚至导致事故。所以本书认为,如人的精神状态、操作规范性、安全意识、业务技术能力等,都是人因类风险点。

在城市轨道交通系统运营过程中,随着行业水平不断提升,系统内的组织机构和岗位运作模式逐渐固定化和专业化,形成了明确的人因岗位职责定位,城市轨道交通系统中的人因具有鲜明的岗位属性。不同岗位具有不同的运营职责,相互配合以实现安全和高效的运营目标。而具有相同岗位属性的员工个体因承担着相同或类似的运营职能,也会互相学习和交流经验。

复杂系统是具有多层次、多功能的结构。工作人员的岗位设置反映了城市轨道交通运营人因的复杂性,复杂性主要体现为多层次性和嵌套性,员工个体以岗位为单位,嵌入岗位之间的运营联动网络中。基于城市轨道交通运营人因的复杂性,将人因风险点从微观和宏观角度进行区别讨论:

微观的人因风险点是指员工个体,相同岗位的员工之间通过命令、合作、分享等交流关系相互配合,共同实现岗位功能,风险会通过个体交流关系发生传播。

宏观的人因风险点是指岗位节点,风险点之间通过运营联动共同实现系统运营目标,风险会通过运营联动过程发生传播。

人因风险点的风险属性为不安全行为发生的可能性和后果严重程度的组合。由于人的主导性和主观能动性导致行为的不同,人因风险点的风险属性细分为联动行为风险和屏障行为风险两类,具体定义如下。

联动行为风险属性:包括不安全运营联动行为发生的可能性和后果严重程度。联动行为风险激活后会在不同岗位之间通过运营联动行为发生传递和转移,进而引发运营事故。

屏障行为风险属性:包括安全屏障行为失效的可能性和后果严重程度。屏障行为风险激活后,将失去对物理结构类和外部环境类风险点的安全屏障作用,使其暴露于风险网络中,极易造成风险的产生和传播。

(2)物理结构类风险点。物理结构类风险点包括与城市轨道交通系统运营有关的设备和设施,主要指车辆、信号系统、供电系统、机电系统、土建设施与线路系统等具体实体所包含的部件、设备或单元,并具有相应的功能,可产生或传播风险的系统组分节点是系统本身所固有的风险点。例如"机"子系统(包括车辆、机电设备、基础设施等),其所包含的风险点是指"机"子系统内各机电系统、基础设施的物理结构节点,车辆内部的转向架轴承、信号系统中的网关、桥梁设施上的桥面、轨道上的轨枕、转向架中的抗蛇行减振器等,这些包含风险属性的节点有产生和传播风险的可能性,都是物理结构类风险点。

(3)外部环境类风险点。外部环境类风险点指包含人文环境和自然环境在内的各种外部环境中可能对城市轨道交通系统运营安全产生影响的,可能产生或传播风险的物质或因素,是引起系统发生变化的外在风险点。此类风险点风险因素描述的是该因素当前状态,外部环境类风险点中包含了风雨雪雾、地质灾害、空气污染、大型活动等包括自然环境和社会环境在内的外部环境。

自然环境中往往存在着人类一时无法控制的风险点,这些风险点对城市轨道交通运营安全具有重大影响。例如,目前我国城市轨道交通防洪高程设计存在缺陷,排水系统能力有限,当遇到大雨天气时,极易造成洪涝灾害,造成碎石道床翻浆冒泥、路基坍塌、道床积水、设备浸水等情况,从而对正常的运营产生重大的影响。

目前对城市轨道交通系统运营影响较大的社会环境风险点主要有大型活动、交通出行偏好、重大节假日等,这些因素往往会对城市轨道交通系统造成突发性的压力,影响城市轨道交通系统的安全运营。

2.1.2.3 风险点集构建方法

在对城市轨道交通系统的运营过程和风险点的实际情况进行分析后,可以发现以下几点:

(1)风险点是可描述且可辨认的客观事物。
(2)风险点也是互不相同的,每个风险点都具有无二义性。
(3)城市轨道交通系统中所涉及的同类风险点一定是具有某些相似性质的,在确定这些风险点的相似性质后,结合集合理论,也就确定了风险点组成的集合的划分标准。

因此,本书将某些具有相似性质的风险点组成的系统整体叫作风险点集。由风险点集的定义可知:风险点集是由风险点所组成的整体;风险点集中的风险点具有某种相似的特性;风险点集是集合,风险点集中的元素是风险点。

本书用 R 表示城市轨道交通系统运营风险点集。根据城市轨道交通系统风险点的分类,将城市轨道交通系统运营风险点分为 3 个风险点集,分别是人因类风险点集 R^h、物理结构类风险点集 R^p、外部环境类风险点集 R^e。令 r_i^δ 表示系统中的一个风险点,$\delta = h, p, e$,那么不妨设:

$$R = R^h \cup R^p \cup R^e \tag{2-3}$$

其中,$R^h \subseteq R$;$R^p \subseteq R$;$R^e \subseteq R$。

人因类风险点集为 $R^h = \{r_i^h \mid i = 1, \cdots, n^h\}$,$r_i^h$ 为人因类风险点集中的第 i 个风险点,n^h 为人因类风险点集中风险点的个数;

物理结构类风险点集为 $R^p = \{r_i^p \mid i = 1, \cdots, n^p\}$,$r_i^p$ 为物理结构类风险点集中的第 i 个风险点,n^p 为物理结构类风险点的个数;

外部环境类风险点为 $R^e = \{r_i^e \mid i = 1, \cdots, n^e\}$,$r_i^e$ 为外部环境类风险点集中的第 i 个风险点,n^e 为外部环境类风险点的个数。

2.1.3 人因复合风险网络模型构建和分解方法

2.1.3.1 人因复合风险网络模型构建方法

基于人因类风险的重要性和特殊性,本书特构建一个人因风险的多子网复合复杂网络,相关定义如下:

(1)子系统:设系统由元素和元素间的相关关系构成,子系统是由相同种类的元素和相同含义的关系构成的系统。

(2)子网:子网是指系统中的元素作为网络节点,节点间满足相同种类关系连边构成的网络,记为 $S(V,E,f)$。其中,子系统中同一种类的元素构成点集 $V(S) \neq \varnothing$,子系统中同一种类的关系边构成边集 E,连接函数 f 是到二元组 $\{<u,v>|u,v \in V(G)\}$ 的映射,即 $f: E \to V \times V$,对 $\forall e \in E(S)$,$\exists u,v \in V(S)$ 和无序对 $<u,v> \in V \times V$,使 $f_s(e) = <u,v>$,$u \neq v$。

(3)复合网络:由多个子网共同构成,简称复合网,定义为三元组 $C(V,E,F)$。

其中 V 是复合网络的顶点集,是构成符合网络的各子网的顶点集的集合,即 $V = \{V(S_1), \cdots, V(S_i), \cdots, V(S_n)\} \neq \varnothing$,$n$ 为大于 0 的自然数。S_i 表示第 i 个子网,$V(S_i)$ 表示第 i 子网的顶点集 ($i = 1, 2, \cdots, n$),节点的总个数称为复合网的阶,记为 $|V|$。

E 是复合网络的边集,在复合网范畴内,将两端端点在同一子网络上的边称为子网内边,两个端点不在同一子网络上的边称为子网间边,复合网的边集 E 由子网内边和子网间边两部分组成,即 $E = \{E(S_1), \cdots, E(S_i), \cdots, E(S_n), \cdots, E(S_jS_k), \cdots\}$,其中 $E(S_i)$,$i = 1, 2, \cdots, n$ 表示子网内边集,$E(S_jS_k)$,$j,k = 1, 2, \cdots, n$,$j \neq k$ 表示子网间边集,记 $|E|$ 为复合网络的总边数。

连接函数 $F = \{f_i, f_{ij}, i,j = 1, 2, \cdots, n, i \neq j\}$,由节点间关系的不同种类定义不同的连接函数,对同一子网节点间的连接函数:$f_i: E(S_i) \to V(S_i) \times V(S_i)$,满足 $\forall e \in E(S_i)$,$\exists u,v \in V(S_i)$ 和序对 $<u,v> \in V(S_i) \times V(S_i)$,使 $f_i(e) = <u,v>$;对不同子网节点之间的连接函数定义为:$f_{ij}: E(S_iS_j) \to V(S_i) \times V(S_j)$,满足 $\forall e \in E(S_iS_j)$,$\exists u \in V(S_i)$ 且 $v \in V(S_j)$ 和序对 $<u,v> \in V(S_i) \times V(S_j)$,使 $f_{ij}(e) = <u,v>$。如果 $<u,v>$ 是有序对,则称 C 为有向复合网络;如果 $<u,v>$ 是无序对,则称 C 为无向复合网络。

因此,具有 n 个子网构成的网络称为 n 个子网复合复杂网络(图 2-1),记为 $C_n(V,E,F)$。对于具有 n 个子网构成的复合网络来说,最多具有 n 类节点和 $n(n-1)/2$ 种完全不同的相互作用关系。各子网间没有先后顺序关系。

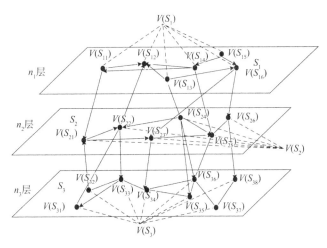

图 2-1 复合复杂网络示意图

由于人因风险点具有多种属性关系,不同属性对应不同的连接关系,因此,结合复合复杂网络的相关定义,构建了城市轨道交通运营人因复合风险网络 $G(V,A,F)$,其中 F 表示风险网络层数。相关定义如下:

$$\begin{cases} V = \{H,S\} \\ H = \{H_1,\cdots,H_i,\cdots,H_n\}, i = 1,\cdots,n \\ S = \{S_1,\cdots,S_i,\cdots,S_m\}, i = 1,\cdots,m \end{cases} \quad (2-4)$$

式中:V——城市轨道交通运营人因复合风险网络的风险点集;

H——岗位人因风险点集;

S——物理组分类和外部环境类风险点集;

n——岗位风险点数量;

m——物理组分类和外部环境类风险点数量。

$$\begin{cases} \boldsymbol{A} = \{\boldsymbol{A}_H, \boldsymbol{A}_S, \boldsymbol{A}_{HS}\} \\ \boldsymbol{A}_H = \begin{cases} 0, 节点 H_i 与节点 H_j 不相连 \\ 1, 节点 H_i 与节点 H_j 相连 \end{cases} \\ \boldsymbol{A}_S = \begin{cases} 0, 节点 S_i 与节点 S_j 不相连 \\ 1, 节点 S_i 与节点 S_j 相连 \end{cases} \\ \boldsymbol{A}_{HS} = \begin{cases} 0, 节点 H_i 与节点 S_j 不相连 \\ 1, 节点 H_i 与节点 S_j 相连 \end{cases} \end{cases} \quad (2-5)$$

式中：A——风险点邻接矩阵；

A_H——岗位人因风险点邻接矩阵，表示运营联动行为；

A_S——物理组分类、外部环境类风险点邻接矩阵，表示物理和逻辑连接；

A_{HS}——岗位人因风险点与物理组分类、外部环境类风险点邻接矩阵，表示安全屏障行为。

结合人因嵌套性特征，对岗位人因风险点定义如下：

$$\begin{cases} H_i = G_i(V_{H_i}, \boldsymbol{B}_i) \\ V_{H_i} = \{h_i^1, \cdots, h_i^r, \cdots, h_i^l\}, r = 1, \cdots, l \\ \boldsymbol{B}_i = \begin{cases} 0, \text{节点 } h_i^i \text{ 与节点 } h_i^j \text{ 不相连} \\ 1, \text{节点 } h_i^i \text{ 与节点 } h_i^j \text{ 相连} \end{cases} \end{cases} \quad (2-6)$$

式中：H_i——岗位 i 群体内的员工个体交流网络；

V_{H_i}——岗位 i 群体内的员工个体集合；

$\boldsymbol{B}_i$——岗位 i 群体内的员工个体邻接矩阵，表示员工个体之间的交流关系。

由此，构建时城市轨道交通运营人因复合风险网络模型如图 2-2 所示。

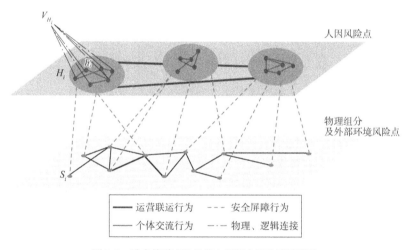

图 2-2 城市轨道交通运营人因复合风险网络模型

2.1.3.2 人因复合风险网络模型分解方法

上一小节所构建的城市轨道交通运营人因复合风险网络是从整体和宏观角度构建的全局性风险网络模型。每个风险点都具有不同属性，对应不同的连接关系。网络模型中众多错综复杂的节点和连边给实际分析带来了极大难度。

"部分与整体"的哲学理论认为：整体由部分组成，如脱离部分，则整体将不再存在。"还原论"是一种主张把高级运动形式还原为低级运动形式的哲学观点。通过对研究对象的分析，恢复其原始状态，化复杂为简单。

由于城市轨道交通运营系统全局安全依赖于系统中人、机、环三大因素的安全，而人因具有与机和环境因素不同的主观能动性，与物理组分类风险点和外部环境类风险点具有本质上的区别。因此，本书以人为中心，以行为为导向，对城市轨道交通运营人因复合风险网络进行拆分，以便进行深入的安全管理策略研究。网络拆解后得到子网络定义如下：

(1) 运营基础风险子网 F_1：运营基础风险子网 $G(S, A_S)$ 包括物理组分风险点及外部环境风险点，是运营的基础，也是岗位风险点安全屏障行为的对象。

(2) 运营联动风险子网 F_2：运营联动风险子网 $G(H, A_H)$ 中的节点为岗位风险点，边为运营联动行为。当某个岗位联动风险属性突破阈值时，其风险状态将转移至与其有联动行为的其他岗位节点，使其也转变为风险状态。

(3) 岗位内员工个体交流风险子网 F_3：某一岗位群体内的员工个体风险点为风险子网 $H_i = G_i(V_{H_i}, B_i)$ 中的节点，员工个体之间的命令、合作、分享等交流关系为网络中的连边。

2.2 风险点辨识

风险辨识是风险分析中的重要组成部分，目的是识别系统中的危险源并确定其风险特性。在确定了组分节点的分类标准后，需要按照不同的类别辨识组分节点中的风险点，风险点的辨识方法可参照现有的风险辨识方法，常用的风险辨识方法有层次分析法（AHP）、安全检查表法、故障树法（FTA）、危险和可操作性分析（HAZOP）、故障模式和影响分析（FMEA）等。AHP 法在指标过多时，其数据统计量大，且权重难以确定；安全检查表和 FTA 法均不可避免地受到传统方法本身问题的制约，使得风险点辨识方法具有一定的局限性；HAZOP 法是一种依赖于专家知识的方法，其辨识结果具有一定的主观性，缺乏实际数据的支撑；FMEA 虽在风险源辨识方面具有一定的优势，但该方法主要针对的是单体设备，不考虑"人因"和系统各单元间的相互影响，无法实现对整个系统的风险辨识。因此，在对整个城市轨道交通系统进行风险辨识时，本节中结合研究问题的实际情况，分别提出了基于数据驱动和基于 ASF 的风险点辨识新方法。

2.2.1 基于数据驱动的风险点辨识方法

2.2.1.1 基于文本的城市轨道交通系统运营事故数据分析

我国《城市轨道交通运营险性事件信息报告与分析管理办法》(交运规[2019]10号)规定了16类城市轨道交通运营险性事件。本书通过对国内外多家城市轨道交通企业进行线下调研和线上资料调研,汇总了近100个城市轨道交通系统运营事故案例,将每一则案例视为一条文本,根据数据实际内容将全部文本划分为火灾(含爆炸)、列车脱轨、列车撞击、设施设备故障、恐怖袭击、水灾、停运、大客流(含踩踏)、乘客坠轨和其他等10个类别,每个类别的文本构成一个事故类别文本集 $A_i(i=1,2,\cdots,10)$。其中,设施设备故障主要包括电梯事故、信号系统故障、通信设备故障及其他重大设备故障、基础设施变形坍塌、夹人夹物等。停运指造成一条或数条线路运营长时间中断的事故。全部事故文本数据的集合称为全文文本,用 d 来表示,按照类型和发生时间段的统计情况如图2-3和表2-1所示,其中设备设施故障是最主要的事故形态。

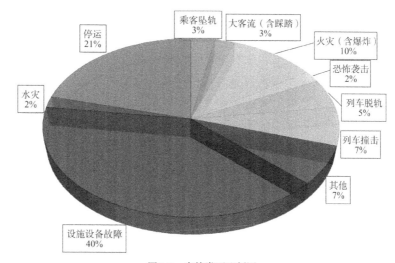

图2-3 事故类型比例图

事故发生时间段统计 表2-1

事故类型	事故类别文本集	发生时间			文本条数
		2001年以前	2002—2011年	2012—2021年	
火灾(含爆炸)	A_1	53	25	15	93
列车脱轨	A_2	7	17	24	48
列车撞击	A_3	14	22	27	63

续上表

事故类型	事故类别文本集	发生时间			文本条数
		2001年以前	2002—2011年	2012—2021年	
设施设备故障	A_4	19	59	288	366
恐怖袭击	A_5	5	10	3	18
水灾	A_6	3	5	10	18
停运	A_7	10	36	145	191
大客流(含踩踏)	A_8	3	10	9	22
乘客坠轨	A_9	0	15	11	26
其他	A_{10}	3	10	52	65
全文文本	d	117	209	584	910

(1)城市轨道交通系统运营事故数据文本特征。

整理完备、高质量和可分析的事故文本数据可以帮助研究人员有效分析运营事故背后蕴藏的风险知识及发生机理,为安全管理人员采取主动安全决策提供支持。经过实地调研和系统分析,所获取的初始运营事故数据主要包含事故追踪和处理报告、事件通报、行车事故记录、网页资料等,具有非结构化文本的特征,存在以下几类问题:

①事故数据格式多样化。

目前,很多运营单位的事故数据倾向于纸质形式存档。线上的事故数据则大多以Word、Excel及网站信息等形式存储。一直以来,这些多源的事故文本难以实现有效整合和分析,挖掘其中的价值存在较大难度,较少有学者进行专项研究。

②文本内容详细度粒度不一、完整度不同。

传统的城市轨道交通运营事故报告以及事故信息记录主要是人工记录和撰写形成的,受记录者的主观影响程度较大。尽管事故文本通常已经过专人审核,但是也有很多数据粗糙简略,少部分存在明显遗漏现象;而另有一部分数据内容繁杂,关键信息难以辨识和剥离。

③文本内容描述多样化,存在非正式语言。

按运营安全要求,标准的事故文本应以行业和安全领域内专业术语为主。然而实际中为方便不同专业及等级的运营人员、管理人员、基层操作员工等查看和交流,事故文本中还是存在着较多的描述性语言和非正式术语,不利于信息挖掘。

在将全部事故文本统一为中文后,为实现其高效利用和价值挖掘,经过反复调研和专家咨询,形成了城市轨道交通运营事故报告规范化模板。依据该模板,对初始文本数据进行了规范化预处理,处理要点如下:

① 事故数据格式一致化。

基于城市轨道交通运营事故报告规范化模板,统一事故数据(事故报告、事件记录等)的数据格式、统一存储以便于后续研究。

② 修补原始数据遗漏信息。

经过深入的资料查阅和实地走访,将原始数据中的部分残缺和遗漏进行补全,例如补全一些省略的常识信息、缺失的过程信息以及地点信息、人和物的具体信息等,以补充数据的文本结构。

③ 规范化描述文本信息。

以模板为基础,对专业的安全管理人员进一步咨询,依次检查全部事故文本数据,简化纯描述性语句,规范非正式术语。同时,建立了专业词库,将文本中同义或近义的词语统一规范描述,以便于后续分析。例如,将"门机构、门板、车门"等统一规范为"车门",将"道床、轨枕、钢轨、轨、路轨"等统一为"轨道"。

(2)城市轨道交通运营事故报告规范化模板。

经过对所获取的大量事故数据的分析总结,形成了城市轨道交通运营事故报告的规范化模板,如表2-2所示。该模板可为后续事故分析和事故存储提供一定支持。

城市轨道交通运营事故报告规范化模板   表2-2

事故来源	事故获取渠道		
事故名称	J线K站×××事故		
事故编码	SG+年月数字+编号	事故等级	—
事故标签	H类、××人受伤、××人死亡、损失××	所属线路	J线
所属企业	对此负责的运营企业	所属站点	K站
事故地点	详细地点	事故分类	H类
事故单位	事故发生地点所属单位	发生时间	×××年×月×日
责任单位	对事故发生负责的单位	责任人	事故责任人
事故原因	事故主要因素、受因素影响的人或物、人或物被影响的后果以及事故影响过程的简短概括		
事故概况	时间信息、地点信息、过程中涉及的人员、事故产生的起因、过程中的关键步骤、事故后果和处置措施		
事故详情	详细事故经过描述和图表信息以及其他附件等		

提交人: 提交日期:

2.2.1.2 基于语义共现的事故语义网络框架构建方法

(1)城市轨道交通运营安全专业词库构建方法。

领域词典是某一特定领域词汇的集合,也是信息提取的前提条件,不仅可以提高知识提取的准确度，也可以使实体关系的挖掘工作更简单。在对全部城市轨道交通系统运营事故的数据来源和统计特征进行表述后，为了文本分析提取过程能完成城市轨道交通领域内专业词汇的识别，避免词汇丢失和歧义产生情况的出现，在大量调研工作的基础上建立了城市轨道交通运营安全专业词库，总结出了城市轨道交通运营涉及的核心组成部分、要素及所处的各种环境。该专业词库共有四级，词语共分为人员、设备设施类、管理类和环境类四大类，其中设备设施类包含车辆系统、供电系统、机电系统、土建设施系统、线路系统、信号系统等多个设备设施子系统。受文章篇幅所限，对所构建的城市轨道交通运营安全专业词库进行部分结果展示，表2-3和表2-4分别为设施设备类——车辆系统词库(部分)和人员、环境、管理类词库。

设施设备类——车辆系统词库(部分)　　　　表2-3

大类	一级	二级	三级	四级
设施设备	车辆系统	车体	车体钢结构	
			内装	
		转向架	动车转向架/拖车转向架	轮对
				轴箱装置
				一系悬挂装置
				二系悬挂装置
				驱动装置
				齿轮箱和联轴器
				转向架制动装置
				速度检测装置
				排障器
				接地装置
				牵引电机(仅动车)
		车钩及管通道	车钩	
			贯通道	
		设备	通风	空调机组
				风道
				辐流风机
				废排风机
				电加热
			车门	门机构
				门板

续上表

大类	一级	二级	三级	四级
设施设备	车辆系统	设备	照明	
			车窗	
			座椅	
			扶手杆	
			灭火器	
			逃生梯	
		制动及风源	制动系统	风管
				制动控制单元
				制动阀类部件
			风源	空气压缩机
				干燥器
				空气压缩机启动装置
				风缸
		电气系统	牵引系统	变频调速(VVVF)装置
				断路器
				滤波电抗器
				受流器
			辅助电源	逆变器
				整流装置/充电机
				蓄电池
			网络系统	网络系统设备
			广播系统	广播设备
			乘客信息系统	视频信息播放设备
				监控录像设备
			烟雾报警系统	烟雾报警设备

人员、环境、管理类词库　　　　　　　　　　表2-4

大类	一级	二级	三级	四级
人员	工作人员	调度指挥人员	生产调度员	行车调度人员
				电力调度人员
				环控调度人员
				信息调度人员
				维护调度人员
				设备调度人员

续上表

大类	一级	二级	三级	四级
人员	工作人员		调度主管	
		列车司机		
		乘务人员	列车乘务管理员	
		车站作业人员	站区长	
			值班站长	
			站务员	
			安检人员	
			车站综控员	
			安保人员	
		维修人员		
		其他工作人员	基础设施养护人员	土建设施养护人员
				线路设施养护人员
			安保人员	
	运营企业	企业运营管理层		
		线路乘务管理中心		
	乘客			
环境	生产环境	机房		
		库房		
		区间环境		
		保护区环境	保护区施工状况	
		地面线沿线环境状况		
		沿线管线		
	自然环境	雷电		
		风		
		雪		
		雨		
		雾		
		地质灾害	滑坡	
			泥石流	
			地震	

续上表

大类	一级	二级	三级	四级
环境	自然环境	高温		
		极寒	冰冻	
		光线（照明）		
		噪声		
		积水		
		沙尘		
	社会环境	大型活动		
		早/晚高峰		
		恐怖袭击		
	其他异常环境	异物		
管理	安全管理	管理规章制度		
		安全检查		
		事件调查		
		事件记录		
	安全培训	培训教育		
	应急管理	事故救援体系		

(2)共现分析与事故语义网络框架识别。

由于城市轨道交通系统运营事故文本为城市轨道交通运营部门及人员、安全专家或其他相关专业人员分析或撰写得出，因此对事故文本进行语义分析形成的结果可代表了一种全新的事故调查视角，通过这种视角研究人员能够归纳性地调查分析事故从发生到处理全过程中的需关注的重点内容。为保障语义分析的可行性和最终结果的可靠性，进行分析前，对全部文本语料做了删除特殊字符、排除包括连词、助动词和及物动词等其他无意义词汇的处理。在文本分析的过程中，一般情况下词语是解析的首要单元。在语义网络中单词使用频率和最频繁出现的单词的共现情况代表了一定的共同意义和共同认知。通过对词汇有关的网络分析，能够建立恰当的语义结构模型。因此，对全部文本从语义共现的角度进行分析，将每一起事故案例都作为一个分析单元，词库作为需额外完整识别的行业词汇。

除了词频这一基本参考要素外，使用 Jaccard 相似系数（Jaccard similarity coefficient）作为表征语义中词语共现程度的指标，常用于有限集合的相比，从而分析相似和差异。设定两个集合 A 和 B，Jaccard 系数则是 A 与 B 交集的大小与 A 与 B 并集的大小的比值，表示如下：

$$J(A,B) = \frac{|A \cap B|}{|A \cup B|} = \frac{|A \cap B|}{|A| + |B| - |A \cap B|} \tag{2-7}$$

其中，当集合 A，B 都为空时，$J(A,B)$ 定义为 1。

因此，根据词频和相似关系的计算结果并确定最常见的共现单词。由于相关性高的词能代表文本数据涵盖的特定主题，而相关性得分低的词具有一般性且不能代表任何特定主题。为了保证语义网络的科学性，本书规定纳入最终语义网络的单词，其出现次数须大于 30 且必须出现在总数前 1% 的案例中，词间连接的 Jaccard 系数需要大于 0.2。依据此方法，对整理的全部 910 份城市轨道交通系统运营安全事故案例进行语义共现分析，过程使用了 KH coder 软件进行编码和可视化，实现对文献快速的审查并产生定量挖掘结果。语义网络基于 Gephi 可视化工具生成和展示，其结构和内容将作为语义网络框架识别和构建的依据。

在传播学领域，"主体框架"是人类个体为了感知外在真实世界，用来了解、辨认、诠释特定情境采用的认知结构，因此，人们无可避免地需要使用框架来整合外在世界的信息以了解事实。语义网络框架的提出，与传播学中的框架思想相符。城市轨道交通运营事故的发生是人员和设备、环境之间多种不安全的要素耦合影响的结果，本质上是一个社会技术系统问题。而事故的发生通常是人、技术和组织因素组合的结果，事故分析应起步于其中任意一个因素。因此，为了更好地对事故文本的语义进行概括，在对语义网络的阅读与分析的基础上，本书以安全管理"人、机、环、管"的系统论要素划分作为参考，对前人研究的社会技术系统中的风险管理模型进行了借鉴。将事故文本的语义网络框架归纳构建为相互关联的"人员""物理过程和参与者活动""设备和环境""技术措施和管理方法""基本信息描述"五个子框架，如图 2-4 所示。社会技术系统中的风险管理模型指出事故是由一些决策者在正常工作中可能产生的副作用相互作用造成的。因此，为了强调事故中各要素的相互作用，也对文本语义所使用的子框架中的典型信息存在关联的现象进行表征，在事故语义网络框架中采用线段表示出各个子框架间的相互作用和相互关联。

(3) 事故语义网络框架的解释与定量表征。

所谓框架，即为选取事实的某些方面，从而让被选中的部分在传播文本中更鲜明、明显，在传播学中研究者探索框架在各种传播领域如何运作，公众也可以利用框架来理解内容。所归纳提出的事故语义网络框架主要包括五个子框架,每起事故案例文本都应与提出的子框架相关,且所有子框架应可在绝大多数案例中找到对应的典型信息。

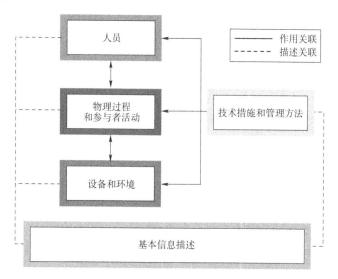

图2-4 城市轨道交通系统运营事故的语义网络框架

①人员子框架。

人员是事故发生全过程的主要参与者。海因里希的事故因果连锁理论曾指出,在事故因果发展过程中,人的缺点是环节之一,也是使人发出不安全行为或使物处于不安全状态的关键原因。人为因素也始终是造成事故的最为普遍的原因,人员框架聚焦于事故发生全过程的人员参与者,每起事故案例文本中一定有人员框架的使用。

②设备和环境子框架。

社会技术系统的风险管理模型将设备和环境视为事故分析的'AcciMap'中的主要控制器之一。设备和环境子框架用以传递事故全过程中设备参与者状态和环境情况的信息,与系统论中的"机"和"环"要素相对应。

③物理过程和参与者活动子框架。

物理过程和参与者活动框架是占比最大的框架,物理过程和参与者活动同样是社会技术系统中的风险管理模型中事故分析的'AcciMap'中的主要控制器之一。在目前的城轨系统中,各类交通参与者进行交互,其相互作用是一个复杂的动态过程。该框架集中体现了事故全过程人员参与者、设备参与者的行为或动作,以及事故过程中的多种物质、能量或信息的交互过程。物理过程和参与者活动子框架是将人员子框架与设备和环境框架关联的子框架,体现了事故发生的动态过程与步骤,直接与事故的发生相关。

④技术措施和管理方法子框架。

技术措施和管理方法框架指的是文本中对事故全过程各方采取的技术措施、管理手段和管理制度等内容的综合性描述,集中体现了"管理"这一要素在事故发生与处置过程中的重要性。由于措施和方法施加于又受影响于被管理的对象——人员、设备和环境以及中间过程之上,而因此该框架与人员子框架、设备和环境子框架、物理过程和参与者活动子框架间都具有关联。

⑤基本信息描述子框架。

基本信息描述子框架是表示与上述其他任何子框架没有强烈关联性的词语及其他信息所组成的框架,用以描述事故文本的基本信息。基本信息描述子框架通过一般信息的描述将其他几个框架关联起来,形成完整的事故文本语义。

为了验证所构建的整体框架及五个子框架使用的纵向适用性,基于所识别的语义网络,应对全部事故文本案例进一步阅读,逐一检视框架对事故文本案例的适用性,并仔细考虑各框架下的实际内容和含义。分析单位是"一则",而一则事故文本案例使用中的子框架不仅仅只有一种,所以一则案例中也许会具备多个子框架。最终确定每条文本的语义呈现都使用了框架中的某些个子框架进行描述,并将其使用的所有子框架中的典型信息进行了关联。例如,2003 年 2 月 18 日韩国大邱地铁火灾使用事故语义网络框架进行检验和分析,结果如图 2-5 所示。

经过对全部事故文本的逐一返回验证,验证了所构建事故语义网络框架纵向适用性。基于 Gephi 工具,可得到与框架关联后的最终的事故语义网络。图片"事故语义网络"可扫描二维码查阅。该图片显示了各个子框架在语义网络中包含的典型信息(与各子框架密切相关的词语),也从侧面验证了构建的事故语义网络框架。其中,黄色代表人员子框架,蓝色代表设备和环境子框架,绿色代表物理过程和参与者活动子框架,粉色代表技术措施和管理方法子框架,灰色代表基本信息描述子框架。

根据语义分析结果,针对每个语义网络子框架及该框架在最终语义网络中对应的相关词语,分别对应建立人员类、设备和环境类、物理过程和参与者活动类、技术措施和管理方法类、基本信息描述类五个框架词语集合,分别用式(2-8)~式(2-12)表示。

第 2 章　城市轨道交通系统风险点辨识与分级

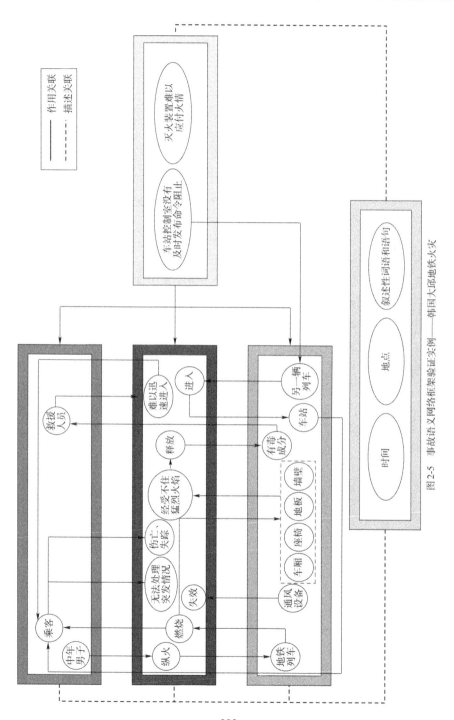

图 2-5　事故语义网络框架验证实例——韩国大邱地铁火灾

$$V_H = \{v_{H1}, v_{H2}, v_{H3}, \cdots, v_{Hn}\} \tag{2-8}$$

$$V_E = \{v_{E1}, v_{E2}, v_{E3}, \cdots, v_{Em}\} \tag{2-9}$$

$$V_P = \{v_{P1}, v_{P2}, v_{P3}, \cdots, v_{Pi}\} \tag{2-10}$$

$$V_T = \{v_{T1}, v_{T2}, v_{T3}, \cdots, v_{Tj}\} \tag{2-11}$$

$$V_B = \{v_{B1}, v_{B2}, v_{B3}, \cdots, v_{Bq}\} \tag{2-12}$$

式中：V_H——人员类框架词语集合；

V_E——设备和环境类框架词语集合；

V_P——物理过程和参与者活动类框架词语集合；

V_T——技术措施和管理方法类框架词语集合；

V_B——基本信息描述类框架词语集合；

n——人员类框架词语集合中词语的总个数；

m——设备和环境类框架词语集合词语的总个数；

i——物理过程和参与者活动类框架词语集合中词语的总个数；

j——技术措施和管理方法类框架词语集合中词语的总个数；

q——基本信息描述类框架词语集合中词语的总个数。

考虑到每个语义网络子框架所代表含义和对应内容在事故文本中占比不同，其在事故文本中所起作用的程度也一定各异，所以每个框架词语集合对应的权重也应不尽相同。引入同时可平衡单词受欢迎程度和特异性的 TF-IDF 算法，对框架词语集合的重要性进行表征。使用变异系数赋权法对各语义网络子框架进行赋权，将每个语义网络子框架的权值作为基于语义的事故全文文本的特征值。有关概念如下：

（1）词频（TF）。

词频用以量度词语在所有事故文本中的频率。为避免文本长度的差异影响参数运算结果，利用式（2-13）完成归一化处理。

$$TF_{v_x,d_w} = \frac{N_{v_x,d_w}}{\sum N_{v,d_w}} \tag{2-13}$$

式中：TF_{v_x,d_w}——词语 v_x 的词频；

N_{v_x,d_w}——词语 v_x 在事故文本 d_w 中出现的次数；

$\sum N_{v,d_w}$——事故文本 d_w 中所有分词的总数。

（2）逆文档频率（IDF）。

逆文档频率是用来衡量关键词的普遍重要程度的特征参量，为保证算式的有效性，一般采取对分母加 1 的方式。

$$\text{IDF}_{v_x} = \lg \frac{|D|}{1 + |\{k : v_x \in d_k\}|} \tag{2-14}$$

式中： IDF_{v_x}——词语 v_x 的全文逆文档频率；

$|D|$——全部事故文本的总个数；

$1 + |\{k : v_x \in d_k\}|$——包含词语 v_x 的事故文本总个数。

(3) 词频-逆文档频率(TFIDF)。

为了保证提取结果的准确性,常将上述两个表示参数相结合来计算某一词的在全文综合频率,来映现此关键词位于事故文本集中的全局重要程度,权重值越大表明该词在事故文本中的重要度越高,计算方式为式(2-15)。

$$\text{TFIDF}(v_x) = TF_{v_x,d} \times \text{IDF}_{v_x} \tag{2-15}$$

式中: $TF_{v_x,d}$——关键词 v_x 的事故文本语料库的全文词频；

IDF_{v_x}——关键词 v_x 的全文逆文档频率；

$\text{TFIDF}(v_x)$——关键词 v_x 在事故文本集中的词频-逆文档频率值。

(4) 变异系数与权重。

变异系数法是一种相对客观科学的赋权方式。这种方法是根据每个评价指标的当前值和具标值的变异程度,对每个指标发起赋权。以人员类框架词语集合为例,其变异系数 $C(V_H)$ 计算式为式(2-16),其对应的人员子框架的权重算式为式(2-17)。其他框架的变异系数与权重的计算方法同理。

$$C(V_H) = \frac{\sigma(V_H)}{\overline{\text{TFIDF}(V_H)}} \tag{2-16}$$

$$W(V_H) = \frac{C(V_H)}{C(V_H) + C(V_E) + C(V_P) + C(V_T) + C(V_B)} \tag{2-17}$$

式中: $C(\cdot)$——某词语集合的变异系数；

$\sigma(V_H)$——人员类框架词语集合各词语 TF-IDF 值的标准差；

$\overline{\text{TFIDF}(V_H)}$——人员类框架词语集合各词语 TF-IDF 值的均值；

$W(V_H)$——语义网络框架的人员子框架的权重值。

根据以上方法,针对全文语义,将全文文本对应各语义网络子框架的特征值(权重)分别设置为 0.213、0.206、0.167、0.214、0.200,详细计算结果如表 2-5 所示。本节设置语义网络框架的子框架权重的目的是为提出文本相似程度的计算方法奠定基础,并进一步为提取事故文本风险点的指标——词语重要度的确定提供依据。

语义网络框架的子框架权重计算结果 表2-5

符号	V_H	V_E	V_P	V_T	V_B
σ	0.0023	0.0017	0.0011	0.0016	0.0014
$\overline{\text{TFIDF}}$	0.0037	0.0028	0.0023	0.0026	0.0023
W	0.213	0.206	0.167	0.214	0.200

2.2.1.3 运营事故文本风险点辨识方法

城市轨道交通系统的运营过程与系统内众多的组分节点密切相关，这些组分节点涉及人、机、环、管多种类型。相当一部分的组分节点可能受到不安全因素的影响，是具有"风险"或可能传播"风险"的，这在所有的事故案例中均有所体现。认为风险点是系统中可能产生或传播风险的组分节点。本节在文本分析的基础上辨识城市轨道交通系统运营风险点，从可能性和重要性的角度出发，综合考虑了事故文本中的全文词主题概率和词语重要度。

1）基于主题模型（BTM）的词语及概率提取方法

主题模型是一种基于概率的统计算法模型，可分析文本中的暗含的主题结构。一般在主题模型中，文档被建模为主题的混合，主题是词的概率分布。通过统计和计算，模型可以学习到每个文档的主题成分和混合系数。词的概率分布即主题-词分布，表示该词在该主题中出现的频繁程度；主题分布则表示该主题在所有文本中所占的比例。传统的主题模型有 PLSA 和 LDA 等。

然而城市轨道交通运营事故文本中有很多数据粗糙简略，存在大量的短文本现象。这些短文本受限于词频和前后文信息不足，会造成稀疏性的问题，影响传统主题模型的运用。这种现象是由于 LDA 等传统的主题模型为了获取文本隐含的主题，采取隐式的办法搜寻文档级的词汇共现，且在有限的语境条件下也较难识别短文本中一些模糊词的意义。为此有学者提出了一种生成式的主题模型（Biterm Topic Model，BTM），该模型认为整个语料库是各种主题的混合，从整个语料库的角度对短文本进行主题学习以化解稀疏性难题。其中 Biterm 是指在前后文中同时现出的无序词对，每个 Biterm 都来自一个特定的主题，作者从一个短文本中抽取任意两个不同的单词构成一个 Biterm。BTM 模型对词语协同出现模式建模而不对文档建模，利用整套语料的聚合方式展开主题学习，可以获得语料库中的主题组件和全局主题的分布，解决了文档级模式稀疏的问题，加强了主题学习的效果。另外，实验也表明，BTM 主题模型不仅非常适用于短文本，对长文本的分析效果也优于 LDA，具有更强的潜在通用性和更广泛的用途。BTM 的图模型表示如图 2-6 所示，

α 和 β 是 Dirichle 先验分布的超参数；θ 是 BTM 文本语料库中的主题概率分布；Φ_k 是主题-词对概率分布；z 是词对 Biterm 的主题编号，T 是主题个数；w_i、w_j 是该 Biterm 中的两个词；B 是 BTM 语料库中的词对个数。

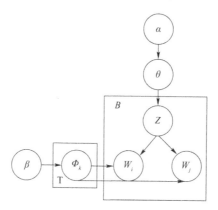

图 2-6　BTM 的图模型表示

（1）BTM 建模过程和推理方法。

对于整个语料库的词对，BTM 主题模型的一般建模过程如下：

① 对每个主题 z，生成 z 下的主题词分布 $z \sim \text{Dirichlet}(\beta)$。

② 对于整个文本语料库生成全局的主题分布 $\theta \sim \text{Dirichlet}(\alpha)$。

③ 对二元词对集合 B 中的每个 Biterm $b = (w_i, w_j)$。

➤ 从整个文本语料库中的 θ 中任意抽取一个 z。

➤ 从这个被抽取的主题 z 中抽取两个词，即一组词对。

通过以上过程，词对 b 的联合概率公式为：

$$P(b) = \sum_z P(z)P(w_i|z)P(w_j|z) = \sum_z \theta_z(i|z,j|z) \tag{2-18}$$

整个文本语料库 Biterm 的概率的计算公式为：

$$P(B) = \prod_{(i,j)} \sum_z \theta_z(i|z,j|z) \tag{2-19}$$

BTM 在主题学习过程中不能直接获得文档的主题概率分布，可采用 Gibbs 抽样方法通过推理计算得出。随机选择马尔可夫链的初始状态，计算每个词对 b 的条件概率 $P(z|z_{-b}, B, \alpha, \beta)$，如式（2-20）所示。

$$P(z|z_{-b}, B, \alpha, \beta) \propto (n_z + \alpha) \frac{[n_{(w_i|z)} + \beta][n_{(w_j|z)} + \beta]}{\left[\sum_w n_{(w|z)} + M\beta\right]^2} \tag{2-20}$$

式中:z_{-b}——除了词对 b 外的所有词对的主题分布;
　　B——全局词对集;
　　n_z——词对被分配主题 z 的次数;
　　$n_{(w|z)}$——词 w 被分配主题 z 的次数;
　　M——语料库中不同词的词数。

由主题的词对共现情况,计算主题-词分布和语料库的主题分布 θ,公式分别如式(2-21)、式(2-22)所示。

$$\varphi_{(w|z)} = \frac{n_{(w|z)} + \beta}{\sum_w n_{(w|z)} + M\beta} \tag{2-21}$$

$$\theta_Z = \frac{n_z + \alpha}{|B| + T\alpha} \tag{2-22}$$

式中:$(w|z)$——主题 z 中词 w 的概率;
　　$|B|$——词对的总数;
　　θ_Z——主题 z 的概率。

(2)最优主题个数的确定。

使用困惑度(Perplexity)衡量主题模型抽取文本主题的效果。困惑度越小的主题模型能力越强,泛化性越强,模型越优,定义如式(2-23)所示。针对各主题数(Topic)下训练的模型,最优主题数(及其他参数)对应着最低的困惑度值。但是主题数并不是越多越好,当主题数很多的时候生成的模型往往会过拟合。一种比较可靠的方法是,通过观察 Perplexity 指标随 Topic 数的曲线变化,找出曲线拟合合理范围内的极小值,从而选择合适的主题数值。

$$\text{Perplexity}(D_{\text{test}}) = e - \frac{\sum_{d=1}^{M} \lg P(w_d)}{\sum_{d=1}^{M} N_d} \tag{2-23}$$

式中:D_{test}——测试语料的文本集合;
　　w_d——文档中 d 的词;
　　N_d——文档 d 中的词数;
　　M——测试语料文本集合的大小(文档的数量);
　　$P(w_d)$——$P(w_d) = P(z) \cdot P(z|d)$。

第2章 城市轨道交通系统风险点辨识与分级

（3）词语提取结果和全文词主题概率计算。

将提取的关键词确定为 BTM 模型运行结果中各主题分布下的部分词语，这些词语共同构成初始词语集合。将各主题下的词语评价和选取的指标——全文词主题概率 $\text{Probability}(w,d)$ 定义为主题 z 中词 w 的概率 $(w|z)$ 与主题 z 的概率 θ_z 的乘积。

（4）短文本获取与文本分词。

为获取 BTM 模型中所需的且概括能力强的短文本，并方便后续的文本挖掘工作，进行了文本摘要抽取和文本分词（包含词性过滤）工作。使用自然语言处理工具 HanLP 于 2020 年推出的云端服务平台，基于 HanLP-API 的接口，使用 Textrank 完成对事故全文文本中的大量长文本的分段抽取，并对城市轨道交通运营安全专业人员进行咨询以完善摘要内容。之后，基于 Jieba 分词工具完成了对抽取前后所有短文本的分词，并参考汉语词性对照表过滤。长文本摘要和分词结果（部分）如图 2-7 所示。

```
{ "code":0, "data":[ { "nature":"", "word":"钢线经摩擦后过热令道岔不正常转向可能是导致意外的其中一个关键" },{ "nature":"", "word":"后来调查指事发现场的转辙器两个月前被技工不正当地以通用的3毫米钢线而非专用工具维修" },{ "nature":"", "word":"该转辙器控制的道岔原是链接3号线往斯拉夫林荫路站方向的路轨和建筑中的8号线（西段）往太阳区延线的路轨" },{ "nature":"", "word":"起初怀疑肇事起因是意外时电力系统不稳令列车紧急煞制" },{ "nature":"", "word":"而是集合了多个技术失误导致的灾难" },{ "nature":"", "word":"但各个车卡的刹车装置制动不一酿成意外" },{ "nature":"", "word":"车头被逼出轨道撞入隧道壁" } ] }

"正在行驶的一列地铁车顶突然着火" "这列地铁上大约有32名乘客吸入了浓烟被送往医院进行治疗" "列车停下来后" "列车被烧出了一个30公分大小的洞" "100多位乘客被紧急疏散" "但没有听到疏广播" "釜山警方推测是一号电力供应线或电车等老旧引发电力系统异常并导致起火" "确实用广播引导乘客疏散" "而且车站内也没有引导疏散的工作人员" "但釜山交通公司方面表示" "在车内听到紧急报警铃" "釜山地铁去年8月和10月也曾发生过电力系统异常引起的火灾"

{ "code":0, "data":[ { "nature":"", "word":"卡钳与制动盘之间摩擦产生高温造成制动卡钳周围电缆线绝缘层及护套燃化冒烟" },{ "nature":"", "word":"制动油的泄露造成A2、B2轴1、2、3轴卡钳烧损漏油并无法缓解制动弹簧的制动力" },{ "nature":"", "word":"由于列车在制动压力未缓解的情况下运行" },{ "nature":"", "word":"加快了制动系统的漏油" },{ "nature":"", "word":"通过上述分析造成此次事故的主要原因有以下几方面" },{ "nature":"", "word":"最终造成105车制动无法缓解并起火冒烟的事故发生" },{ "nature":"", "word":"绝缘层的缺失引起了电缆线短路" },{ "nature":"", "word":"电缆线燃化的溶液将A2车3轴卡钳A管、H管、P管烧损" } ] }

{ "code":0, "data":[ { "nature":"", "word":"一列满载旅客的高山地铁列车在隧道运行中发生火灾" },{ "nature":"", "word":"一列下行线列车驶来" },{ "nature":"", "word":"造成 155 人死亡" },{ "nature":"", "word":"在此相撞造成车毁人亡" },{ "nature":"", "word":"正当这列上行线列车燃烧时" },{ "nature":"", "word":"这也是造成众多人员伤亡的重要因素" },{ "nature":"", "word":"没有火灾自动报警系统" },{ "nature":"", "word":"事后调查认定火灾是由于列车上的电暖空调过热" } ] }
```

文件 编辑 查看

机械故障 引发 火灾
此次 灾难 伤亡 由于 一名 中年男子 纵火 大邱 地铁 号线 中央 路站 两列 满载 乘客 地铁 列车 烧毁 多种 原因 地铁 车厢 灭火 装置 地铁站 通风设备 保障 平时 空气流通 当时
地铁 早上 运行 纵火 人员 吸入 浓烟 感到 身体不适 入院 检查 中午 出院
炸药 爆炸 百余人
驶向 汽车厂 地铁 列车 驶出 车站 爆炸 死亡 地铁线 列车 惯性作用 继续前进 停车 武装 组织 声称 此次 袭击 负责
日晚 左右 和平 大街 沿线 地铁站 自杀式 爆炸 爆炸 死亡 受伤
早上 交通 尖峰 时间 名 受基地 组织 指使 英国人 三辆 地铁 一辆 巴士 引爆 自杀式 炸弹 乘客 遇难 受伤 此次 恐怖袭击 称为 七七 爆炸案
地铁 列车 驶往 工作人员 赶到 消防人员 扑灭 列车长 救火 黑暗 大批 乘客 疏散 环线 采取 封站 措施 通知 乘客 乘坐 其他 交通工具 列车 空载 行至 故障 风扇 回路下
列车 起火 爱伊
爆炸 街站 木球 会站 地铁 车厢 一辆 公交车 一系列 炸弹 地铁 车厢 爆炸 爆炸 涉及 街站 罗素 英皇 雅哲华 帕丁顿 发现 四颗 炸弹 引爆
列车 起火 事故 中毒
电路 消防人员 操作 错误 火灾 传输 装置 故障 纵火 电路 短路 引发 火灾 火灾 死亡 受伤
下午 国际机场 始发 磁悬浮列车 抵达 车站 一节 列车 车厢 火警 磁悬浮 公司 启动 消防 预案 疏散 乘客 遏制 火势 公安 消防 部门 出警 当日 左右 起火 车厢 明火 扑灭 由于 扑火事故 运营 人员 误操作 运营 中断
列车 起火 事故 中毒 送医 救治
电风扇 故障 列车 起火
自爆 装置 爆炸 百余人
火警 误报 常熟路 关闭 进站 直至 左右

图 2-7　长文本摘要和分词结果（部分）

2）面向文本语义的词语重要度计算方法

重要度是指每个语素在整个文本搜索串的重要程度，是核心词提取的重要组成部分。结合重要度在文本搜索中的理论算法，将每个提取出的词语视为一个语素，定义一个词语在事故全文文本中的重要程度即词语重要度，可以用式(2-24)表示。

$$\text{score}(v_x, d) = \frac{1}{\sum_{i=1}^{m}[n_i \times if(v_x \text{ in } s_i)]} \sum_{i=1}^{m} \{p(s_i|d) \cdot [n_i \times if(v_x \text{ in } s_i)]\}$$

(2-24)

式中：$\text{score}(v_x, d)$ ——语素(词语)v_x在全文文本d中的重要度；

$p(s_i|d)$ ——某一类别文本集s_i与全文文本d的相似程度，$s_i \in d$；

$n_i \times if(v_x \text{ in } s_i)$ ——文本集s_i包含语素(词语)v_x的数量，如果某一类别的文本集s_i包含语素(词语)v_x；

m ——类别文本集的总个数，$0 < i \leq m$。

根据式(2-24)，该问题就转换成将全文文本划分为若干个类别的文本集合，并得到每一类别文本集与全文文本的相似程度。按照事故类型将全文文本划分为了多个事故类别文本集$A_i(i=1,2,\cdots,10)$。因此，下一步研究需要求得类别文本集与全文文本的相似度。

为计算文本相似度，使用典型的基于统计的方法——向量空间模型(Vector Space Model, VSM)，其基本思想是将文本之间的相似度比较转换为向量之间的相似度比较。假设两个文本d_a, d_b的特征向量分别为$\boldsymbol{v}_{da} = (w_{a1}, w_{a2}, \cdots, w_{an})$, $\boldsymbol{v}_{db} = (w_{b1}, w_{b2}, \cdots, w_{bn})$，且向量间的夹角为$\omega$，则用$d_a$、$d_b$之间的夹角的余弦系数值代表文本间的相似度，余弦值与文本之间的相似程度呈正相关。

$$\text{Sim}(d_a, d_b) = \cos\omega = \frac{\sum_{k=1}^{n} w_{ak} w_{bk}}{\sqrt{\sum_{k=1}^{n} w_{ak}^2} \cdot \sqrt{\sum_{k=1}^{n} w_{bk}^2}}$$

(2-25)

对应语义网络子框架，构建基于语义的事故全文文本的特征向量$\boldsymbol{v}_d = (0.213, 0.206, 0.167, 0.214, 0.200)$。为计算各事故类别文本集$A_i(i=1,2,\cdots,10)$的特征向量，引入互信息(Mutual Information, MI)的概念。互信息用以测定特征项和文本类别间的关联程度，若一个特征项在某类别中经常性存在，而在别的类别中发现较少，可认为该特征项与前者的互信息比较大。对于文本类别s_i和特征t，其互信息的算式如下：

$$MI(t,s_i) = \lg \frac{P(t,s_i)}{P(t)P(s_i)} \tag{2-26}$$

式中：$MI(t,s_i)$——文本类别s_i和特征t的互信息；

$P(t)$——特征t在语料库中出现的概率，是指含有词语t的文本总数与全文文本中的文本总数的比例；

$P(s_i)$——类别为s_i的文本在所有文本集中出现的概率，是指s_i类别中的文本总数与所有类别的文本总数的比例；

$P(t,s_i)$——文本既包含特征词t又属于类别s_i的概率，是既含有特征词t又属于类别s_i的文本总数与全文文本中的文本总数的比值。

基于以上方法，在剔除异常值后，计算框架词语集合中的词语与各事故类别文本集$A_i(i=1,2,\cdots,10)$的互信息，互信息的对数以2为基底，单位为bit。而后对各个框架集合V_H、V_E、V_P、V_T、V_B，求得各事故类别文本集$A_i(i=1,2,\cdots,10)$与其内词语的互信息的均值$MI(V_H,A_i)$、$MI(V_E,A_i)$、$MI(V_P,A_i)$、$MI(V_T,A_i)$、$MI(V_B,A_i)$。之后，针对各事故类别文本集$A_i(i=1,2,\cdots,10)$，将以上求得的各均值进行整理并分别进行归一化，归一化公式如式(2-27)所示。

$$x' = \frac{x - \min(X)}{\max(X) - \min(X)} \tag{2-27}$$

式中：x——某均值；

x'——该均值对应的归一化值；

X——该均值所对应的事故类别文本集的所有均值的集合。

最终可得基于语义的事故类别文本集A_1的特征向量为$\boldsymbol{v}_{A_1}$如式(2-28)所示。

$$\boldsymbol{v}_{A_1} = (MI(V_H,A_1)', MI(V_E,A_1)', MI(V_P,A_1)', MI(V_T,A_1)', MI(V_B,A_1)') \tag{2-28}$$

结合式(2-24)~式(2-28)，可从语义角度求得各事故类别文本集与全文文本的相似度$p(s_i|d) = \text{Sim}(\vec{v}_{A_i},\vec{v}_d)$的值，进而求得某词语$v_x$在事故全文文本中的重要程度——词语重要度$\text{score}(v_x,d)$。

3）城市轨道交通系统运营风险点综合辨识方法

(1) 城市轨道交通系统运营风险点辨识步骤。

将全文词主题概率和词语重要度两个综合指标的乘积作为词的风险判断指标，并基于2.2.1节所构建的专业词库，提出城市轨道交通系统运营风险点综合辨识方法，流程见步骤1~8。其中，BTM模型α值设置为$\alpha = 50/T$（T为主题个数），β值根据一般经验取0.01，迭代次数默认设为100。

步骤1：导入文本分词结果，输入主题数 $T=3$，BTM 模型开始测试迭代，计算模型结果并输出困惑度 $\text{Perplexity}(D_{\text{test}})_3$。

步骤2：重复步骤1，输出不同主题数 T（$T>3$ 且为整数）测试条件下模型的困惑度 $\text{Perplexity}(D_{\text{test}})_T$。

步骤3：绘制不同主题数 T 下的困惑度曲线，判断合理拟合范围内极小值对应的主题数 $T=K$。

步骤4：输出 $T=K$ 条件下的 BTM 模型运行结果，计算各主题下词语的全文词主题概率值。分别排序各主题下的全文词主题概率值，取各主题下排名靠前的 M_1 个词语，共同构成初始词语集合 λ_1。

步骤5：遍历城市轨道交通运营安全专业词库，筛选出 λ_1 中与专业词库中某部分同义或强相关的全部词语，合并同义项，输出相关词语集合 λ_2。

步骤6：依次计算 λ_2 中各词的词语重要度、风险判断指标值，对 λ_2 中全部词的风险判断指标值排序取排名靠前的 M_2 个词语，构成候选词语集合 λ_3。

步骤7：对照专业词库，依据 λ_3 的输出结果对多名行业专家进行问询，融合关于同一风险点的多种描述信息并消除冗余，形成对应专业词库并符合实际情况的风险点。

步骤8：某风险点的风险值计算为其在 λ_3 中关联所有词的风险判断指标值之和，将所有风险点按风险值大小排序，结束流程并输出。

（2）城市轨道交通系统运营风险点辨识结果。

通过本章所述方法，过程中的部分结果展示如图2-8和表2-6所示。由图2-8可以看出，当 $T>19$ 时模型拟合效果逐渐趋于稳定。$T=32$ 时困惑度值取得极小值，$T>32$ 后困惑度值呈上升趋势，模型生成效果变差。

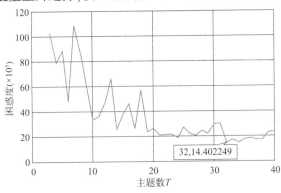

图 2-8　BTM 困惑度曲线

事故类别文本集与全文文本的相似度 表 2-6

参数	$MI(V_H, A_i)'$	$MI(V_E, A_i)'$	$MI(V_P, A_i)'$	$MI(V_T, A_i)'$	$MI(V_B, A_i)'$	$p(s_i \mid d)$
A_1	0	0	0	0	0.2498	0.4456
A_2	0.6797	0.5158	0.3836	0.4684	0.4083	0.9859
A_3	0.8149	0.5528	0.4047	0.29716	0.3773	0.9424
A_4	0.7887	0.87761	0.9684	0.6999	0.3300	0.9454
A_5	0.9755	0.5454	1	1	1	0.9739
A_6	0.3512	0.9556	0.9449	0.8540	0.7299	0.9455
A_7	0.05671	0.8249	0.7136	0.5342	0	0.7613
A_8	1	1	0.7837	0.5201	0.8054	0.9745
A_9	0.2373	0.5745	0.6018	0.7987	0.2651	0.9105
A_{10}	0.8604	0.9031	0.7422	0.5816	0.0878	0.9036

在 $T = 32$ 条件下,根据数据情况取 $M_1 = 25$,$M_2 = 125$,进行步骤 4~8,最终提取辨识的城市轨道交通系统运营风险点分为人员类、设施设备类、环境类、管理类四大类,如表 2-7~表 2-10 所示。

风险点辨识结果——人员类 表 2-7

大类	编号	风险点	风险值($\times 10^{-3}$)
人员	RP^1	列车司机	40.589
	RP^2	行车调度人员	20.637
	RP^3	乘客	19.285
	RP^4	车站作业人员	10.239
	RP^5	线路乘务管理中心	4.212
	RP^6	乘务人员	4.103
	RP^7	调度主管	3.591
	RP^8	其他工作人员	2.827
	RP^9	维修人员	2.656
	RP^{10}	综控员	2.608
	RP^{11}	企业运营管理层	2.260

续上表

大类	编号	风险点	风险值($\times 10^{-3}$)
人员	RP^{12}	调度指挥人员	1.326
	RP^{13}	电力调度人员	0.630
	RP^{14}	列车乘务管理员	0.430
	RP^{15}	环控调度人员	0.130

风险点辨识结果——设施设备类　　表2-8

大类	编号	风险点	风险值($\times 10^{-3}$)	大类	编号	风险点	风险值($\times 10^{-3}$)
设施设备	RP^{16}	车体	26.257	设施设备	RP^{36}	ATP系统	1.163
	RP^{17}	列车自动保护（ATP）车载系统	10.013		RP^{37}	车站站台	1.120
	RP^{18}	制动系统	8.808		RP^{38}	受流器	0.997
	RP^{19}	中心ATS设备	7.725		RP^{39}	车体内装	0.966
	RP^{20}	信号机	7.444		RP^{40}	火灾报警系统（FAS）	0.950
	RP^{21}	轨道	6.623		RP^{41}	车钩	0.929
	RP^{22}	车站ATS设备	6.167		RP^{42}	逆变器	0.907
	RP^{23}	车辆段	5.029		RP^{43}	道岔转辙部分	0.694
	RP^{24}	牵引系统	4.955		RP^{44}	直梯	0.687
	RP^{25}	列车自动运行（ATO）车载系统	4.503		RP^{45}	电力监控系统工作站	0.552
	RP^{26}	车门	3.614		RP^{46}	环境与设备监控系统工作站	0.552
	RP^{27}	高压供电系统	3.557		RP^{47}	数据通信子系统（DCS）	0.493
	RP^{28}	扶梯	3.462		RP^{48}	水泵	0.453
	RP^{29}	道岔	3.303		RP^{49}	车站护栏	0.306
	RP^{30}	低压供电系统	3.132		RP^{50}	广播系统	0.224
	RP^{31}	桥梁桥面	3.062		RP^{51}	座椅	0.155
	RP^{32}	牵引供电系统	2.978		RP^{52}	低压配电与动力照明系统	0.154
	RP^{33}	电缆	2.624		RP^{53}	继电器	0.136
	RP^{34}	接触轨	1.542		RP^{54}	环境与设备监控系统（BAS）	0.130
	RP^{35}	隧道	1.445				

风险点辨识结果——环境类 表2-9

大类	编号	风险点	风险值($\times 10^{-3}$)
环境	RP^{55}	区间环境	2.744
	RP^{56}	积水	1.444
	RP^{57}	地面线沿线环境状况	0.936
	RP^{58}	恐怖袭击	0.513
	RP^{59}	早/晚高峰	0.511
	RP^{60}	雨	0.402
	RP^{61}	机房	0.305
	RP^{62}	异物	0.303
	RP^{63}	库房	0.235

风险点辨识结果——管理类 表2-10

大类	编号	风险点	风险值($\times 10^{-3}$)
管理	RP^{64}	安全检查	4.858
	RP^{65}	培训教育	3.918
	RP^{66}	事故救援体系	2.903
	RP^{67}	管理规章制度	2.089
	RP^{68}	事件记录	0.837

2.2.2 基于ASF的风险点辨识方法

2.2.2.1 基于累计故障次数的风险点辨识方法

基于城市轨道交通运营的历史数据,能够对城市轨道交通系统的风险点进行识别和确定。在整个运营系统中,当某一组分节点其全年累计故障次数 c_k 满足式(2-29)时,认为其属于风险点:

$$c_k \geq \frac{\sum_{i=1}^{n} c_i}{n} \tag{2-29}$$

式中:c_k——当前正在辨识的组分节点 k 的全年故障次数;

c_i——组分节点 i 的全年故障次数；

n——整个辨识系统中所涉及的风险点数。

对于物理结构类组分节点，其全年累计故障概率由监测数据获得。人因类组分节点的故障次数指的是全年中人员的误操作次数，此数据可通过日常监管获得。自然环境类组分节点的故障次数指的是全年中异常环境的天数，社会环境类组分节点的故障次数指的是各类社会环境类组分节点在全年出现的总天数。

2.2.2.2 基于节点结构重要度的风险点辨识方法

节点的结构重要性是由节点在网络中的拓扑特征决定的，一般用网络指标来反映。尽管城市轨道交通运营系统具有其特定的系统功能和目标，但网络拓扑结构仍能在一定程度上反映节点的重要性。本小节基于城市轨道交通系统拓扑网络模型来研究节点的结构重要度，即只关注网络的结构，忽略网络中连接边的实际意义和节点的属性。当组分节点处于重要的结构位置，与其他节点的关联性较高时，认为其具有较高的结构重要度，该组分节点被判定为风险点。结构位置重要度计算公式为：

$$F_k = \frac{\Theta_k}{\sum_{i=1}^{n} \Theta_i} \quad (2\text{-}30)$$

式中：F_k——组分节点 k 的结构位置重要度；

Θ_k——组分节点 k 的结构强度。

其中，组分节点的结构强度无法通过实际数据获取，故本书采用专家评价法获取，不同专家参考表 2-11 中评分值，分别对结构强度作出判断，计算组分节点结构强度评分值。

结构强度评分值参照表 表 2-11

评价指标	结构位置很重要	结构位置重要	结构位置一般重要	结构位置不重要
评分值	10	7	4	1

节点的结构强度评分值计算公式为：

$$\Theta_k = \frac{\sum_{j=1}^{m} N_j}{m} \quad (2\text{-}31)$$

式中：N_j——第 j 个专家的结构强度评分值；

m——专家人数。

当结构位置重要度满足 $F_k \geq \dfrac{1}{n}$ 时，组分节点被判定为风险点。

2.2.2.3 基于节点功能重要度的风险点辨识方法

前文从网络的结构特性方面对节点的结构重要度进行了探讨，提出了节点的结构重要性指标，但只从拓扑特征参数来判断一个风险点的重要程度是片面的，例如，某些风险点异常时会严重影响系统的性能，但其拓扑特征参数值却较低，如此便会造成较大的偏差。在网络模型中，只考虑节点的拓扑结构特征参数是不全面的，应该考虑功能重要度的影响。当组分节点对整个系统的功能实现具有重要作用时，认为该组分节点具有较高的功能重要度，该节点是风险点。

对风险点是否对系统的功能实现具有重要的作用，不同的专家会有不同的看法。本研究中需专家对组分节点的功能重要度进行评分，而后采用和数相乘评价型融合各个专家的评分结果，得到风险点的功能性评分 W_k。和数相乘评价型是需将同一专业的专家组成一组，同专业的专家的评分相加，然后将不同专业组的评分相乘，得到该组分节点的最终功能性评分。专家评分采用计分制，节点 k 的功能性评分的融合计算公式为：

$$W_k = \prod_{a=1}^{s} \sum_{b=1}^{t} R_{ab} \tag{2-32}$$

式中：W_k——组分节点 k 的功能性评分；

R_{ab}——第 a 组第 b 个专家的评分值；

s——专家的组数；

t——每组中专家人数。

节点的功能重要度 $\Im_k$ 计算公式为：

$$\Im_k = \dfrac{W_k}{\max\left\{\dfrac{W_i}{2}\right\}} \tag{2-33}$$

其中，$\max\left\{\dfrac{W_i}{2}\right\}$ 指的是节点的功能性评分可得到的平均最大值。当功能重要度大于或等于 1 时，认为该组分节点是风险点。

2.2.2.4 基于 ASF 法的风险点综合辨识方法

基于 ASF 法的风险点辨识方法是一种依赖于历史故障数据以及专家知识

的风险点综合辨识方法。基于 ASF 的风险点辨识方法综合考虑了组分节点的累计故障次数(Accumulating Failure Numbers)、结构重要度(Structural Importance)和功能重要度(Functional Importance)等要素。该方法由来自不同专业的专家组成一个团队,共同合作对风险点进行辨识,与单个专家进行分析的方法相比,该方法能够发现更多的问题,风险点辨识也更加全面细致。

使用 ASF 法进行风险点辨识的主要步骤为:

(1)定义阶段:该阶段的主要任务是确定参与辨识的专家成员及其责任、确定分析的范围以及分析的目标。

(2)准备阶段:该阶段的主要工作内容包括制订研究计划、收集组分节点数据、确定记录格式、制定辨识会议安排。

(3)分析阶段:在分析会议上,首先由分析组长对被研究系统及其范围进行说明和解释,接下来将系统划分成不同类,再由分析小组长带领领域专家从不同类入手,进行风险点辨识。

ASF 风险点辨识方法操作流程如图 2-9 所示。

使用基于 ASF 的风险点辨识方法进行风险点辨识的伪代码如下。

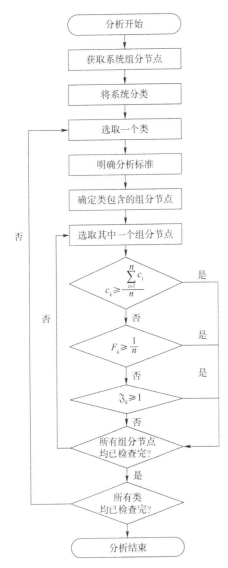

图 2-9 ASF 法风险点辨识方法操作流程

Input 系统组分节点 $S = \{S^h, S^p, S^e\}$
For $i = 1$ to $|S|$ $|S|$ 为系统组分节点中节点的个数
If s_i 累计故障次数 $c_k \geq \dfrac{\sum_{i=1}^{n} c_i}{n}$

```
            Go to jump.
        Else if s_i 结构重要度 F_k ≥ 1/n
            Go to jump.
        Else if s_i 功能重要度 ℑ_k ≥ 1
            Go to jump.
        End if
    Jump:
        If s_i ∈ S^h
            R^h ← [ R^h, s_i ]
        Else if s_i ∈ S^p
            R^p ← [ R^p, s_i ]
        Else if s_i ∈ S^e
            R^e ← [ R^e, s_i ]
        End if
    End for
    Output 系统风险点集 R = {R^h, R^p, R^e}
```

2.3 风险点分级

2.3.1 风险点的稳定状态值计算方法

风险点的状态会受到与之相关的其他风险点的影响,在大多数情况下,一个风险点发生故障是由于其他风险点对其进行能量传递而导致的,故其风险点状态值是一个可反映风险点之间关系的数值,而不是一个风险点固有属性的一个值。基于此情况,本书针对人因类风险点、物理结构类风险点及外部环境类风险点各自特点,分别提出其风险点的稳定状态值计算方法。

（1）人因类风险点的状态计算方法。

人因类风险点的不稳定状态值计算方法为：

$$p(x_i^h) = \frac{C_{r_i^h}}{\sum_{i=1}^{n} C_{r_i^h}} \tag{2-34}$$

式中：$p(x_i^h)$——人因类风险点 r_i^h 的不稳定状态值；

$C_{r_i^h}$——人因类风险点 r_i^h 的全年故障次数，表示为人因类风险点全年造成各类事故发生的次数；

n——系统中包含的人因类风险点总数。

则人因类风险点的稳定状态值为：

$$\bar{p}(x_i^h) = 1 - p(x_i^h) = 1 - \frac{C_{r_i^h}}{\sum\limits_{i=1}^{n} C_{r_i^h}} \tag{2-35}$$

（2）物理结构类风险点的状态计算方法。

物理结构类风险点的不稳定状态值计算方法为：

$$p(x_i^p) = \frac{C_{r_i^p}}{\sum\limits_{i=1}^{n} C_{r_i^p}} \tag{2-36}$$

式中：$p(x_i^p)$——物理结构类风险点 r_i^p 的不稳定状态值；

$C_{r_i^p}$——物理结构类风险点 r_i^p 全年故障次数；

n——系统中包含的物理结构因类风险点总数。

则物理结构类风险点的稳定状态值为：

$$\bar{p}(x_i^p) = 1 - p(x_i^p) = 1 - \frac{C_{r_i^p}}{\sum\limits_{i=1}^{n} C_{r_i^p}} \tag{2-37}$$

（3）外部环境类风险点的状态计算方法。

外部环境类风险点的不稳定状态值计算方法为：

$$p(x_i^e) = \frac{C_{r_i^e}}{\sum\limits_{i=1}^{n} C_{r_i^e}} \tag{2-38}$$

式中：$p(x_i^e)$——外部环境类风险点 r_i^e 的不稳定状态值；

$C_{r_i^e}$——外部环境类风险点 r_i^e 的全年故障次数，表示为全年导致事故发生的次数；

n——系统中包含的外部环境类风险点总数。

则外部环境类风险点的稳定状态值为：

$$\bar{p}(x_i^e) = 1 - p(x_i^e) = 1 - \frac{C_{r_i^e}}{\sum\limits_{i=1}^{n} C_{r_i^e}} \tag{2-39}$$

2.3.2 风险点的等级定义和划分方法

2.3.2.1 风险点的等级定义

根据对国内典型城市轨道交通安全管理现状的调研情况,结合对城市轨道交通系统安全事件/事故的分析和其他相关学者的研究,风险点辨识应针对生产工艺、作业活动、设备设施、作业环境、人员行为和管理体系等方面存在的安全风险,从人的不安全行为、物的不安全状态、环境的不安全因素、管理缺陷四方面梳理查找触发因素,根据以上因素对风险点等级定义如下:

高风险点(Ⅰ):又称不可接受风险,指对风有效地防控的防控措施前,不能投入运营或进行作业的风险。

较高风险点(Ⅱ):又称不希望风险,指从企业运营成本效益和安全管理角度考虑,该风险必须降低的风险。

一般风险点(Ⅲ):又称可容忍风险,指在制定了足够可行的防控措施情况下,该风险的后果程度可容忍的风险。

可接受风险点(Ⅳ):沿用已有的规章制度、控制措施,该风险可以不采取进一步的防控措施的风险。

2.3.2.2 风险点的等级划分

表 2-12 为风险点评价与安全程度等级表。基于第 2.3.1 节风险点的稳定状态值的计算方法,该表给出了城市轨道交通系统风险点的 4 个等级的量化指标范围,并与安全程度进行对应。

城市轨道交通系统风险点评价与安全程度等级表　　表 2-12

风险点等级	Ⅳ级	Ⅲ级	Ⅱ级	Ⅰ级
风险	可接受风险	一般风险	较高风险	高风险
安全程度	很安全	一般安全	不安全	极不安全
风险点稳定状态值	(0.9,1]	(0.8,0.9]	(0.65,0.8]	(0,0.65]

2.4 风险点辨识与分级计算实例分析

使用本书所提的风险点辨识和分级方法,得到某地铁线路制动系统风险点辨识分级的计算结果,部分计算结果见表 2-13。

表 2-13 某地铁线路制动系统风险点辨识分级计算结果（部分）

编号	风险点名称	累计故障次数	结构重要度	功能重要度	风险点不稳定状态值（每年） 1	2	3	4	5	6	平均不稳定状态值	风险点稳定状态值	风险点等级
1	风源模块	73	0.075019952		0.17	0.19	0.25	0.26	0.20	0.22	0.215	0.785	Ⅱ
2	辅助制动控制单元	30	0.04868316		0.07	0.17	0.12	0.11	0.15	0.14	0.127	0.873	Ⅲ
3	辅助制动模块	12	0.065442937		0.09	0.09	0.08	0.06	0.09	0.08	0.082	0.918	Ⅳ
4	踏面制动单元	33	0.060654429		0.08	0.14	0.10	0.07	0.11	0.10	0.100	0.900	Ⅲ
5	速度传感器	22	0.0103751	0.181440	0.14	0.07	0.09	0.13	0.08	0.08	0.098	0.902	Ⅳ
6	空气悬挂装置	2	0.028731045		0.13	0.09	0.12	0.06	0.12	0.13	0.108	0.892	Ⅲ
7	驾驶控制器	1	0.043894653		0.01	0.01	0.01	0.02	0.01	0.01	0.012	0.988	Ⅳ
8	制动控制单元	51	0.075019952		0.24	0.17	0.23	0.20	0.17	0.18	0.198	0.802	Ⅲ
9	车轮	8	0.060654429		0.04	0.03	0.04	0.04	0.03	0.03	0.035	0.965	Ⅳ
10	防滑控制部件	8	0.063048683		0.04	0.05	0.04	0.04	0.05	0.03	0.042	0.958	Ⅳ
11	维修人员	90	0.027134876	11.793600	0.56	0.72	0.36	0.30	0.66	0.45	0.508	0.492	Ⅰ
12	列车司机	20	0.022346369	7.862400	0.44	0.28	0.64	0.70	0.34	0.55	0.492	0.508	Ⅰ
13	雪	3	0.0103751	2.690688	0.26	0.29	0.35	0.24	0.55	0.25	0.323	0.677	Ⅱ
14	极寒	2	0.024740623	6.177600	0.35	0.14	0.41	0.47	0.18	0.31	0.310	0.690	Ⅱ
15	雨	6	0.02952913	6.949800	0.39	0.57	0.12	0.29	0.27	0.44	0.347	0.653	Ⅱ

2.5 本章小结

本章从人因类、物理结构类和外部环境类三个维度明确了风险点的分类,以集合理论为基础提出了城市轨道交通系统风险点的分类和风险点集构建方法,并重点提出了城市轨道交通运营人因复合风险网络模型的构建和分解方法。之后结合城市轨道交通风险点的累积故障次数、结构和功能重要度等辨识要素,介绍基于ASF的风险点辨识方法,并提出了基于稳定状态值的风险点的分级确定方法,给出了部分实例。

第3章 城市轨道交通系统风险链构建

本章对城市轨道交通系统的风险点状态及其耦合作用机制进行研究,概述了城市轨道交通系统的风险链构建理论,基于奶酪模型理论提出了城市轨道交通系统运营风险链构建方法,包括基于贝叶斯网络结构学习和 D-S 证据理论相结合的风险链结构构建方法以及基于贝叶斯网络参数学习的节点耦合度计算方法。根据列出的风险链推理方法,对风险链进行识别关键风险点和影响关联分析两方面的推理。

3.1 风险点状态及转化

3.1.1 基于能量意外释放理论的风险点状态表现形式

1961 年,Gibson 提出了能量意外释放理论,其后 Hardon 于 1996 年对此理论进行了完善。该理论认为工业事故及其造成的伤害或损坏,通常都是生产过程中失去控制的能量转化和(或)能量做功的过程中发生的,能量失去控制而意外释放是导致事故发生的根本原因。在日常生产生活中,人们利用能量来做功,从而达到生产的目的。在正常情况下,能量受到某种约束,按照人们的意志进行流动、转换和做功,而如果由于某种原因,能量失去了控制,超出了人们设置的约束或限制而意外溢出或者释放,则会造成事故的发生。这种意外逸出的能量一旦触及人体,且超过了人体所能承受的范围,人体将会受到伤害。该理论为人们设计及采取安全技术措施提供了理论依据。

本书将风险点的状态分为两种,分别为稳定状态和不稳定状态,两种状态可以相互转化。风险点的稳定状态指的是风险点能够正常履行其功能,并能正常与其他风险点相配合共同完成其所需功能要求时的状态;风险点的不稳定状态指其未能正常履行其功能要求,不能与其他风险点正常配合完成所需功能时所处的状态。对于每一个风险点,均有稳定状态和不稳定状态两种状态,其中风险点 r_i^δ 的不稳定状态表示为 x_i^δ,其不稳定状态值为 $p(x_i^\delta)$,则稳定状态值为 $\bar{p}(x_i^\delta) = 1 - p(x_i^\delta)$。本书2.3节已经详细介绍了风险点状态值的计算方法,这里不再赘述。

3.1.2 风险点状态转化方法

3.1.2.1 风险点状态转化机制

基于能量意外释放理论思想,当施加于风险点本身的能量(如机械能、热能等)未超过其可承受阈值或风险点受到来自其他风险点的能量传递(如机械碰撞、电击等)未超过其承受阈值时,风险点自身的屏障未被冲破,能量未发生释放,风险点处于稳定状态;当施加于风险点本身的能量超过其可承受阈值或风险点受到超过其承受阈值的其他风险点的能量传递时,风险点的屏障失效,能量释放,风险点由稳定状态转为不稳定状态,当能量释放结束后,经过一系列补救措施,风险点可从不稳定状态转换为稳定状态。图3-1揭示了风险点的能量意外释放原理。

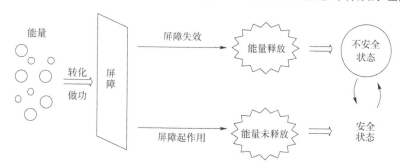

图3-1 风险点的能量意外释放原理

3.1.2.2 基于异质性的风险点状态迁移测度

由前一小节可知,系统运营中,风险点状态可分为稳定态和活跃态两种状态。稳定态下,风险点不体现风险属性,与风险点有关的若干元素能够正常运转,支撑系统的运行;活跃态下,风险点体现风险属性,与风险点有关的元素无法正常运转,对系统运行造成影响,且风险点会沿耦合关系向相邻风险点传播风险,这一传播行为可能导致邻居节点转入活跃态。在传统的风险传播模型研究中,通常忽略了个体差异对于风险传播的影响,但在实际的网络研究中,不可能保证所有个体的同质性。因此,必须考虑个体异质性对风险传播的影响。本小节通过风险点状态迁移测度的研究完成对风险点个体差异的分析和体现。

风险点从稳定态转为不稳定态的过程为风险点的状态迁移过程。不同的风险点吸收能量完成状态迁移的难度是不同的,为了衡量这种难度的差异,我们提出风险点状态迁移测度的概念。迁移测度指的是风险点在遭遇风险传播的过程中,吸收能量转化为不稳定态的难度;也可以理解为风险点状态迁移测度是描述风险点需要吸收多少能量才能够从稳定态迁移到不稳定态的测度。

在状态迁移测度的设定上,较为常见的方法有与度完全关联、与度部分关联和与度无关联。与度完全关联的感染函数认为节点 i 的状态迁移测度 T_i 满足 $T_i \sim k_i^\alpha$,其中 $\alpha \in (-\infty, \infty)$ 为度关联指数。与度无关联的状态迁移测度认为节点 i 的状态迁移测度 T_i 满足 $T_i \sim p_r k_i^\alpha$,其中 p_r 是完全随机的阈值重分配概率,它将 k_i^α 以完全随机的概率重新分配给网络上的所有节点,完全随机取值的重分配概率的引入一方面能够保持节点活跃态比例的分布规律,另一方面有效消除了状态迁移测度与节点度的相关性。而现实中,风险的传播并不完全依赖于节点的拓扑环境,同时与自身的属性因素有关,因此,更容易理解与度部分关联的状态迁移测度,这种情况下节点 i 的状态迁移测度 T_i 以 p 的概率根据测度分布函数 $f(T)$ 随机取得测度值,以 $1-p$ 的概率取值 $T_i = T(k) = ak_i^\alpha$,其中 a 为用于控制测度平均值的常量。

可以看出,在以上三种情况中,主要是以重分配概率来切断一部分或全部状态迁移测度与节点度的关系。因此,状态迁移测度与节点度的关联程度 ρ_s 可以用 Spearman 相关系数来描述,Spearman 相关系数的计算如式(3-1)所示,但在具体应用中通常省略变量间的连接,而被简化为式(3-2):

$$\rho_s = \frac{\sum_i (x_i - \overline{x})(y_i - \overline{y})}{\sqrt{\sum_i (x_i - \overline{x})^2 \sum_i (y_i - \overline{y})^2}} \qquad (3\text{-}1)$$

$$\rho_s = 1 - 6 \frac{\sum_{i=1}^{N} \Delta_i^2}{N(N^2 - 1)} \qquad (3\text{-}2)$$

式中:N——网络中节点总数量;

Δ_i——节点在调节的状态迁移测度前后位置排序差值。

ρ_s 的取值有以下几种极限情况:节点的状态迁移测度与节点度完全正相关,则有 $\rho_s=1$;节点的状态迁移测度与节点度完全负相关(即节点度越大,其状态迁移测度越小),则有 $\rho_s=-1$;节点的状态迁移测度与节点度完全无关,则有 $\rho_s=0$。ρ_s 在 $(0,1)$ 的取值范围中,重分配概率 p 越大,状态迁移测度与节点度的关联程度 ρ_s 越小,因此可推得:

$$\rho_s = 1 - p \tag{3-3}$$

式中:p——重分配概率,即状态迁移测度 T_i 根据测度分布函数 $f(T)$ 随机取得测度值的概率。

在针对真实网络进行建模的研究中,为了更贴合实际情况,一般采用状态迁移测度与节点度部分关联的策略进行建模和研究。在本书所研究的城市轨道交通系统运营管理中,风险点的状态迁移测度与其邻居节点的拓扑信息,也就是风险点的位置信息有关,同时与自身的属性因素以及个体情况也有关,因此,应当采用状态迁移测度与节点度部分关联的策略。

3.2 风险点间耦合作用机制

如前文所述,在城市轨道交通系统中,当多个风险点的状态均发生变化时,在其共同作用下,会产生连锁反应,进而导致系统状态发生变化,本书将这种连锁反应称为耦合,风险点之间具有潜在的风险耦合作用机制。本书中将耦合作用机制分为两种:一种为因果关系(有方向的),反映了风险传播过程中有时间上的先后顺序的两个风险点之间关系,分别为促进关系和抑制关系;另一种为逻辑关系(没有方向),反映的是向同一个风险点传播风险的点与点之间的关系,分别为"与"的关系和"或"的关系。

3.2.1 因果关系及其表达

为描述风险点之间的因果关系,本小节引入风险点对的概念:有直接因果关系的两个风险点组成一个风险点对,这种因果关系有促进关系也有抑制关系。

事故发生是由一系列风险点状态改变而导致的,且风险点对之间往往存在着一定的因果关系。因果关系是有时间序列性的,原因必定在先,结果只能在后,二者的时间顺序不能颠倒。

（1）风险点对之间的促进关系。

风险点对之间的促进关系指的是一个风险点状态改变,可能促进与其有结构的其他风险点状态发生改变。图3-2所示为风险点r_i^p与风险点r_j^q之间的促进关系。

在对事故数据的分析中发现,风险点之间往往存在着一定的促进关系,例如,某城市地铁线路信号故障问题,通过对故障现场和运行记录分析,判断此故障的直接原因为传输设备重启造成网络中断,导致安装在车辆段用于控制全线列车运行的区域控制器脱网,进而造成线路全线列车自动降级。传输设备自动重启完成网络恢复后,由于信号系统安全防护,造成全线棕光带和信号红灯,降级模式无法运行。

由此分析可知,"传输设备"这一风险点与"区域控制器"这一风险点之间存在着一定的促进关系,由于"传输设备"这一风险点的状态发生改变(重启),造成网络中断,导致安装在车辆段用于控制全线列车运行的"区域控制器"这一风险点的状态发生改变(脱网)。本书将风险点之间的这种关系定义为促进关系。

（2）风险点对之间的抑制关系。

一个风险点状态发生改变导致与其有连接关系的其他风险点的状态不易发生改变,则称前一个风险点对后一个风险点有抑制的关系。图3-3所示为风险点r_i^p与风险点r_j^q之间的抑制关系的图形化表示。

图3-2　风险点之间的促进关系的图形化表示　　图3-3　风险点之间的抑制关系的图形化表示

风险点对之间往往也存在着一定的抑制关系,例如极寒天气下不易发生火灾。极寒天气作为外部环境类风险点,会抑制内部结构类的某些易燃部分的风险点的状态发生改变,从而起到抑制风险发生的作用,调研中发现这种具有抑制关系的风险点对在城市轨道交通系统运营过程中相对较少。

3.2.2　逻辑关系及其表达

从多个风险点对同一个风险点的作用关系角度出发,研究风险点之间的逻辑关系,可以将风险点之间的逻辑关系分为两类,分别为"与"的关系和"或"的关系。调研发现,部分地区城市轨道交通系统运营管理部门在对风险进行管理的过程中也充分考虑到了风险点之间的"与"和"或"的关系,例如某城市轨道交通运营企业引入了一套风险管理系统,工作人员将运营过程中发现的风险点信息输入到该系统中,便于后续风险分析及预防,其中所输入的信息包括风险点的共因失效对风险事件的影响以及多个风险点分别对风险事件的影响关系。此外,在调研过程中也发现,国内其他城市轨道交通系统运营管理部门也对风险点的共因失效及多个风险点对同一个风险点的影响有所关注,因此,本小节结合实际运营管理现状,将风险点之间的逻辑关系分为"与"的关系和"或"的关系。

(1) 风险点之间"与"的关系。

多个风险点状态同时改变,它们共同作用导致另外的风险点状态发生改变,并最终导致风险事故发生,则称这几个风险点之间的关系为"与"的关系。图3-4所示为风险点 r_i^p 与风险点 r_j^q 之间"与"的关系图像化表示。

例如,某城市轨道交通车站接触轨绝缘子击穿事故,事故造成停运8列、到晚5min以上57列、中途折返23列、通过2列,车站临时封站。分析发现事故原因为此车站前方出站处绝缘子内部存在裂纹,加之外表不清洁,在湿热环境下绝缘性能下降,引起接触轨间歇性放电,并且因现场第一处置方法不当,导致绝缘子击穿、接触轨接地。此次事故的发生便是由于风险点"绝缘子"和"湿热环境"共同作用,导致了风险点"接触轨"异常,进而导致事故发生。

(2) 风险点之间"或"的关系。

多个风险点中有一个状态变化,就有可能导致与其相连的其他风险点的状态发生变化,这些风险点之间的关系即为"或"的关系。图3-5所示为风险点 r_i^p 与风险点 r_j^q 之间"或"的关系。

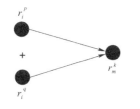

图3-4 风险点之间"与"的关系的图形化表示　　图3-5 风险点之间"或"的关系的图形化表示

"或"的关系在城市轨道交通运营事故中较为常见,例如对于道岔故障而言,"滑床板"这一风险点断裂和"密贴调整螺栓"这一风险点松动都有可能导致"道岔"这一风险点产生不良后果,故"滑床板"和"紧贴调整螺栓"这两个风险点之间的关系就是"或"的关系。

3.3 风险链构建理论基础

3.3.1 基于奶酪模型的风险链构建思想

奶酪模型(图3-6)是一种用于风险分析及风险管理的模型,其主要思想是:活动被分成一些不同的层,这些层就像奶酪片一样,在每一层上都有一些漏洞存在,不安全因素就像一束光源一样,能够穿过每一层中的漏洞,这个时候事故就会发生。其中,大部分的不安全因素都会被某一层拦下,如果在一摞奶酪片中的漏洞恰好连成了一条可以穿过的通道,不安全因素便能一层层突破防护,最终演变成一场事故。比如机械设备出现故障、人员未及时发现问题并修补错误,外部环境出现了不安全的扰动,事故便很有可能发生。

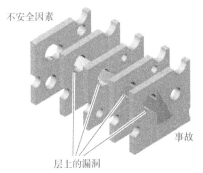

图3-6 奶酪模型

为了刻画风险在风险点之间的演变过程,基于奶酪模型的思想,本书引入了风险链的概念:风险链是由风险点及其之间的耦合作用机制连接起来的造成事故发生的特定事故致因序列,反映了事故发生发展的过程。

由以上定义可以知道,风险链的形成有以下三个要素:

(1)风险点。风险链是由事故发生过程中所涉及的风险点构成的。

(2)风险点之间的耦合作用机制。风险链是由风险点之间的耦合作用机制将风险点连接而成的。

(3)事故致因序列。风险链反映了事故发生发展的经过,可以刻画事故的形成及发展过程。

风险点击穿后就像奶酪中的漏洞一样,而风险点之间击穿后的关系便像一束光源,将所有的漏洞穿过,便形成了风险链。在分析城市轨道交通系统运营事故报告过程中可以发现,导致事故发生的因素往往不是孤立存在的,它们之间往往存在着一些交互、关联以及发生的时间先后性,系统中风险点的状态发生改变产生故障或异常,其故障或异常未被及时发现导致危险逐渐演变进而失去控制,并最终导致事故的发生。风险点的风险因素之间存在着一定的因果关系,这种因果关系往往并不是线性的,而是复杂的非线性关系,常会出现一因多果或多因一果甚至多因多果的情况,因此,本书提出的风险链并不是一个线性的"链条"的形式。

风险链可表示典型场景下系统的风险路径生成规律,随着城市轨道交通的快速发展,其网络化趋势越来越明显,从全局角度出发,从网络思想入手,研究风险事故发生、发展过程显得尤为重要。风险链的构建可以从一个新的角度为决策者提供事故分析方法,也可通过构建典型风险链及基于所构建的风险链分析寻找关键风险点,进行影响关联分析,为城市轨道交通系统运营管理提供依据,确保城市轨道交通运营系统的可靠性、安全性和有效性,有效避免重大事故的发生。

3.3.2 贝叶斯网络理论基础

贝叶斯网络又称信念网络(Belief Network),其具有网络结构可见、解释性较好、使用简便、能够借助概率理论较好地处理模糊性问题、描述系统行为之间的不确定因果关系、可以利用概率知识进行定量计算的优点,从而使风险评估结果更加科学、准确。贝叶斯网络可以很好地描述本书中风险点之间的因果关系,有效地刻画风险事故的发生发展过程。

贝叶斯网络广泛应用于网络模型构建,对于描述依赖性具有良好的效果,是一种概率图形模型。它以有向无环图(Directed Acyclic Graphs,DAG)的形式对系统进行建模,用节点表示系统中的变量,用有向边表示变量之间的因果关系,用条件概率表(Conditional Probability Table,CPT)表示变量之间的相关程度。

若两个节点以一个单箭头连接在一起,表示其中一个节点是"因(parents)",另一个是"果(children)",两节点就会产生一个条件概率值;根据随机变量是否条件独立而将其绘制在同一个有向图中,便得到了贝叶斯网络,这个网络可以用来描述随机变量之间的条件依赖。

本书用 G 表示有向无环图(其中 R 表示节点构成的集合,L 表示风险点之间的有向边的集合),其是贝叶斯网络结构,P 表示条件概率分布集合,则一个贝叶斯网络可以表示为:

$$BN = (G,P) = (R,L,P) \tag{3-4}$$

下面介绍贝叶斯网络常用的一些基本概念:

(1)条件概率:表示在事件 A 已经发生的条件下事件 B 发生的可能性,记作 $p(B|A)$。

(2)先验概率:设 $B_1,B_2,\cdots,B_n$ 为样本空间 S 中的事件,$p(B_i)$ 可以根据已有的数据获得,则称 $p(B_i)$ 为事件 B_i 的先验概率。

(3) 后验概率:设样本空间 S 中的事件为 $B_1,B_2,\cdots,B_n$,那么在事件 A 发生条件下 B_i 发生的概率为 $p(B_i|A)$,称为后验概率。随着样本不断更新,前一次更新得到的后验概率可以作为下一次更新的先验概率。

(4) 联合概率:设 A、B 为两个事件,且有 $p(A)>0$,则联合概率为:
$$p(AB)=p(B|A)p(A) \tag{3-5}$$

(5) 贝叶斯定理:设 A 和 B 为两个随机事件,则有贝叶斯定理为:
$$p(B|A)=\frac{p(A|B)p(B)}{p(A)} \tag{3-6}$$

其中,$p(B|A)$ 为 B 发生的后验概率;$p(B)$ 是 B 发生的先验概率;$p(A|B)$ 是源于样本数据的 B 关于 A 的似然度。

(6) 全概率公式:设 $B_1,B_2,\cdots,B_n$ 为样本空间 S 中的事件,若 $B_1,B_2,\cdots,B_n$ 互不相容,满足 $B_1\cup B_2\cup\cdots\cup B_n=S$,且 $p(B_i)>0(i=1,2,\cdots,n)$,则有:
$$\begin{aligned}p(A)&=p(A|B_1)p(B_1)+p(A|B_2)p(B_2)+\cdots+p(A|B_n)p(B_n)\\&=\sum_{i=1}^{n}p(A|B_i)p(B_i)\end{aligned} \tag{3-7}$$

(7) 链规则:设随机变量集合 $X=\{X_1,X_2,\cdots,X_n\}$,若联合概率满足一定的条件独立性,则可以将联合概率分解为:
$$\begin{aligned}p(X_1,X_2,\cdots,X_n)&=p(X_1)p(X_2|X_1)\cdots p(X_n|X_1,X_2,\cdots,X_n)\\&=\prod_{i=1}^{n}p(X_i|X_1,X_2,\cdots,X_{i-1})\end{aligned} \tag{3-8}$$

在贝叶斯网络构建模型的过程中,需获取一个完备的贝叶斯网络,包括获取贝叶斯网络结构和节点的参数两部分,通过贝叶斯网络结构学习和参数学习过程可以分别得到其结构和参数。结构学习是为了从样本数据中找到最能反映变量之间依赖关系的有向无环图,参数学习是通过分析样本数据,量化网络节点之间的相互依赖关系。

结构学习是通过一定的学习算法,在给定的样本数据集基础上,选择与样本匹配最好的网络结构。贝叶斯网络结构学习的方法有很多,其中一种是搜索评分法,主要的评分函数可分为两类,一种是基于贝叶斯的评分,一种是基于信息论的评分,分别有 BD 评分、K2 评分、MDL 评分、AIC 评分、BIC 评分几种。确定好评分函数后,就要在所有可能的结构中寻找评分最高的结构,常用启发式或元启发式的搜索方法来寻找最优的网络结构,常用的搜索算法有 K2 算法、爬山算法等。

在获得了完备的贝叶斯网络之后,可利用已获得的贝叶斯网络进行推理学习,即利用贝叶斯网络的条件概率计算方法,指定某一个或多个节点的概率变化情况,计算出其他节点发生的概率。

3.4 风险链构建

3.4.1 风险链构建流程

风险链的构建需要考虑事故数据之间的关系以及风险点之间的耦合作用机制,因此,本书提出以下风险链构建流程:

步骤1:确定研究范围中所涉及的所有组分节点。

步骤2:辨识风险点。采用提出的风险点辨识方法,从人因类、物理结构类、外部环境类三个方面,辨识出相关风险点,构建风险点集。

步骤3:根据风险点状态计算方法,计算风险点的状态。

步骤4:构建风险链结构。根据风险点的状态以及风险点之间的耦合作用机制,采用一定的方法,得到风险链的结构。

风险链的构建流程

步骤5:计算风险链节点之间的耦合度。

风险链结构与风险链节点之间的耦合度共同构成了本书中的风险链,该风险链可用于识别关键风险点及影响关联分析。

3.4.2 基于贝叶斯DS的风险链结构构建方法

下面采用贝叶斯DS风险链构建方法,构建城市轨道交通系统运营风险链。构建分为两个主要步骤,首先通过使用贝叶斯网络结构学习的方法,学习出最优的贝叶斯网络结构,接下来通过D-S证据理论的方法,对学习出的网络结构进行修正,同时添加逻辑关系表达,构建最终的风险链结构。

(1)通过贝叶斯网络结构学习方法,获得最优贝叶斯网络结构。

贝叶斯网络结构学习的方法可获得与样本数据集拟合度最高的网络结构,该结构可充分反映风险点之间的因果关系及其独立关系,结构学习的基本步骤为:

步骤1:确定所研究问题的风险点,获取相关数据。

步骤2:根据数据特点选择合适的结构学习评分函数。

步骤3:给定一个初始网络结构。

步骤4:选择搜索算法,结合所选取的评分函数,搜索获得最优网络结构。

步骤5：给定不同的初始网络结构，多次重复步骤3、步骤4，获得多组最优网络结构。

步骤6：选取其中评分最高的网络结构，作为最优网络结构。

结构学习是从训练数据中找到对应的有向无环图（DAG）结构，其目的是通过对样本数据集的分析，发现节点之间的依赖关系，进而构建出与样本数据集吻合度最高的贝叶斯网络结构。

当贝叶斯网络结构中节点较少时很容易得到网络的结构，但是当结构中的节点数目增多时，可能的结构也呈指数增加。Robinson证明了有向无环图的数目与节点数之间满足以下的函数关系：

$$g(n) = \begin{cases} 1, & n=1 \\ \sum_{i=1}^{n}(-1)^{i+1}C_n^{i(n-i)}g(n-i), & n>1 \end{cases} \quad (3-9)$$

由式(3-9)可以看出，当网络中节点数较多时，无法简单地用人工的方法构建贝叶斯网络结构，可采用结构学习的方法得到网络结构，即基于搜索评分的结构学习方法。该方法是将贝叶斯网络结构学习看成是一种优化问题，利用所选取的评分函数，结合一定的搜索算法，寻找出最优的网络结构。其数学模型可以表示为：

$$\begin{cases} \max f(G,D) \\ G \in \Phi \\ G| = C \end{cases} \quad (3-10)$$

其中，f为评分函数；Φ为可能的网络结构；$G| = C$表示结构G满足约束条件C，也就是所建立的网络中无环，那么最优网络结构表示为：

$$G^* = \underset{G}{\operatorname{argmax}} f(G,D) \quad (3-11)$$

在该结构学习的过程中，第一步是给定一个训练数据D、一个可能的初始结构G以及评分函数$f(G,D)$的计算规则。评分函数需要舍弃不满足数据及有向无环图特性的结构，且当结构满足数据特性时，选择更简单的图模型。

贝叶斯信息准则（Bayesian Information Criteritions，BIC）评分是在大样本前提下对边缘似然函数的一种拉普拉斯近似，其在精准度和复杂度之间的选择较为均衡。

假设已知训练数据D，则结构G的评分为：

$$\text{Score}(G) = P(G|D) = \frac{P(D|G)P(G)}{P(D)} \quad (3-12)$$

由于D的分布是由先验知识决定的，对于确定的观测数据D而言，$P(D)$为定值，一般假设分子中的$P(G)$服从均匀分布，要使D得分最大，则需使上式中分子

最大化,因此,只需考虑因式 $P(D|G)$,利用拉普拉斯近似方法,得到 BIC 评分函数为:

$$\mathrm{BIC}(G|D) = \lg P(D|G,\theta^*) - 0.5d \lg m \tag{3-13}$$

其中,$d = \sum_{i=1}^{n} q_i(r_i - 1)$;$m$ 为样本数据集中数据的个数。结合最大似然估计理论,可得具体的 BIC 评分的表达式为:

$$\mathrm{BIC}(G|D) = \sum_{i=1}^{n}\sum_{j=1}^{q_i}\sum_{k=1}^{r_i} m_{ijk} \lg \theta^*_{ijk} - \sum_{i=1}^{n} \frac{q_i(r_i-1)\lg m}{2} \tag{3-14}$$

其中,X_i 的状态集为 $\{x_i^1, x_i^2, \cdots, x_i^{r_i}\}$,$\theta_{ijk}$ 为父节点 $Pa(X_i)$ 在第 j 个状态下,变量 X_i 取第 k 个值的客观概率,θ^*_{ijk} 为 θ_{ijk} 的最大似然估计,其父节点 $P_a(X_i)$ 的取值共有 q_i 个组合(若 X_i 无父节点,则 $q_i = 1$),节点 X_i 共有 r_i 个取值,m_{ijk} 是 D 中满足 $X_i = k$ 和 $P_a(X_i) = j$ 的样本数目。

则对于节点 X_i,其家族 BIC 评分为:

$$\mathrm{BIC}\{(X_i, P_a(X_i))|D\} = \sum_{j=1}^{q_i}\sum_{k=1}^{r_i} m_{ijk} \lg \frac{m_{ijk}}{m_{ij*}} - \frac{q_i(r_i-1)\lg m}{2} \tag{3-15}$$

则 BIC 评分可表示为各家族 BIC 评分之和:

$$\mathrm{BIC}(G|D) = \sum_{i=1}^{n} \mathrm{BIC}\{(X_i, P_a(X_i))|D\} \tag{3-16}$$

在式(3-15)中,第一项只依赖于 X_i 与其父节点以及它们之间的边所形成的局部结构,是网络的对数似然度,用以度量样本数据与结构之间的拟合程度。第二项是一个用以避免模型复杂度高、参数多而导致过度拟合的惩罚项。

BIC 法在执行结构学习时的一般步骤是:

步骤 1:给出一个随机产生的 DAG;

步骤 2:计算给定的初始 DAG 的 BIC 评分;

步骤 3:通过加边、减边以及翻转边的操作更新整个网络结构;

步骤 4:每次执行结构更新操作后,计算新的 BIC 评分值;

步骤 5:将新的 BIC 评分值与上一评分值比较,当任意结构更新操作都无法增大 BIC 值时,该结构学习终止,输出此时最优网络结构。BIC 评分法的伪代码如下:

步骤 1:初始化。

(1)随机产生一个包含有 n 个节点的初始有向无环图 G;

(2)计算初始 DAG 的 BIC 评分值 BIC_o;

步骤2:更新DAG。
  for 每个 G'(对 G 执行一次边处理后得到的新DAG)
   计算 G' 的评分值 BIC_n;
   if 不存在环且 $BIC_n > BIC_o$
    $BIC_o \leftarrow BIC_n$; $G \leftarrow G'$;
   结束 if;
  结束 for;
步骤3:输出每个节点 X_i 及其父节点 $P_a(X_i)$。

在确定了评分函数以后,常采用启发式或者元启发式搜索算法来搜索最优的网络结构。爬山算法是一种采用启发式方法的局部择优方法,该算法通过在搜索过程中不断地进行加边、减边及翻转边的局部操作(搜索算子如图3-7所示),根据评分是否发生变化来确定是否选择该操作,通过贪婪选择判断是否对模型结构进行更新。

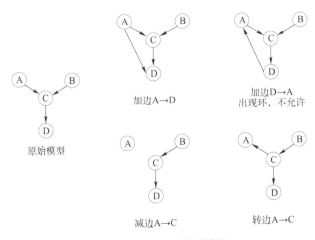

图 3-7 贝叶斯网络搜索算子

令 E 为所有可能添加到网络中的候选边组成的集合,$\Delta(e), e \in E$ 表示在网络结构中更新边 e 后评分函数的变化值,爬山算法需要给定初始的网络结构,初始网络结构可以是空网络、随机生成的网络或通过领域专家构建的网络。本书选取随机生成的网络作为初始网络,之后该算法进入以下迭代搜索阶段:

①从候选边集 E 中选择一条新的边 e(可以是加边、减边或翻转边),使其满足条件:$\Delta(e) \geq \Delta(e')$,且 $\Delta(e) > 0 [\forall (e' \neq e) \cap (e' \in E)]$。若无法找到满足条件的

边,则停止搜索,否则继续执行此操作。

②将 e 添加到当前的网络结构中,并从候选边集 E 中删除边 e,转回到步骤①,继续执行①、②步操作。

爬山算法采用局部搜索策略,容易陷入局部最优解。目前存在两种解决此问题的方法:第一种是当陷入局部最优解时,随机改变网络结构,以跳出局部极值;第二种方法是采用多组试验,选择其中评分最高的网络结构作为最优网络结构,采用这两种方法都可避免出现局部最优问题。

(2)基于 D-S 证据理论,修正最优网络,添加逻辑关系表达,得到最终风险链结构。

基于贝叶斯网络结构学习所得到的网络结构在一定程度上可以反映城市轨道交通系统运营事故发生、发展过程,但是所得到的网络结构只能够反映风险点之间的因果关系,并不能反映风险点之间的组合作用关系。为了使所获得的结构更加符合城市轨道交通系统运营实际,采用 D-S 证据理论的方法,融合多位专家的意见,对所获得的网络结构进行修正并添加逻辑关系表达,所获得的最终网络结构即为城市轨道交通系统运营风险链结构。

具体操作步骤如下。

步骤1:将通过贝叶斯网络结构学习所获得的网络结构进行拆分,分解成风险点对及风险点对之间的有向边的形式,根据前面对风险点之间的关系的分析可知,有向边可表示促进关系,也可表示抑制关系。

步骤2:由多位领域专家分别对风险点对之间的有向边的因果关系进行信度分配,计算总的信度函数值,得到最合理的结构。

设辨识框架 Θ 上的信度函数是 $\text{Bel}_1, \text{Bel}_2, \cdots, \text{Bel}_n$,基本可信度分配是 $m_1, m_2, \cdots, m_n$,如果 $\text{Bel}_1 \oplus \text{Bel}_2 \oplus \cdots \oplus \text{Bel}_n$ 是存在的,且其基本的可信度分配为 m,则有:

$$\begin{cases} m(A) = \dfrac{1}{K} \sum\limits_{A_1, A_2, \cdots, A_n \subset \Theta} m_1(A_1) m_2(A_2) \cdots m_n(A_n) \\ \forall A \subset \Theta, A \neq \Phi, A_1, A_2, \cdots, A_n \subset \Theta \end{cases} \tag{3-17}$$

其中归一化因子:

$$\begin{cases} K = 1 - \sum\limits_{A_1, A_2, \cdots, A_n \subset \Theta} m_1(A_1) m_2(A_2) \cdots m_n(A_n) \\ A_1 \cap A_2 \cap \cdots \cap A_n = A \end{cases} \tag{3-18}$$

当判断风险点对之间的因果关系时,对于每组风险点对 (r_i^p, r_j^q),识别框架为

$\{r_i^p \to r_j^q, r_i^p \leftarrow r_j^q, r_i^p \leftrightarrow r_j^q\}$，其中：

$r_i^p \to r_j^q$，表示从 r_i^p 指向 r_j^q 的有向边；

$r_i^p \leftarrow r_j^q$，表示从 r_j^q 指向 r_i^p 的有向边；

$r_i^p \leftrightarrow r_j^q$，表示 r_i^p 和 r_j^q 无直接因果关系。

设有 n 个专家，其信度分配表如表 3-1 所示。

信度分配表　　　　表 3-1

专家	因果关系			
	$r_i^p \to r_j^q$	$r_i^p \leftarrow r_j^q$	$r_i^p \leftrightarrow r_j^q$	不能确定
专家 1	$m_1(A_1)$	$m_1(A_2)$	$m_1(A_3)$	$m_1(A_4)$
专家 2	$m_2(A_1)$	$m_2(A_2)$	$m_2(A_3)$	$m_2(A_4)$
……	……	……	……	……
专家 n	$m_n(A_1)$	$m_n(A_2)$	$m_n(A_3)$	$m_n(A_4)$
融合	$m(A_1)$	$m(A_2)$	$m(A_3)$	$m(A_4)$

使用式(3-17)，将专家给出的信度分配值进行融合，找出最高的信度函数值作为最终被选择的结构，此外还需满足被选中的信度函数值与次高的信度函数值之间的差距小于 δ，δ 是设定的一个阈值。当 δ 过小时，网络中可能会出现有向环，本书将选取 $0.4 < \delta < 0.8$，避免出现有向环的问题。当出现信度分配值最高为"不能确定"时，信任贝叶斯网络结构学习结果，不对有向边进行修改。

采用上述方法可以确定风险点之间是否存在因果关系以及因果关系的指向，接下来需要判断因果关系是促进关系还是抑制关系，此时的识别框架为：

$$\{r_i^p \to r_j^q, r_i^p \nrightarrow r_j^q\}$$

其中，$r_i^p \to r_j^q$ 表示 r_i^p 促进 r_j^q 的状态发生变化；$r_i^p \nrightarrow r_j^q$ 表示 r_i^p 抑制 r_j^q 的状态发生变化。

同样采用以上基于 D-S 证据理论进行信度分配的方法，对风险点之间的促进和抑制关系作出判断。

步骤 3：在所得到的结构中添加"与"和"或"的关系，同样采取 D-S 证据理论的方法，由专家对是否添加"与"和"或"的关系作出判断，此时的识别框架为：

$$\{r_i^p + r_j^q, r_i^p \times r_j^q, r_i^p \quad r_j^q\}$$

其中，$r_i^p + r_j^q$ 表示 r_i^p 与 r_j^q 之间有"与"的关系；$r_i^p \times r_j^q$ 表示 r_i^p 与 r_j^q 之间有"或"的关系；$r_i^p \quad r_j^q$ 表示 r_i^p 与 r_j^q 之间既无"与"的关系也无"或"的关系。

由此所得到的网络结构为本书提出的风险链结构，此风险链结构融合了样本数据信息及专家经验，能够更好地反映事故发生发展过程。

3.4.3 风险链节点耦合度计算方法

上一小节中提出了风险链结构的构建方法，而要想得到完整的风险链，还需要得到风险链节点之间的耦合度。采用贝叶斯网络参数学习的方法对样本数据集进行学习，得到节点的条件概率分布表(CPT)，即确定贝叶斯网络模型各节点处的条件概率密度，以此来表示风险链节点之间的耦合度。

针对训练样本数据完整和不完整的情况，参数学习有不同的算法，本书中所获得的数据完整，故采用贝叶斯估计(BE)的方法进行参数学习，该方法有机地结合了样本数据与先验知识，通过贝叶斯定理进行学习，可有效地提高参数学习的精度。

BE 方法在参数的学习过程中，充分考虑先验知识的影响，该方法的基本原理是：首先假定一个未知参数 θ 以及一个确定的网络拓扑结构 G，接下来基于参数 θ 的先验概率分布 $p(\theta)$，利用数据集 D 和贝叶斯定理，找出具有最大后验概率的参数。

对于变量集 $X = \{X_1, X_2, \cdots, X_n\}$，其中 X_i 的状态集为 $\{x_i^1, x_i^2, \cdots, x_i^{r_i}\}$，$\theta_{ijk} = p(x_i^k | P_a(X_i^j), D, \zeta)$ 为先验概率的参数变量，表示当前节点的状态为 ζ，拓扑结构为 D，父节点 $P_a(X_i)$ 在第 j 个状态下，变量 X_i 取第 k 个值的客观概率，其中 $\theta_{ijk} > 0$，且 $\sum_{k=1}^{r_i} \theta_{ijk} = 1$。设 q_i 为父节点所有可能的状态的个数，记 $\theta_D = \bigcup_{i=1}^{n} \{\theta_i\}$，$\theta_i = \bigcup_{j=1}^{q_i} \{\theta_{ij}\}$，$\theta_{ij} = \bigcup_{k=1}^{r_i} \{\theta_{ijk}\}$，那么，有：

$$p(X|\theta, G, \zeta) = \prod_{i=1}^{n} p(x_i | P_a(X_i^j), \theta_i, G, \zeta) \tag{3-19}$$

关于参数 θ，有如下假设：
(1) 数据集 D 中没有缺失数据，是完整数据集。
(2) 参数相互独立，即有：

$$p(\theta_D | G, \zeta) = \prod_{i=1}^{n} p(\theta_i | G, \zeta) \tag{3-20}$$

其中，$p(\theta_i | G, \zeta)$ 为第 i 个变量的先验概率密度。

$$p(\theta_i | G, \zeta) = \prod_{j=1}^{q_i} p(\theta_{ij} | G, \zeta) \tag{3-21}$$

其中，$p(\theta_{ij} | G, \zeta)$ 为变量 X_i 的父节点取值为 $P_a(X_i^j)$ 时的先验概率密度。

(3) 参数服从 Dirichlet 分布,即:

$$p(\theta_{ij}|G,\zeta) = \mathrm{Dir}(m'_{ij1}, m'_{ij2}, \cdots, m'_{ijr_i}) = \frac{\Gamma(\sum_{k=1}^{r_i} m'_{ijk})}{\prod_{k=1}^{r_i} \Gamma(m'_{ijk})} \prod_{k=1}^{r_i} \theta_{ijk}^{m'_{ijk}-1} \quad (3-22)$$

其中,$m'_{ijk} > 0$ 为 Dirichlet 的超参数。

则参数的先验分布为:

$$p(\theta_G|G,\zeta) = \prod_{i=1}^{n} \prod_{j=1}^{q_i} p(\theta_{ij}|G,\zeta) = \prod_{i=1}^{n} \prod_{j=1}^{q_i} \mathrm{Dir}(m'_{ij1}, m'_{ij2}, \cdots, m'_{ijr_i})$$

$$= \prod_{i=1}^{n} \prod_{j=1}^{q_i} \frac{\Gamma(\sum_{k=1}^{r_i} m'_{ijk})}{\prod_{k=1}^{r_i} \Gamma(m'_{ijk})} \prod_{k=1}^{r_i} \theta_{ijk}^{m'_{ijk}-1} \quad (3-23)$$

参数的后验分布为:

$$p(\theta_G|G,\zeta) = \prod_{i=1}^{n} \prod_{j=1}^{q_i} p(\theta_{ij}|G,\zeta)$$

$$= \prod_{i=1}^{n} \prod_{j=1}^{q_i} \mathrm{Dir}(m'_{ij1} + m_{ij1}, m'_{ij2} + m_{ij2}, \cdots, m'_{ijr_i} + m_{ijr_i})$$

$$= \prod_{i=1}^{n} \prod_{j=1}^{q_i} \frac{\Gamma(\sum_{k=1}^{r_i} m'_{ijk} + m_{ijk})}{\prod_{k=1}^{r_i} \Gamma(m'_{ijk} + m_{ijk})} \prod_{k=1}^{r_i} \theta_{ijk}^{m'_{ijk}+m_{ijk}-1} \quad (3-24)$$

其中,m_{ijk} 为在数据集 D 中,满足节点取值为 k,父节点取值为 j 时的情况个数。

3.5 基于风险链的系统风险推理

3.5.1 风险链推理理论

在得到风险链结构及其 CPT 之后,可以通过贝叶斯推理的方法对城市轨道交通系统运营风险链进行风险分析。贝叶斯网络推理不仅可以计算单个节点的变化对其他节点的影响,还可以计算多个节点同时变化对其他节点的影响。本书中先将风险链结构中的逻辑关系表达删除,得到一个贝叶斯网络结构,接下来对网络结构进行贝叶斯推理。

根据获取的数据特点,采用团树传播法进行贝叶斯推理,该方法计算快速高效、精确度高。其基本思想是根据网络结构构造团树,通过信息在团树中的传播,实现概率推理。其主要步骤如下:

(1)构造端正图。首先将贝叶斯网络结构图转化为无向图,在此基础上连接有共同子节点的父节点,得到端正图 D。图 3-8 所示贝叶斯网络端正化是贝叶斯网络结构实例的端正化。

(2)三角化。得到端正图后,需要对端正图中任意长度大于 3 的环都增加弦,使得结构中不存在大于 3 的环。图 3-9 为端正图三角化后的图,其中添加了 EC 之间的连接边。

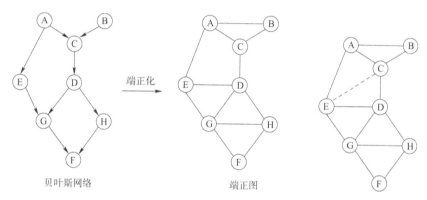

图 3-8 贝叶斯网络端正化   图 3-9 端正图三角化

接下来随机选择端正图的消元顺序,得到端正图三角化消元顺序见表 3-2。

端正图三角化消元顺序   表 3-2

顺序	删除节点	所在团结点	所加边
1	B	ABC	无
2	A	EAC	无
3	C	ECD	无
4	E	GEB	无
5	D	GDH	无
6	G	FGH	无

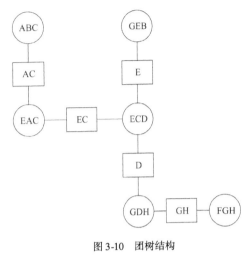

图 3-10 团树结构

(3)构造团树。构造团树就是将三角化产生的团进行连接,以生成团树。对两两团节点求其交集,将交集添加到团节点的连接线之间。图 3-10 是所构造的团树结构,其中团用圆表示,交集用矩形表示。

(4)设置推理证据。在推理分析之前,需要先确定证据节点的信息,证据节点既可以是一个,也可以是多个节点的组合,查询节点同样如此。设证据节点取值为 h,查询节点的集合为 Q(当 Q 中包含多个变量时,利用团树的共享推理机理,推理得到多个查询节点结果),其推理过程即为计算在证据变量影响下的查询变量的值:

$$P(Q|h) = \frac{P(Q,h)}{P(h)} \tag{3-25}$$

(5)推理学习。确定推理证据后,便可采用团树传播算法进行推理学习。

3.5.2 系统风险推理

根据上一小节中给出的风险链推理方法,对风险链进行推理。主要进行以下两方面的推理:

(1)识别关键风险点。

对风险链中的关键风险点进行识别主要是为了找到对整个风险链影响最大的核心环节,因此,将风险链中节点的不稳定状态概率最大的节点确定为关键风险点。对关键风险点进行辨识,可帮助决策者找出系统中的薄弱环节,为风险控制提供信息帮助,运营部门可以据此判断重点监控环节,通过控制核心环节风险点的状态,达到减少事故发生的目的。

(2)影响关联分析。

影响关联分析是指定风险链中一个或多个风险点的状态变化,通过贝叶斯网络推理方法,推理出风险链中其他节点的不稳定状态的后验概率,以此判断当风险链中部分节点发生故障时,其他风险点的状态变化情况。当系统中某一个或多个风险点故障,风险点状态发生变化时,运营部门可根据风险链进行影响关联分析,推理出其他风险点的不稳定状态后验概率,确定易被影响的需重点监控的其他风险点,避免风险的进一步恶化。

3.6　本章小结

本章基于能量意外释放理论,研究了风险点状态变化机理,研究了风险点之间的耦合作用机制,分为风险点对之间的因果关系及多个风险点之间的逻辑关系。基于奶酪模型理论,提出了反映事故发生发展过程的风险链构建原理;提出了以风险点的状态值及风险点之间的耦合作用机制为基础的城市轨道交通系统运营风险链构建方法,其中包括基于贝叶斯网络结构学习和 D-S 证据理论相结合的风险链结构构建方法以及基于贝叶斯网络参数学习的节点耦合度计算方法。

第4章　城市轨道交通系统风险传播路径预测

本章研究了风险传播在网络中的动力学特征。首先通过计算节点安全熵,分析了城市轨道交通系统风险传播的内在演化机理,讨论了风险演化与事故发生的阈值条件。通过将风险传播划分为能量蔓延型及能量释放型两种类别,求解讨论了不同故障类型相互影响关系,从而构建了风险传播路径预测方法。仿真形成的城市轨道交通典型风险传播链路为后续免疫策略生成提供了算法、数据基础。

4.1 风险传播机理分析

4.1.1 基于节点安全熵的风险传播机理分析

根据能量意外释放理论,任何城市轨道交通系统节点运行的过程都是能量沿人为设计路线转换或做功的过程,当能量沿着不希望或不正常的路线释放时,会造成损害或功能失效。在城市轨道交通系统中,损害的类型主要有两种,第一类损害是对节点、边施加了超过阈值的能量,例如碰撞事故的冲击、火灾的高温;第二类损害是由于影响了局部或系统全局的能量流动而造成的系统失效,例如通信故障列车降级、机电设备失效等。

风险是网络节点固有的属性,不可消除。节点若承载特定系统功能,便存在能量的储备、转换、传递的过程,节点始终存在能量意外释放、风险状态激活的风险。由前一章可知,风险点的状态分为稳定状态和不稳定状态。在本节中,分别将两种风险状态在风险传播领域进行量化并重新定义:风险状态S_i是指节点i内所运用的能量是否正常释放的状态值。节点存在两种风险状态——风险惰性状态和风险激活状态。风险惰性状态指节点i内能量e_i按照人类所设计的路线运用,未突破节点

i 所能承受的最大阈值 ρ_i;风险激活状态指节点 i 内能量超过了节点 i 所能承受的最大阈值 ρ_i 而无序流动的状态。

$$S_i = \begin{cases} 0, e_i \leq \rho_i \\ e_i, e_i > \rho_i \end{cases} \tag{4-1}$$

当节点处于风险激活状态时,节点内部储备的能量使得节点从低能级跃迁至高能级。根据能量守恒定律,意外释放的能量不会凭空消失,而是会沿连边对周围低能级的节点做功,因此,本书中"风险传播"指的是由于能量意外释放而导致的节点风险状态 S_i 的传播。风险惰性状态与风险激活状态下网络风险状态传播示意图如图 4-1 所示。

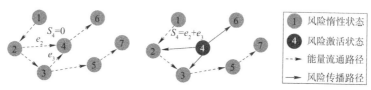

图 4-1　风险惰性状态与风险激活状态下网络风险状态传播示意图

对于度值大于 1 的节点,其做功的方向和做功的大小需要进行讨论。在传统事故链研究中,通常使用传播概率衡量节点传播的可能性,但是在城市轨道交通系统中并不适用,因为在实际运营过程中缺少部件之间连锁故障的数据。并且,使用传播概率估算具有很强的随机性,将会降低传播方向预测的准确率。因此,引用热力学第二定律中的熵的概念,描述在风险状态传递过程中,节点能量状态的不稳定程度。

在城市轨道交通系统运行过程中,网络节点内能量利用的混乱程度称为城市轨道交通节点安全熵。能量运用越混乱,则熵值越高;能量流动越有序,则熵值越低。在风险传播过程中,风险倾向于从低熵节点向高熵节点方向传播,即系统自发进行熵增过程。

安全熵值的大小需要考虑节点拓扑结构、功能等级以及风险状态值,使用节点度分布概率、介数分布概率以及风险状态值衡量。

$$S_i = [1 - p(k_i)] \cdot N \tag{4-2}$$

$$F_i = [1 - p(d_i)] \cdot N \tag{4-3}$$

式中:k_i——节点 i 的度值;

d_i——节点 i 的介数值;

N——网络中节点的数量;

S_i——节点的结构复杂程度；

F_i——节点的功能复杂程度。

$$I'_i = S_i \cdot F_i \cdot e_{S_i} \cdot \sum W_{ij} \quad (4\text{-}4)$$

$$I_i = \frac{I'_i}{\sum_{i=1}^{N} I'_i} \quad (4\text{-}5)$$

$$H_i(t) = -I_i(t) \cdot \lg I_i(t) \quad (4\text{-}6)$$

式中：W_{ij}——节点 i 邻域所有节点的原始故障概率之和（外部环境类风险点为事件发生概率）；

I'_i——节点间的综合差异值；

I_i——节点差异值的归一化结果；

$H_i(t)$——节点 i 在 t 时刻的安全熵值。

对城市轨道交通系统网络模型全局节点进行安全熵值计算，风险传播节点安全熵值如图 4-2 所示。

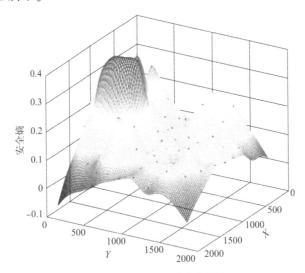

图 4-2 风险传播节点安全熵值

在 t 时刻，节点 i 向节点 j 传播的安全熵变化率 $\text{dif}_{i,j}(t)$ 为：

$$\text{dif}_{i,j}(t) = \frac{H_i(t) - H_j(t)}{l_{ij}^{\gamma}}, \quad \gamma \geq 1 \quad (4\text{-}7)$$

式中：l_{ij}——节点 i 与节点 j 之间的拓扑距离；

γ——数据拟合参数，$\gamma \geq 1$。

从安全熵驱动视角理解风险传播，在 t 时刻，节点 i 向节点 j 的风险传播能力与安全熵下降梯度 $\text{dif}_{i,j}(t)$ 成正比，两节点间熵梯度下降值越大，其风险传播影响越大，若安全熵下降梯度值不为正，风险传播不发生。

在 t 时刻，节点 i 所受到的能量侵袭为：

$$q_i(t) = \sum_{j \in \text{ar}(i)} \frac{\text{dif}_{j,i}(t) \cdot S_j}{\sum_{k \in \text{ar}(j)} \text{dif}_{k,j}(t)} \tag{4-8}$$

其中，$\text{ar}(i)$ 表示节点 i 的邻域节点集；$q_i(t)$ 表示 i 节点在 t 时刻受到的能量侵袭值。在系统设计时，通常会对关键节点进行冗余设计，例如：双机热备、系统故障导向安全原则，其目的是防止关键节点故障失效引起系统级故障。通过节点 i 的能量侵袭值 $q_i(t)$ 可以看出，节点 i 的风险状态除了与邻域节点 j 相关，也与邻域节点的邻域节点集 $\text{ar}(j)$ 相关。因此，当网络中有一定规模的节点处于风险激活状态时，很难被侵袭的节点可能被激活，而邻域节点集 $\text{ar}(j)$ 是在设计初未考虑的。因此，复杂网络的复杂相互作用关系会导致关键节点失效，从而使得风险在网络中传播。

4.1.2 风险演化与事故发生机理

对风险演化为事故的演化全过程展开分析，首先需要明确故障、事故概念的含义。故障是指系统部件或子系统等不能执行规定功能的事件，事故是指在运营过程中所有事件的子集，是导致系统功能行为出现异常并造成死亡、伤害、损坏等不可接受损失的事件。故障和事故均为节点风险传播所产生的网络节点状态变化，但造成的后果与影响不同。城市轨道交通设备在设计时考虑了关键设备的冗余以及网络的抗毁性，并非所有的风险都会演化为事故。在与一线地铁工程师的沟通过程中，笔者了解到，城市轨道交通系统大部分的维修检修记录为故障记录，事故占总数据量的比例很低，说明系统安全设计大部分风险演化为故障后便停止演化。因此，对风险演化程度与事故发生之间的内在联系机理需要深入分析。

对历史事故中的典型链条进行分析推演，需要将典型事故、故障记录从网络中抽象为子网，子网包含风险演化的起、止节点和中间节点以及传播所经过的连接边。本书对某地铁运营公司 2017—2019 年度安全生产周报、运营故障日报数据、事故分析报告以及内外产生重大伤亡的 153 起典型事故案例进行了数据统计分析，总结分析运营故障、事故数据，归纳了典型 6 种事故类型：火灾、列车碰撞脱轨、乘客伤害、停运、信号错误、大面积停电，以及 49 种常见故障，如轮对踏面损伤、联轴器损伤、接触线烧伤、梯级链裂纹等。按照事故记录及故障记录在网络模型中抽离风险演变的全过程涉及的节点和中间边，形成了典型子网，得到图片"典型事故、故障子网抽离"可扫描二维码查阅。该图中每个小图表示从运营安全周报中抽离出的每一种事故链路，分别覆盖了事故从发生到发展覆盖的全部节点。

典型事故、故障子网抽离

将抽离出的子网相互比较，可以发现有以下特点：

（1）子网规模差异大：子网节点数量的极差为15，部分子网仅有一个节点，例如传感器脱落、扣件脱落；而部分子网节点众多，例如列车脱轨事故子网则包含16个节点。

（2）子网连边差异大：子网内平均度值差异较大，部分子网平均度值小于2，而平均度值较大的子网平均度值可达3以上，例如制动系统故障、人员作业安全防护不当等。

（3）子网重复程度高：存在多个子网，在子网中某一段的节点、连边相同，但因子网其他节点不同而导致最终故障、事故结果不同。

根据子网之间的特征分析可以发现，不同事故类型的子网之间的拓扑特征差异很大，而同种类型的故障、事故子网之间存在节点边重复的情况，难以准确划分。因此，很难通过拓扑特性或节点利用率等手段简单得到子网故障、事故特征。使用k-shell算法对子网进行处理，从而将子网剥离为关键节点、路径。k-shell分解算法将网络划分成从核心到边缘的层次，广泛地被用于生物学、经济学、物理学等领域。比如，在蛋白质交互网中，k-shell算法找到的核心保存了生物进化的关键信息；在世界经济贸易网络中，位于k-shell核心的国家最有可能引发全球经济危机。k-shell算法的基本思想是根据节点度值将网络拓扑中的节点逐级剥离，将网络中节点划分为不同的层次，每层对应不同的k值，k值越大的节点越靠近网络的核心，其影响力越大。

k-shell的流程见表4-1。

k-shell的流程 表4-1

步骤	内容
1	初始化候选点集合，i值，i为循环次数
2	遍历所有子网，计算子网中节点度值
3	检测子网中节点是否为空，若是跳至步骤7，否则跳至步骤4
4	删除度值最小的节点及其连边，将节点赋值
5	更新网络，跳至步骤2
6	算法结束

对所有子网节点进行 k-shell 划分后,能够将子网中节点按照影响力分层,相同层级的节点在故障发生、事故传播过程中重要性相同;层级越高的节点在整个子网中的作用越核心,而层级越低的节点代表故障、事故发生的边界条件。以因列车气体阀门破损或制动风源堵塞导致的列车制动失效事故(图 4-3)为例进行分析。事故子网与故障子网共用"制动控制单元-制动阀门-风管"部分节点及连边,列车失速事故子网被划分为边界层、中间层、核心层共三层结构,故障子网仅提取核心层一层结构。当核心层中的"制动阀类部件及塞门"节点风险状态变化时,节点具有故障、腐蚀、损坏、塞门漏风、位置异常等表现,可能会导致气密性降低、制动效果减弱;若风险传播未突破另一核心节点风源系统,风险将仅转化为故障,如图 4-3b)所示;若干燥器、过滤装置故障,风源系统存在沙尘、异物沉积、氧化脱落等风险状态,列车制动性能将大大降低,从而将风险传递至整车,如图 4-3a)所示。此时,司机超速行驶、高速过弯等不规范操作会直接导致列车失速甚至脱轨。通过归纳可以发现,列车发生严重事故的直接原因为风险是否突破子网的边界层,根本原因为风险通过边界层、中间层而扩散至核心层节点,而导致重要功能失效。

风险在网络中的传播路径具有多种分析评价方法,根据以上分析,通过判断路径规模 l_r、路径核心层 shell 值 s_r、边界层节点数量 b_r 三种指标来评价风险路径的演化后果。对抽取的子网进行统计分析,得到风险传播路程特征平均值,见表 4-2。

给出事故发生极限传播波面 v_r 的定义:v_r 是指路径中边界层节点数量与核心 shell 层数的乘积与网络规模的比值,代表风险由边界节点传播至核心节点的波面。

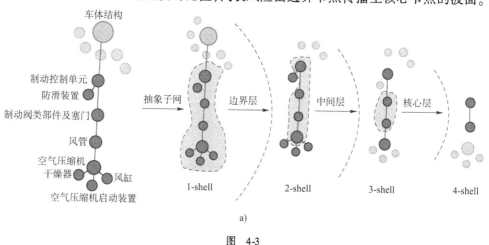

图 4-3

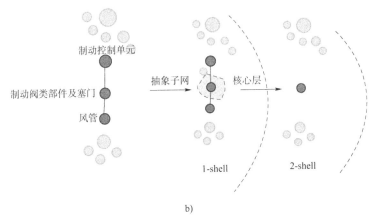

b)

图 4-3 因列车气体阀门破损或制动风源堵塞导致的列车制动失效事故

风险传播路径特征平均值　　　　　　　表 4-2

判断指标(平均值)	故障	事故
路径规模 l_r	2.632	8.163
核心层 shell 值 s_r	1.803	2.567
边界层节点数量 b_r	1.249	3.448
事故传播波面值 v_r	0.856	1.084

$$v_r = \frac{s_r \cdot b_r}{l_r} \cdot \lambda, \lambda = 0.946 \quad (4-9)$$

根据公式含义,风险波面值计算了在单位风险传播路径中节点重要性等级规模。当风险传播路径上节点重要性强、规模大时,故障间连锁反应产生事故的可能性就更强。根据统计分析,可以认为当波面 $v_r < 1$ 时风险传播会发展为故障,当波面 $v_r \geq 1$ 风险传播会演变为事故。因此,在风险传播路径的基础上能够通过风险传播波面值的大小初步判断事故后果。

4.2　基于故障模式改进的 SIR 风险传播动力模型

根据第 4.1 节,在构建城市轨道交通风险网络模型后,风险在网络中的传播机理是由于节点安全熵值的差异而导致的能量分布不均衡,而衡量事故后果需要分析事故在网络中的传播路径。作为典型非均衡网络,风险会在城市轨道交通网络中快速传播。因此,需要提出合理的算法对风险传播的全过程进行描述,在符合客观规律的前提下,推演网络中风险传播的起止点、传播方向以及最终路径。

4.2.1 经典传染病模型

演化分析的概念来自生物进化论,是指将系统的波动特性作为主要研究对象,对系统未来的波动方向及系统状态演化进行预测。城市轨道交通系统运营安全风险演化规律分析是减轻城市轨道交通事故影响、降低事故发生概率、保障城市轨道交通系统运行安全的重要手段。世界上最常见、最重视、受到最广泛关注的风险传播是传染性疾病的传播,因此,最基础和常用的风险传播动力学模型就是"传染病"模型。可以依靠这种基于复杂网络的数学模型进行定性分析、定量计算,模拟传染病传播的动力学过程,预测传染病暴发的时间、范围和危害程度,并根据传染病传播的特点提出控制甚至消除传染病的有效策略。

传染病模型中最经典的有 SI 传播模型、SIS 传播模型、SIR 传播模型等,传染病传播动力学模型基本都是仓室模型,该类模型将研究对象种群中的所有个体按照状态分为几类:基本的状态包括 S 状态、I 状态、R 状态、E 状态,其中 S(Susceptible)状态指易感染状态,处于该状态的个体当前还是健康的,但因为暴露在感染环境中,所以容易被感染;I(Infected)状态指感染状态,处于该状态的个体已经是患病状态,并很有可能将疾病传播给健康个体;R(Recovered)状态指免疫状态,处于该状态的个体经过感染患病状态,并已经被治愈且获得了对疾病的免疫,暂时不会被感染同种疾病;E(Exposed)状态指潜伏状态,处于该状态的个体已经被感染但是没有表现出明显感染症状。

(1) SI 传染病模型。SI 传染病模型(图 4-4)是最基本的传染病传播动力学模型,由 Bernoulli 在 1760 年首次提出。模型中的个体只有 S(易感染状态)、I(患病状态两种状态),在接触传染源的情况下,易感状态节点会以传染率 β 转变为患病状态。

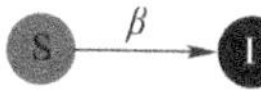

(2) SIS 传染病模型。SIS 传染病模型由 Kermack 与 McKendrick 在 1932 年首次提出,该模型中的个体存在两种状态:S(易感染状态)、I(患病状态),患病个体以 μ 的概率可能被治愈,并成为健康的易感染个体,治愈后的个体同其他没有感染过的健康个体一样具有相同的感染概率 β,其传

图 4-4 SI 传染病模型

播模型如图4-5所示。

（3）SIR传染病模型：SIR模型相较SI模型加入了获取免疫能力的因素，比如天花的传染，感染过一次的个体无法被再次感染，在治愈后也就无法重新转为患病状态，该模型最初由Kermack与McKendrick在1927年提出。该模型中个体状态包括S（易感染状态）、I（患病状态）和R（免疫状态）三种，被感染的概率为β，感染后治愈的概率是λ，且一旦被治愈就永远不会被再次感染。与SIS模型中的治愈不同，SIR模型中的治愈意味着被移出易感状态的健康个体，其传播模型如图4-6所示。

图4-5　SIS传染病模型

图4-6　SIR传染病模型

（4）改进的传染病模型。在传染病传播动力学模型的研究中，主要包含以下几个方面的研究内容：一是对于传染病传播特点的宏观研究，包括网络的特性（均匀、非均匀）和传染病传播速度、范围、传播临界值和平衡收敛状态等；二是免疫策略的应用和免疫效果研究，包括随机免疫策略、目标免疫策略、熟人免疫策略等。近年来，在这三种经典模型的基础上，诸多学者根据自己研究具体问题的具体特征对传染病传播动力学模型进行了组合、创新、改进和应用，比如考虑免疫力丧失和免疫期有限的SIRS模型、考虑有潜伏期类型疾病的SEIS模型和SEIR模型等。以上所叙述的传染病模型在生物领域具有广泛应用，同时在复杂网络社会关系、金融风险、电网分析等领域也有较高的使用频率。

传染病模型的本质是抽象了某种状态值在网络节点间的转移规则，从而根据局部节点状态预测网络总体结果。风险传播与传染病模型在传播环境、传播方式方面具有相似性，但城市轨道交通网络与人群、计算机网络、电网仍有所区别：

（1）城市轨道交通网络节点的理化性质差异较大，无法将所有节点仿照传染病模型归纳为单一种类。节点重要性、节点阈值不同，网络状态难以通过微分方程求解预测。

（2）风险传播与传染病传播过程具有一定区别，传染病的传播具有主动性，当节点具备传染条件时，便向近邻节点无向辐射扩散。而风险传播过程中存在能量蔓延型和能量释放型，当满足条件时才会向特定方向产生传播。

（3）在人群网络中，通常使用传染概率表征的传染病传播可能性；而在风险传播过程中,当能量突破节点阈值后,则一定会发生风险传播。

4.2.2 基于多种故障模式改进的 SIR 风险传播模型

城市轨道交通风险网络由于节点具有特殊性,因此不能直接套用 SIR 模型进行计算,需要对模型进入交通领域引入改进算法。根据事故数据统计分析,在城市轨道交通系统中引发系统产生事故的主要风险可以归纳为能量蔓延型风险、能量释放型风险两类。

能量蔓延型风险指燃烧、热损伤、电损伤等引起连续能量变化的风险。由于燃烧、热损伤、电损伤会导致能量的不断意外释放,因此,当该风险传播时,风险激活的节点的邻域节点能量等级突破阈值后,邻域节点变为新的传播源点,并继续向领域节点进行传播。该类风险的主要特征有:

(1) 风险自然停止条件:当蔓延型风险在网络中无可传播节点且被激活节点彻底损坏或被人为控制;

(2) 风险传播的主要方向:蔓延型风险会向激活状态节点周围邻接节点辐射扩散,若风险状态值大于阈值则会传播;

(3) 风险激活节点间相互影响:节点所受到的风险侵蚀随周边节点风险状态而叠加,节点阈值与近邻节点相关;

(4) 风险传播时间:能量蔓延型风险伴随着快速的熵增现象,将会对系统产生显著影响,风险停止条件发生后会停止传播。

能量蔓延型风险示意图如图 4-7 所示。

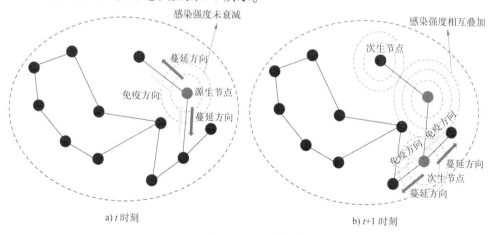

图 4-7 能量蔓延型风险示意图

能量释放型风险指机械损伤、酸腐蚀等由于局部能量释放而产生的风险。该类风险由于能量释放非连续,当风险传播时,风险激活的节点将沿着网络中最薄弱的环节突破,直到能量耗散。该类风险的主要特征有:

(1) 风险自然停止条件:当释放型风险在网络中链路达到一定长度时,传播能量耗散,则风险停止传播。

(2) 风险传播的主要方向:释放型风险会向沿着风险阈值最薄弱的方向进行传播,多为单向传播。

(3) 风险激活节点间相互影响:节点间不存在风险状态叠加关系,节点阈值与邻接节点无关。

(4) 风险传播时间:能量释放型风险的节点状态会一直保持,直到被人为辨识或演变为事故。

能量释放型风险示意图如图4-8所示。

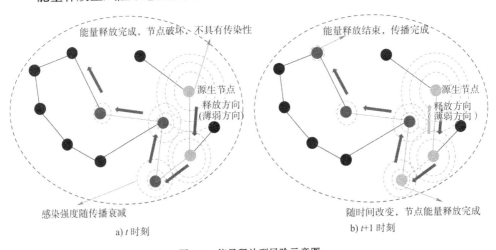

图 4-8　能量释放型风险示意图

通过分析不同类型风险特征,对 SIR 模型的传播链条和逻辑进行改进。能量蔓延型风险 SIR 传播模型流程如图4-9所示。能量蔓延型风险会对近邻节点造成破坏从而影响网络结构,同时感染能力随近邻节点风险状态相互叠加。

能量蔓延型风险传播算法见表4-3。

能量释放型风险 SIR 传播模型流程如图4-10所示。能量释放型风险会沿单向传播,沿网络中阈值薄弱环节突破,同时感染能力随近风险链路长度而衰减。

第4章 城市轨道交通系统风险传播路径预测

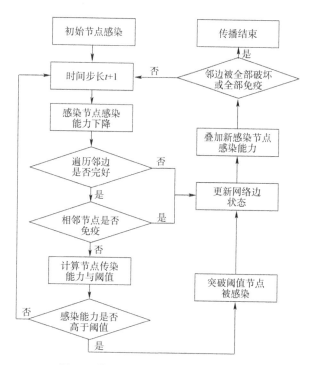

图 4-9 能量蔓延型风险 SIR 传播模型流程

能量蔓延型风险传播算法 表 4-3

步骤	内容
1	随机/指定初始节点感染,时间初始化
2	时间步长 $t+1$
3	根据时间 t 更新节点风险感染能力衰减
4	遍历近邻节点是否存在,若存在跳转步骤5,否跳转步骤9
5	遍历近邻节点是否全部为免疫状态,是跳转步骤9,否跳转步骤6
6	计算网络节点阈值及风险感染能力值
7	判断感染能力是否突破近邻节点阈值,若突破跳转步骤8,否跳转步骤2
8	突破阈值节点风险状态激活
9	更新网络节点状态,叠加节点状态值
10	判断是否所有邻接节点破坏或被免疫,若是跳转步骤11,否跳转步骤2
11	传播结束

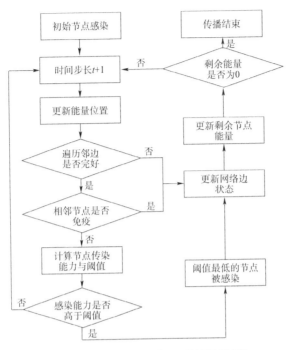

图 4-10 能量释放型风险 SIR 传播模型流程

能量释放型风险传播算法见表 4-4。

能量释放型风险传播算法 表 4-4

步骤	内容
1	随机/指定初始节点感染,时间初始化
2	根据初始节点确定能量大小,初始化能量位置
3	时间步长 $t+1$
4	更新能量释放位置
5	遍历近邻节点是否存在,若存在跳转步骤6,否跳转步骤10
6	遍历近邻节点是否全部为免疫状态,若是跳转步骤10,否跳转步骤7
7	计算网络节点阈值及释放能量大小
8	判断释放能量是否突破近邻节点阈值最小值,若突破跳转步骤9,未突破跳转步骤3
9	最小阈值节点风险状态激活
10	更新网络节点状态,更新剩余能量值
11	判断是否释放能量清零,若是跳转步骤12,否跳转步骤3
12	传播结束

能量蔓延型风险与能量释放型风险存在相同点与差异点：两者均由 SIR 风险传播模型改进而成，节点状态按照易感、激活（感染）、免疫的顺序变化，但是在节点状态的变化时空关系上存在差异，见表 4-5。在能量蔓延型风险传播过程中，节点会随邻域节点的叠加侵蚀值而被激活，并向邻域中所有未被传播节点叠加侵蚀值，直到邻域节点被免疫。在能量释放型风险传播过程中，节点由于初始节点的能量释放而被激活，节点会向邻域中阈值最低的薄弱环节释放能量，当能量释放结束时或无法突破阈值时，传播结束。区分两种风险对于后续研究中准确预测风险传播的路径具有重要意义。

能量蔓延型风险与能量释放型风险的差异点　　　　表 4-5

差异点	能量蔓延型风险	能量释放型风险
风险停止条件	风险激活态节点邻域无可传播节点，或节点被免疫	风险激活态节点能量侵袭耗散结束或无法突破阈值
风险传播方向	呈辐射状扩散，当能量侵袭值大于阈值则传播	呈线性传播，沿阈值最低方向传播
风险激活节点间相互影响	节点所受到的风险侵蚀随周边节点风险状态而叠加	节点间不存在风险状态叠加关系
风险传播时间	伴随着快速的熵增现象，将会对系统产生显著影响，风险停止条件发生后会停止传播	节点状态会一直保持，直到被人为辨识或演变为事故

4.2.3　多风险相互影响关系分析

前文提出了两种典型风险传播 SIR 模型，提高了城市轨道交通系统风险传播描述的准确性。但是，在城市轨道交通并非只存在单一风险，某种风险传播会造成网络节点属性状态变化，从而产生新的风险。多种风险共存同时传播、相互影响作用是目前城市轨道交通事故发生的主要原因。本小节主要对能量释放型、能量蔓延型两种风险间的相互影响关系进行分析。

能量蔓延型风险与能量释放型风险之间的相互作用关系可以总结为竞争与合作两种关系。例如，蓄电池酸蚀漏液会导致电线短路起火，酸蚀的能量释放破坏了蓄电池的绝缘保护，从而使得电流过大温度升高引发火灾，其根本原因是风险引起了节点阈值的改变。又例如自动转辙机因电路故障离线，从而避免了岔心不密合导致的出轨事故，其根本原因是风险阻断了能量释放路径。通过枚举的方法难以对相互影响关系定量分析，同时也容易遗漏。对于网络中两种风险的相关关系分析,本书使用 Lotka-Volterra 种间竞争模型量化相互影响关系。

Lotka-Volterra 种间竞争模型是 Lotka 和 Volterra 于 20 世纪 40 年代提出的种间竞争关系分析理论,被广泛应用于现代生态学、经济学、社会研究。Lotka-Volterra 种间竞争模型是基于阻滞增长 logistic 模型进行延伸得到的。模型定义如下:

N_1、N_2:分别为能量蔓延型风险、能量释放风险状态节点的数量;

K_1、K_2:分别表示两种风险的平均链路长度;

r_1、r_2:分别表示两种风险的传播速率。

对于单一风险,根据 logistic 模型可以得到:

$$\frac{dN_1}{dt} = r_1 \cdot N_1 \left(1 - \frac{N_1}{K_1}\right) \tag{4-10}$$

式(4-10)中,$\frac{N_1}{K_1}$可以理解为风险的平均链路数量,为已经占用的网络规模,则$1 - \frac{N_1}{K_1}$表示未被占用的网络规模。当两种风险在网络中交叉时,已占用网络规模项还应该加上N_2风险对网络节点的占用,则:

$$\frac{dN_1}{dt} = r_1 \cdot N_1 \left(1 - \frac{N_1}{K_1} - \alpha \cdot \frac{N_2}{K_1}\right) \tag{4-11}$$

式(4-11)中,α为风险2对风险1的竞争系数,即风险N_2的平均传播时间与风险N_1平均传播时间的比值。则可推得:β为风险1对风险2的竞争系数,即风险N_1的平均链路长度与风险N_2平均链路长度的比值,则另有:

$$\frac{dN_2}{dt} = r_2 \cdot N_2 \left(1 - \beta \cdot \frac{N_1}{K_2} - \frac{N_2}{K_2}\right) \tag{4-12}$$

N_1类风险对自身传播起正向作用,当网络风险N_1的环境容纳量为K_1时,网络中N_1类风险每个节点对网络中自身风险的增长促进作用为$\frac{1}{K_1}$;N_2类风险由于链路长度固定,则网络中节点数量越多,能量越低,因此N_2类风险节点对自身传播起抑制作用,网络中N_2类风险每个节点对网络中自身风险的增长抑制作用为$\frac{1}{K_2}$。

将影响系数带入竞争系数,可以得到:

N_2类风险节点对N_1类风险节点的抑制影响为$\frac{\alpha}{K_2}$;N_1类风险节点对N_2类风险节

点的促进影响为 $\dfrac{\beta}{K_1}$（抑制影响系数为 $-\dfrac{\beta}{K_1}$）。

因此，衡量两类风险相互之间的影响时，需要同时考虑风险传播对自身的影响以及其他风险对自身的影响，因此网络中：

N_1 类风险节点促进影响：$\dfrac{1}{K_1} - \dfrac{\alpha}{K_2}$；

N_2 类风险节点促进影响：$\dfrac{\beta}{K_1} - \dfrac{1}{K_2}$。

因此，当 $\dfrac{1}{K_1} - \dfrac{\alpha}{K_2} > 0$，即 $K_2 > K_1 \cdot \alpha$ 时，N_1 类风险在网络中被正向促进；当 $K_2 < K_1 \cdot \alpha$ 时，N_1 类风险在网络中被反向抑制。

同理，当 $\dfrac{\beta}{K_1} - \dfrac{1}{K_2} > 0$，即 $K_1 < K_2 \cdot \beta$ 时，N_2 类风险在网络中被正向促进；当 $K_1 > K_2 \cdot \beta$ 时，N_2 类风险在网络中被反向抑制。

因此在网络中，根据 K_1、K_2、α、β 值的不同，可能产生表 4-6 所列四种结果。

两种风险间竞争促进关系 表 4-6

N_2 类风险	N_1 类风险	
	$K_1 > K_2 \cdot \beta$	$K_1 < K_2 \cdot \beta$
$K_2 > K_1 \cdot \alpha$	情况 1：N_1 类风险在网络中的传播被促进，N_2 类风险在网络中的传播被抑制，最终只保留 N_1 类风险	情况 2：N_1 类风险在网络中的传播被促进，N_2 类风险在网络中的传播被促进，最终网络中存在两种风险且保持平衡
$K_2 < K_1 \cdot \alpha$	情况 3：N_1 类风险在网络中的传播被抑制，N_2 类风险在网络中的传播被促进，最终只保留 N_2 类风险	情况 4：N_1 类风险在网络中的传播被抑制，N_2 类风险在网络中的传播被抑制，最终网络中只存在一种风险

通过求解微分方程，能够求得网络最终平衡点：

$$\begin{cases} \dfrac{\mathrm{d}N_1}{\mathrm{d}t} = r_1 \cdot N_1 \left(1 - \dfrac{N_1}{K_1} - \alpha \cdot \dfrac{N_2}{K_1}\right) \\ \dfrac{\mathrm{d}N_2}{\mathrm{d}t} = r_2 \cdot N_2 \left(1 - \beta \cdot \dfrac{N_1}{K_2} - \dfrac{N_2}{K_2}\right) \end{cases} \quad (4\text{-}13)$$

在运算过程中，代入 K_1、K_2、α、β 的值可以得到两种风险传播的平衡点，从而对网络最终风险状态作出判断。其中，K_1、K_2 为固定值，可根据历史事故数据统计得到,而 α、β 随事故发生发展的前后顺序、间隔关系而变化。因此,网络中多种风险相互作用的结果为动态变化的,需要通过仿真才能得到准确解。

4.3 基于动力传播模型的风险传播路径仿真

4.3.1 模型参数选取及假设

在仿真过程中,需要设定故障、事故发现时间、人工处置免疫时间等基本参数。参考运营公司实际处置经验以及巡检、维检平均时长,得到参数见表4-7。

仿真参数值　　　　　　　　　　　　　表4-7

符号	含义	单位	参数值
t_a	仿真总时长	s	2592000
t_m	能量蔓延型风险平均发现时间	s	3600
t_s	能量释放型风险平均发现时间	s	7200
t_{im}	平均免疫时间	s	86400
K_1	能量蔓延型风险平均链路长度	节点数	16.91
K_2	能量释放型风险平均链路长度	节点数	5.06
p_i	节点 i 的原生故障概率	—	历史数据拟合值

表4-7为仿真过程中使用的参数值,其中 t_a 为仿真总时长;t_m 为能量蔓延型风险从产生到发展为故障、事故的平均发现时间;t_s 为能量释放型风险从产生到发展为故障、事故的平均发现时间;t_{im} 为风险被发现后进行应急处置过程中的免疫时间;K_1 为能量蔓延型风险的平均链路长度,根据历史事故数据统计得到;K_2 为能量释放型风险的平均链路长度;p_i 为节点 i 的原生故障概率,在节点完好情况下,以概率 p_i 转化为风险状态。原生故障概率数据由三种途径获取:

(1) 统计历史故障、事故记录中涉及的节点年发生故障次数 G,则:

$$p_i = \frac{G}{365 \times 24 \times 3600} \tag{4-14}$$

(2) 对于未发生故障、事故的节点,统计其大修、更换周期 T(单位:d):

$$p_i = (T \times 24 \times 3600)^{-1} \tag{4-15}$$

(3)对于外部影响因素类节点,节点概率存在人为错误及随机环境因素两类,人为错误类节点通过统计人为原因历史事故次数,环境类节点通过气象数据估计发生次数,其计算方法与方法(1)相同:

$$p_i = \frac{G'}{365 \times 24 \times 3600} \tag{4-16}$$

系统风险传播模型在仿真过程中存在以下基本假设:

(1)风险传播路径以风险激活状态节点为起点,以免疫状态节点为终点,在传播过程中路径单向且不交叉。

(2)节点由风险激活状态转化为故障状态最终演变为事故的过程中,均可能被发现并人为控制,若已经演化为事故,则节点一定被观测到。

(3)风险激活状态节点被观测到后,节点及周围被破坏的连接边将被修复,节点将处于免疫状态,此时近邻节点能量侵袭将不会对节点造成影响。

(4)同一部件的不同风险种类是相互独立的,但不同部件的故障模式之间存在相互影响关系。

(5)对于外界影响因素类风险点,其属性不受能量侵蚀影响,人为类风险点处于能量激活状态时可被观测并免疫,自然环境类风险点无法被免疫。

4.3.2 基于改进 SIR 模型的风险传播仿真流程

使用计算机模拟仿真城市轨道交通风险网络模型中风险路径的走向,能将步骤划分为以下五个模块:

(1)网络状态更新模块。该模块在算法初期初始化网络状态,随时间步更新网络中节点、边的风险状态,计算网络整体波面值从而判断事故是否发生。

(2)风险传播起点确定模块。该模块确定在每个时间步内的随机攻击、蓄意攻击的产生频率及位置。对仿真数据结果中的事故发生概率进行统计,从而完善历史事故数据。

(3)改进 SIR 风险传播模型模块。该模块为整个仿真中的核心模块,该模块以遍历算法为基础,计算节点能量侵袭值的大小,通过与阈值比较,描述了特点时间步的节点风险状态值,最终输出节点、连接边状态以及参数 α、β。

(4)多风险相互影响模块。该模块表述风险点之间的相互作用影响关系,根据步骤(3)得到的 α、β 值,代入 K_1、K_2 值可以得到系统状态的平衡点。

(5)风险免疫状态模块。该模块计算了节点在风险激活状态下的持续时间,节点激活状态持续一定时间后,被工作人员发现、控制,或当风险波面值大于1,转变为事故时将被工作人员发现、控制。

改进 SIR 模型仿真流程如图 4-11 所示。

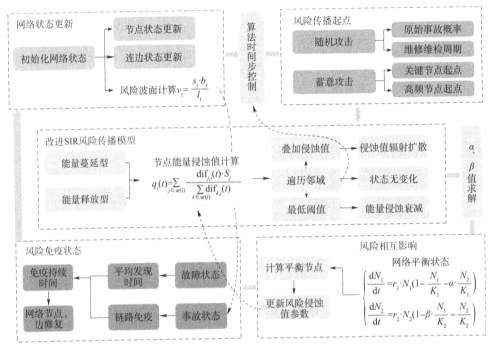

图 4-11 改进 SIR 模型仿真流程

图片"改进 SIR 模型仿真网络的节点属性"请扫描二维码查阅。该图片中,蓝色线表示网络中的易感节点,红色线表示网络中的能量蔓延型风险感染节点,紫色表示网络中能量释放型风险感染节点,绿色线表示网络中的免疫节点。横轴表示仿真进行的总时间,纵轴表示在网络中该类节点的数量。

改进 SIR 模型仿真网络节点属性

将改进 SIR 模型与传统 SIR 模型仿真结果进行对比,其中,传统 SIR 模型的传播概率采用近邻节点的原生故障概率的平均值,根据仿真结果可以发现,相较传统 SIR 模型,改进后的 SIR 模型有如下优点:

改进 SIR 模型仿真风险传播路径

(1)提高了仿真精度。

与传统 SIR 模型对比,改进后的 SIR 模型具有更高的仿真精度,能够仿真得到更多的细节,对仿真结果进行统计分析,见表 4-8。

模型仿真结果 表 4-8

参数	SIR 模型	改进 SIR 模型
风险波峰数量	3	27
平均易感节点比例(%)	72.32	68.43
平均感染节点比例(%)	5.48	7.56
平均免疫节点比例(%)	17.22	19.03
平均感染峰值高度	10.95	17.39

在风险传播的过程中,每次波峰是一次风险的集中传播的环节,波峰数量能够视为事故数量,根据表 4-8 中数据对比可以发现,相较 SIR 模型,改进的 SIR 模型的感染波峰为 27 个,远多于 SIR 模型(3 个),感染节点数量比例差距较小,平均峰值高度为 17.39 高于 SIR 模型的 10.95。改进后的 SIR 模型在节点数量总量预测比例基本不变的前提下,能够更好地仿真出风险到事故的演化过程,更好地表现出风险局部扩散的局部特征。

(2) 完善了多种风险相互影响关系描述。

与传统 SIR 模型相比,改进的模型补全了多种风险同时发生及相互影响的描述。根据仿真结果,随初始状态的不同,能量蔓延型风险(简称"风险 1")与能量释放型风险(简称"风险 2")的发生发展结果不同。

当风险 1 先产生时,风险 1 将会促进风险 2 在网络中的传播;当风险 2 先产生时,风险 2 将会少量抑制风险 1 传播。从感染节点总体数量上而言,风险 1 传播路径长度、感染节点数量大于风险 2。在运营过程中,相较风险 2,风险 1 更需要引起重视。

改进 SIR 模型
仿真网络节点数量

(3) 传播路径更符合实际情况。

改进后的 SIR 模型没有采用原始 SIR 模型以传播概率的方式,加入了网络阈值及能量侵袭值的概念,因此减小了传播的随机性,重复仿真结果之间差异较小。将传播路径与实际故障分析结果进行比较可以发现,改进 SIR 模型预测传播路径大多数能被合理解释,而原始 SIR 模型会出现很多不合理路径。由于能量侵袭值受邻域节点状态积累影响,风险传播路径的传播次序是随时间变化的动态序列,每个新接入节点的时间间隔不同,这优于传统 SIR 模型中的随时间均匀变化的传播路径,更符合实际。

4.4 本章小结

本章研究了城市轨道交通风险传播路径预测方法,分析了不同类型风险传播的传播流程,提出了基于故障模式改进的风险传播动力模型。针对提出的风险传播动力模型中的"能量蔓延型""能量释放型"两类风险,使用 Lotka-Volterra 种间竞争模型进行了相互作用影响分析。结合风险动力传播模型、风险相互作用关系以及复杂网络模型,提出了风险传播路径仿真预测流程框架,对全系统网络模型进行了仿真预测。

第5章 城市轨道交通系统风险传播控制

基于对风险链群的构建和推演，找出可能的事故传播路径，研究网络全局免疫策略生成算法，从而能够达到高效阻断风险传播路径、快速抑制城市轨道交通系统中故障传播的效果。

5.1 引言

近年来，随着复杂网络中流行病、病毒蔓延研究的不断深入，病毒传播动力学及其免疫控制策略已成为复杂网络理论的一个研究热点。免疫是指人为对节点缺陷进行改进，对节点状态进行监控，从而避免感染再次发生的节点状态。由于复杂网络节点众多，且免疫耗费人力、物力成本高，因此，在生产中全局免疫难以实现。鉴于此，在有限的条件下，提高免疫的效率和效果，成为目前研究的重点。相关学者提出了三种经典免疫策略：随机免疫、目标免疫、熟人免疫。

随机免疫策略也称为均匀免疫策略，其方法是在初始时刻就在网络中随机选择一定数量的节点来接种疫苗。这种免疫策略不考虑特定的网络结构，它适用于网络结构复杂且难以确定的大型复杂网络。由于疫苗是随机接种的，对动态网络采取这种策略后，网络仍能保持很强的鲁棒性。但随机免疫对于大规模无标度网络上的病毒传播控制效果不佳，需要几乎对网络中所有节点都免疫才能使病毒消亡。目标免疫策略也称选择免疫策略。目标免疫策略突出了网络中节点间的差异，它根据节点属性或网络结构属性选择一定数量的节点，以尽可能获得好的免疫效果。例如，选择最大度的节点来种植免疫疫苗，当所选节点被免疫后，这些节点在网络中连边也随之被删除，这种免疫策略对节点度分布波动性较大的无标度网络较为适用。熟人免疫策略是在网络中随机选择一部分节点，针对每一个被选节点,从其邻居节点中随机选择一个进行免疫。该策略仅需知道一些局部信息(即随机选择的节点及其一阶邻居节点),不需要知道节点的度或任何其他全局信息。

社团结构作为一种重要的网络拓扑特征,在网络拓扑特征分析、风险评价、风险动力学中均具有重要研究意义。近年来,通过将社团辨识方法与免疫策略相结合,进而实现网络优化,成为研究热点。人们发现具有相同性质的网络节点之间常常联系紧密并且聚集成社团,而社团与社团之间却无密集联系,划分复杂网络中的社团结构对于分析网络整体与局部特征、整体与局部间的关系以及对网络结构的了解有着重要研究意义。目前,学者已经提出了多种社团结构划分算法,目前社团结构划分算法大致分成两类:计算机科学中的图形分割算法和社会学中的分级聚类算法,这两类算法又细分成很多种算法。前者主要包括kernighan-Lin算法、谱平分法等;后者主要被称为分级聚类方法,主要包括GN算法、Newman快速算法等。近年来,关于复杂网络社团结构划分算法的研究成果较多。目前社团结构划分方法众多,对于城市轨道交通网络,需要选取适合中心性强、耦合程度高网络结构的划分方法,才能保证划分结果的精度。

5.2 基于数据驱动的运营风险传播方法

5.2.1 运营安全风险特征

城市轨道交通线路众多、人员设备分布密集、作业环境多样,涉及车辆、车务、工务、供电、机电等多个专业,其生产运营过程中存在大量复杂的联动行为,安全工作贯穿始终。城市轨道交通的核心功能是将乘客安全、准时地送达目的地,所以其作用和性质决定了在各项运营工作中必须以安全工作为重。由第2章可知,系统中存在着许多的不安全的要素,运营中有机会产生或传播风险的系统组分节点就是所说的风险点。城市轨道交通系统内的这些风险点是依托城市轨道交通系统运营过程组分间的关系产生的,而耦合性主要是依托城市轨道交通系统产生的。城市轨道交通系统运营过程的组分主要涉及人、机、环、管等多个要素,城市轨道交通系统运营安全要素关联图如图5-1所示。在城市轨道交通系统的运营和管理过程中,当四大要素彼此作用、协同配合才能保证系统完整功能的和谐运作,也只有通过系统安全的手段使每个要素都达到安全状态,运营系统整体的安全才可得到保证。经过总结分析,城市轨道交通系统的运营过程中的风险点主要具有如下特征。

第 5 章 城市轨道交通系统风险传播控制

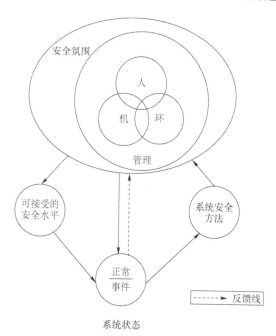

图 5-1　城市轨道交通系统运营安全要素关联图

(1) 多样性：城市轨道交通系统是一个复杂系统，系统内的风险点数量大、分布广，除了内部有物理结构类风险点存在外，还包含有人员、环境在内的外部的风险点，甚至管理上的缺陷也会影响系统的安全状态。大量风险点的存在共同作用于城市轨道交通系统的运营安全，整个系统的风险呈现出明显的多样性特征。

(2) 耦合性：任意一起事故都会有若干事件和条件共同作用，并且与许多要素相干，如物理条件、环境、行为和管理以及事故的处置情况等。在城市轨道交通系统运营过程中，事故也是生产运营过程中潜在危险因素或显性危险因素共同产生作用所造成的。从风险点的角度解释，系统中的风险点间具备着一定的关联关系和耦合影响机理，另一个风险点的条件会因某个相关风险点的状态或所处条件改变而受到影响。伴随着该过程的发生，耦合作用会导致风险不断扩散、演变，最终引发事故。

(3) 失控后果的严重性：事故的发展过程往往是由于危险因素的积聚形成风险，进而由风险演变为隐患或耦合作用，最终发展为不良后果。城市轨道交通作为城市的生命线之一，行车分布密度很大、客流量极大，一旦系统内风险进行传播或发生耦合导致事故发生，整条线路甚至线路网络都有可能产生反响，极易造成运营中断、交通瘫痪和人员拥堵，必然会对城市的地面交通造成较大压力，严重的甚至有可能导致乘客骚乱和信任危机等。

(4)风险管理的整体性:城市轨道交通系统运营的各个部分相互连接、相互依托,其运营安全是系统运转正常、系统内生命及财产完好、系统运营设备无损的状态。由于风险耦合和传播作用的存在,城市轨道交通系统运营中的安全工作尤其注重整个风险管理体系的整体性,针对城市轨道交通系统各个部分的风险管理需要形成有机整体。如果任何一个子系统发生风险失控或风险管理失灵,都可能使整个管理体系失效。

5.2.2 基于改进协同过滤的风险点相似关系分析方法

5.2.2.1 协同过滤算法概述

协同过滤算法为推荐系统领域内使用最为广泛、最广受认可的方法之一,其目的是通过挖掘用户的历史行为数据(评价、购买、下载等)发现不同用户的偏好性,进而划分兴趣相近的用户群体,推测出某些用户可能喜好的产品,并以此为依据进行产品推荐。协同过滤(图5-2)推荐算法包括基于用户的协同过滤(UserCF)和基于物品的协同过滤(ItemCF)算法。基于用户的协同过滤(UserCF),最主要是依据用户的历史数据,搜索到与某个用户偏好比较相同的其他用户,将这些其他用户的喜好商品推荐给该用户。基于用户的协同过滤(UserCF)主要是根据用户历史数据寻找与某用户偏好较为一致的其他用户,基于物品的协同过滤(ItemCF)则是依据全部用户的历史数据测算全部物品之间的相似性,再把与某用户喜好的物品相近似的东西推荐给该用户。

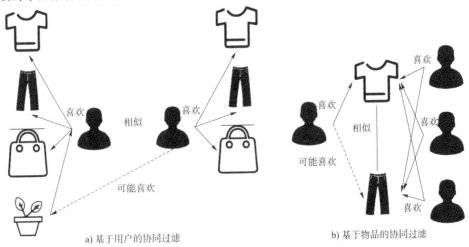

a) 基于用户的协同过滤　　　　　b) 基于物品的协同过滤

图5-2 协同过滤示意图

传统的基于用户的协同过滤(UserCF)的步骤如下:

步骤1:通过计算向量之间的相似度,计算出用户间的相似度矩阵。广泛使用的相似度指标包括 Jaccard 相似系数、Pearson 相关系数和余弦相似度等。

步骤2:评价预测法——以用户相似度作为权值,以物品的评分与此用户的所有评分的差值进行加权平均,获得用户的评价预测。

步骤3:获得用户对不同物品的评价预测后,根据预测评分排序得到最终的推荐列表。

类似地,基于物品的协同过滤(ItemCF)的步骤如下:

步骤1:通过计算向量之间的相似度,计算出物品与物品间的相似度矩阵。

步骤2:找出与目标物品最相近的 n 个物品。

步骤3:根据对最相近的 n 个物品的打分计算用户对某目标物品的打分。

在本章中,使用 Pearson 相关系数进行有关相似度的计算,方法如下。

$$\text{pearson}(a,b) = \frac{\sum_{c \in C}(r_{a,c} - \overline{r_a})(r_{b,c} - \overline{r_b})}{\sqrt{\sum_{c \in C}(r_{a,c} - \overline{r_a})^2}\sqrt{\sum_{c \in C}(r_{b,c} - \overline{r_b})^2}} \tag{5-1}$$

式中:pearson(a,b)——用户 a 与 b 的皮尔逊相关系数;

$r_{a,c}$——用户 a 对物品 c 的评分;

$\overline{r_a}$——用户 a 对所有物品的平均评分;

C——所有物品的集合。

5.2.2.2 面向风险点的改进的协同过滤算法

上一节中将全部事故数据划分了多个事故类别,完整构建了事故语义网络框架,辨识出多个风险点及风险值。经过对事故数据的分析,全部事故文本有这样的已知事实:每个事故类别文本集合以及全文文本中都存在并使用着提出的事故语义网络框架和多个风险点,且不同文本集合中使用的程度是不同的。换而言之具有一定的偏好性。因此,引入协同过滤的基本理念,可以将多对多的形式理解为:每个文本集合都是事故语义网络框架和风险点的"用户",事故语义网络框架和各个风险点则代表着多个被选择、被使用的"物品"。基于以上构想,提出面向风险点的改进协同过滤算法。

在第2章的计算过程中,已经获取了各事故类别文本集与全文文本的相似度。考虑到城市轨道交通系统运营的风险点分布在多个类别的事故文本中的事实,分析风险点必须要考虑各事故类别文本集之间的关系。通过基于用户的协同过滤(UserCF)算法,能够实现以各事故类别文本集的相似程度为依据。在传统的协同过滤算法中,一般仅使用了用户对物品的显性评分(历史行为数据)来衡量用户的偏好,没有考虑到用户对于物品本身具有的属性的偏好,可能无法获得准确的结果。现实中每个物品本身都有其自身较为重要的属性,这与城市轨道交通系统运营中的风险点是一致的。在面向风险点的改进的协同过滤算法中,引入偏好度、流行度等概念,并重点关注风险点在事故中的风险等级属性。

已知第 2 章中获取了各事故类别文本集的特征向量分量值和各个风险点 RP^n 在全文文本 d 中的风险值 RP_d^n。用以上这些值作为输入,且每次过程增加前一次的运行结果以使模型更加精确,运用 UserCF 算法可推理出每个风险点在各事故类别文本集 $A_i(i=1,2,\cdots,10)$ 中的类别风险值 $RP_{A_i}^n$,如表 5-1 所示。

风险点的类别风险值计算　　　　　　　　　　表 5-1

事故类别文本集	$MI(V_H,A_i)'$	$MI(V_E,A_i)'$	$MI(V_P,A_i)'$	$MI(V_T,A_i)'$	$MI(V_B,A_i)'$	RP^1	RP^2	...	RP^n
A_1						$RP_{A_1}^1$	$RP_{A_1}^2$	...	$RP_{A_1}^n$
A_2						$RP_{A_2}^1$	$RP_{A_2}^2$	...	$RP_{A_2}^n$
A_3		已知				$RP_{A_3}^1$	$RP_{A_3}^2$	...	$RP_{A_3}^n$
...						...	...	...	...
A_{10}						$RP_{A_{10}}^1$	$RP_{A_{10}}^2$	...	$RP_{A_{10}}^n$
d						RP_d^1(已知)	RP_d^2(已知)	...	RP_d^1(已知)

将表 5-1 中全部类别风险值 $RP_{A_i}^n$ 按式(2-21)整体归一化得 $[RP_{A_i}^n]'$,据此判断风险值等级。为着重体现高危风险点的重要性,对高风险等级附加较高的权重值。依据专家咨询结果,得到风险值等级如表 5-2 所示。

风险值等级　　　　　　　　　　表 5-2

风险值等级(L_j)	L_1(一般风险)	L_2(较高风险)	L_3(高风险)
安全程度	较不安全	不安全	极不安全
指标范围	(0.05,0.3]	(0.3,0.8]	(0.8,1]
附加权重(e_j)	$e_1=0.5$	$e_2=1.0$	$e_3=2.0$

由此,可以计算得出事故类别文本集合对不同风险值等级的等级偏好度:

$$p(A_i,L_j) = \frac{e_j \times \text{size}(A_i,L_j)}{\text{size}(A_i)} \qquad (5\text{-}2)$$

式中：$\text{size}(A_i, L_j)$——类别文本集 A_i 中 L_j 类值的总数；

$\text{size}(A_i)$——类别文本集 A_i 中的所有风险值等级值的总个数；

$p(A_i, L_j)$——类别文本集 A_i 对风险等级 L_j 的等级偏好度。

物品流行度可以作为用户偏好度的一个计算指标，在推荐系统中某个物品的流行度指该物品被用户反馈的总次数，反馈次数越多的物品，流行度也越高。结合该理念提出风险点流行度的衡量计算方法。

所辨识的城市轨道交通系统运营风险点共分为四大类，各大类风险点辨识结果的平均风险值一定程度上代表着该大类风险的重要程度，可作为对单个风险点的风险点流行度评价的一个指标。

在的数据源中，不同类别的文本集的文本数量是具有明显差距的。评价类别文本集（用户）对某个风险点（物品）的反馈程度，应考虑该类型事故在全部文本中的文本个数占比 $O(A_i)$，该比例值可由 2.1 节表 2-1 计算获取。将 $O(A_i)$ 作为权值与每个风险点在各事故类别文本集 $A_i (i=1,2,\cdots,10)$ 中的类别风险值 $RP^n_{A_i}$ 对应相乘并求和，可得评价风险点流行度的另一个权重指标。

综上所述，定义某风险点的风险点流行度的计算方法如下：

$$T(RP^n) = U(RP^n) \times \sum_{i=1}^{10} \left[O(A_i) \times RP^n_{A_i} \right] \tag{5-3}$$

式中：$T(RP^n)$——某风险点 RP^n 的风险点流行度；

$U(RP^n)$——风险点 RP^n 所在辨识结果大类的平均风险值；

$O(A_i)$——某类型事故 A_i 在全部文本中的文本个数占比；

$RP^n_{A_i}$——风险点 RP^n 的类别风险值 $RP^n_{A_i}$。

结合上文内容，可以获得事故类别文本集 $A_i(i=1,2,\cdots,10)$ 对风险点 RP^n 的类别偏好度：

$$P(A_i, RP^n) = T(RP^n) \times \sum_{j=1}^{3} p(A_i, L_j) \tag{5-4}$$

式中：$P(A_i, RP^n)$——事故类别文本集 A_i 对风险点 RP^n 的偏好度；

$T(RP^n)$——某风险点 RP^n 的风险点流行度；

$p(A_i, L_j)$——类别文本集 A_i 对风险等级 L_j 的等级偏好度。

之后，将 $P(A_i, RP^n)$ 同样按式 (2-21) 整体进行归一化，得 $[P(A_i, RP^n)]'$。将归一化后风险点的类别风险值和类别偏好度求和，作为事故类别[事故类别文本集 $A_i(i=1,2,\cdots,10)$] 对每个风险点的综合评分 $CP(A_i, RP^n)$。

$$CP(A_i, RP^n) = \left[RP^n_{A_i} \right]' + \left[P(A_i, RP^n) \right]' \tag{5-5}$$

通过事故类别对每个风险点的综合评分,可以求得风险点 α 和风险点 β 之间的 Pearson 相关系数,即风险点相似度 $S(RP^{\alpha}, RP^{\beta})$。将 UserCF 和 ItemCF 相结合应用于风险点研究,提出面向风险点的改进协同过滤算法(图5-3),步骤如下:

步骤1:导入各事故类别文本集 A_i 的特征向量分量值和风险点 RP^n 在全文文本 d 中的风险值 RP_d^n,初始值 $n=1$。

步骤2:遍历数据,寻找各事故类别文本集中与 A_i 最相似的前2个,评价预测法计算风险点的类别风险值 $RP_{A_i}^n$。

步骤3:存储步骤2的完整的结果矩阵。

步骤4:令 $n=n+1$,以步骤3的存储结果作为输入,重复步骤2~3。

步骤5:重复步骤2~4直至所有 RP_d^n 完成输入,输出结果矩阵。

步骤6:将步骤5结果中全部 $RP_{A_i}^n$ 归一化,判断归一化后风险值所属的等级。

步骤7:根据式(5-2)和式(5-3)计算事故类别对不同风险等级的等级偏好度和各风险点的风险点流行度。

步骤8:根据式(5-4)和式(5-5)计算存储事故类别对风险点的综合评分。

步骤9:用步骤8的综合评分值填充矩阵并作为输入,计算风险点相似度。

步骤10:输出最终结果,结束流程。

通过上述方法,可以获取风险点的相似度矩阵,初步比较风险点间的亲密关系强弱。此外还能够在辨识新的风险点(风险值)后,对新风险点进行与其他风险点相似关系的计算。

5.2.3 运营风险传播关系研究方法

5.2.3.1 运营风险传播机制概述

J. Reason 曾阐述了奶酪模型,其重点思想是系统中的安全防护就像切成片的奶酪,在不同层都有孔洞(漏洞),孔洞就是隐形失效的条件。当这些孔洞各自发生状态变化导致正好连成了一条足以通过的通路,不安全的因素就能穿过安全防卫,有机会导致事故,如图5-4所示。根据5.2.1节,城市轨道交通系统运营过程中的风险点是依托于系统的组分产生的,具有关联性、耦合性和整体性,是系统中风险和不安全状态进行传播的媒介和主体。在城市轨道交通系统运营过程中,风险点就像奶酪模型中的孔洞,当每一层风险点被系统内不安全因素穿过就形成了风险点失效(受损)状态,这些风险点形成的风险传播路径正像是孔洞形成的通道。各层多个风险点相连接,最终可导致人员伤害或财产损失的发生。

第 5 章 城市轨道交通系统风险传播控制

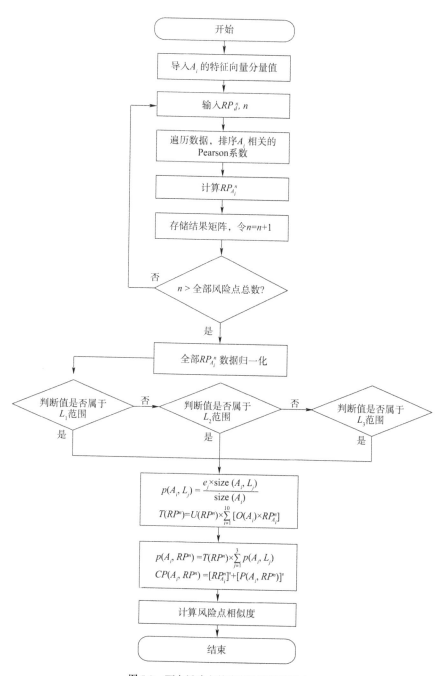

图 5-3 面向风险点的改进协同过滤算法

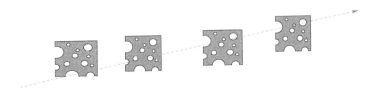

图 5-4　奶酪模型示意图

基于以上分析,在城市轨道交通系统的运营过程中,风险点间存在着相互作用关系,且单个节点(风险点)的失效通常不会对系统网络运营直接产生影响,而是通过节点间关联性使风险扩散给其他节点(风险点),形成风险链路并进行风险传播,进而导致危险和事故。不同的风险点间进行风险传播时,风险传播路径发生的概率和各风险点的失效概率也应是不同的。以上这些特征与配电网信息域节点间的故障传播理论相似,参考该研究,在城市轨道交通系统运营的风险传播机制中着重体现风险点的关联作用和差异性。因此,认为城市轨道交通系统运营中存在以下机制:①系统内的所有风险点有一定概率转变为失效(受损)状态;②当系统内某风险点失效(受损)时,会以不同概率将风险传播给其相邻节点;③若②中的该风险点的相邻节点有处于失效(受损)状态的,则继续向后扩散。

城市轨道交通系统运营中的风险点与这种风险传播机制,可以构成一种复杂网络。应用复杂网络的思想可知,城市轨道交通运营系统中的风险点可以视为具有相关关系的网络中的点元素,而各点之间应该由有方向、有权重的边进行连接。在运营过程中,系统中的风险可能沿着风险点间的边进行传播,边的方向代表着风险传播的方向,边的权重则代表着风险传播的综合概率以及风险作用关系的强弱。城市轨道交通系统运营风险传播机制示意图如图 5-5 所示。在对城市轨道交通系统运营的风险点的辨识方法研究的基础上,分别提出事故风险控制链和风险传播成功率的概念和方法,以解决风险传播路径和风险传播的边权问题。

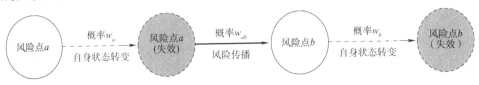

图 5-5　城市轨道交通系统运营风险传播机制示意图

5.2.3.2　基于事故风险控制链的传播路径识别

概念模型作为一种交流工具,可有效地帮助科学家、决策者和资源管理者在他们之间以及与其他领域的人讨论问题和理论。概念或定性模型通常绘制为带有方框和箭头的图表,显示定义系统的主要元素和材料流、信息流以及因果关系。它要求模型构建者明确解释为什么他们认为某些元素很重要,在其特定领域自动作出了哪些假设,关键概念是如何定义的。构建城市轨道交通运营事故风险控制链概念模型,能够对风险传播路径尤其是传播方向的识别起显著作用。

一个系统发生的事故源于对系统要素的相互作用控制不充分,预防系统事故发生需要减少或消除这种可能导致受控过程中危险状态的相互作用。有研究证明,对风险分析及评估的定量研究可以把危险源作为研究基础,将故障树、事件树等数学模型结合并使用。有学者曾提出,一个风险链的发生是由危险源产生危害,人、动物、植物或材料等关注实体暴露于该危害,且该暴露产生不利影响的过程。此外,还有研究将安全问题定义为暴露、事故风险和伤害风险的函数。参考以上研究,从危险源出发,当暴露产生的不利影响造成城市轨道交通运营的人员(乘客或工作人员)伤亡或关注的实体的损失时,认为造成了事故发生。而学者指出,合理的事故模型必须考虑事故所涉及的全过程并描述系统和人的行为,而不能简单考虑事件和条件。因此,将城市轨道交通运营系统风险链中的全部风险要素进行总结,并在概念模型中加入了目前存在的三类有效风险管理与干预措施——风险规避、风险预防和风险降低,如表5-3中所示。管理与干预措施一定是由系统中的工作人员发出或使用的。另外,考虑到城市轨道交通系统内工作人员协作密切的特点,工作人员内部的关系也是需要关注的。综合所有关系和理论研究,构建的事故风险控制链概念模型如图5-6所示。

风险管理与干预措施 表5-3

目的	措施	含义	主要干预项
尽可能消除风险	风险规避	消除危险源,避免高风险事物	危险源
尽可能避免事故发生	风险预防	在风险造成伤害和损失前采取行动以减少其影响	危险源、人和物等实体、暴露过程
降低事故发生后的损失	风险降低	尽可能减少事后损失	暴露产生的不利影响

除了工作人员的内部协作作用和工作人员对管理干预手段的两种特殊类型以外,事故风险控制链概念模型内各元素主要存在两大类作用关系:一种是风险链各要素间的作用,作用通过风险链进行传播最终可能导致事故发生;另一种是风险管理与干预措施对风险链要素的控制作用,该作用关系对某一个或多个风险链要素起作用以达到不同的风险控制效果。由风险控制链可以知道,城市轨道交通系统运营事故的发生(风险链)必须以危险源(设备设施类和环境类风险点)为起点,以

被危害实体(人员或设备设施类风险点)为终点,管理手段(表现为管理类风险点)作用于风险传播的各个风险链要素,工作人员作用于管理手段。因此,风险控制链概念模型规定了风险传播路径(风险网络中边)的方向,根据该概念模型可以选取合理的、符合实际情况的风险路径(网络中点与点间的边)。

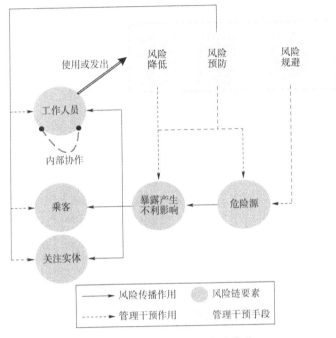

图5-6 事故风险控制链概念模型

5.2.3.3 运营风险传播网络模型构建方法

(1) 风险传播基础网络模型构建方法。

城市轨道交通系统的线路和风险点都是以网络的形式关联的,风险节点会受到众多相邻节点的共同作用的影响。在传统的风险传播模型中,默认个体是均匀混合、均等机会接触的,忽略了网络结构对于风险传播的影响。然而在城市轨道交通系统等实际的大型交通系统中,网络中的所有个体并不能实现全网范围内的均等机会接触。在能够确定出一个网络中的重要节点和边,并能够选取有效的权值计算方法的情况下,加权网络相比于理想化无权网络能够更好地符合实际系统,对研究连锁反应和辅助决策能起到更好的效果。为计算两风险点间的风险传播概率,在考虑网络异构性的基础上,同时考虑基于统计经验的风险点不安全概率和基于相似度的风险点对的关系,提出了风险点间的异构传播率的计算方法,如式(5-6)所示。

第 5 章 城市轨道交通系统风险传播控制

$$Tr(RP^\alpha, RP^\beta) = \mu_0 \left[\text{pro}(RP^\alpha) \cdot \text{pro}(RP^\beta) \cdot S(RP^\alpha, RP^\beta) \right]^\gamma \tag{5-6}$$

式中：$Tr(RP^\alpha, RP^\beta)$——风险点RP^α与风险点RP^β间的异构传播率；

μ_0——系统内所有风险点的初始平均不安全概率值；

$\text{pro}(RP^\alpha)$、$\text{pro}(RP^\beta)$——风险点RP^α、风险点RP^β的不安全概率值；

$S(RP^\alpha, RP^\beta)$——风险点RP^α与风险点RP^β的相似度；

γ——控制传播率分散程度的常数，相同条件下γ越大，传播率就越分散，传播速度越慢，传播效率就越低。

各风险点的不安全概率值是通过对城市轨道交通运营企业的实地调研以及相关专家访谈，根据实际情况基于统计数据值和经验值计算得到的，主要参考并进行分析的调研资料包括某年的××市城市轨道交通运营企业风险隐患排查清单、日常监测/检测数据、故障记录等。风险点的不安全概率值计算方法如式(5-7)~式(5-10)所示。

人员类(Personnel)风险点的不安全概率值计算方法为：

$$\text{pro}(RP^\delta) = \frac{C_{RP^\delta}}{C_{\text{Personnel}}} \tag{5-7}$$

式中：$\text{pro}(RP^\delta)$——人员类风险点RP^δ的不安全概率值；

C_{RP^δ}——人员类风险点RP^δ的全年故障次数；

$C_{\text{Personnel}}$——系统内的人员类风险点的全年故障次数之和。

设施设备类(Equipment and Facilities)风险点的不安全概率值计算方法为：

$$\text{pro}(RP^\varepsilon) = \frac{C_{RP^\varepsilon}}{C_{\text{Physics}}} \tag{5-8}$$

式中：$\text{pro}(RP^\varepsilon)$——设备设施类风险点$RP^\varepsilon$的不安全概率值；

C_{RP^ε}——设备设施类风险点RP^ε的全年故障次数；

C_{Physics}——系统内的设施设备类风险点的全年故障次数之和。

环境类(Environment)风险点的不安全概率值计算方法为：

$$\text{pro}(RP^\varepsilon) = \frac{C_{RP^\varepsilon}}{C_{\text{Environment}}} \tag{5-9}$$

式中：$\text{pro}(RP^\varepsilon)$——环境类风险点$RP^\varepsilon$的不安全概率值；

C_{RP^ε}——环境类风险点RP^ε的全年故障次数；

$C_{\text{Environment}}$——系统内的环境类风险点的全年故障次数之和。

管理类(Management)风险点的不安全概率值计算方法为：

$$\text{pro}(RP^\zeta) = \frac{C_{RP^\zeta}}{C_{\text{Management}}} \tag{5-10}$$

式中：$\text{pro}(RP^\zeta)$——管理类风险点RP^ζ的不安全概率值；

C_{RP^ζ}——管理类风险点RP^ζ的全年故障次数；

$C_{\text{Management}}$——系统内的管理类风险点的全年故障次数之和。

根据式(5-6)~式(5-10)，经过计算可以获取风险点间的异构传播率矩阵。为识别核心风险点及路径并方便复杂网络的构建，下一步对异构传播率矩阵进行进一步的筛选应用，过程主要有两步：①基于事故风险控制链所规定的风险传播路径，对数据进行筛选；②对数据进行二值化处理，通过设定阈值将数据转化为二值，大于阈值设置为1，小于阈值设置为0。

筛选应用后的数据可构建城市轨道交通系统运营风险传播基础网络$BN = (G_{BN}, V_{BN})$。其中基础网络节点表示为G_{BN}，节点间连接关系用V_{BN}表示。该基础网络是仅考虑风险点间传播率的风险传播网络模型，是最终构建的城市轨道交通系统运营风险传播网络模型的雏形。城市轨道交通系统运营风险传播基础网络作为复杂网络模型，可进行复杂网络的整体性或个体性指标研究，从而为进一步的研究提供基础。

(2)数据驱动的风险传播成功率。

为体现风险传播的节点差异性和概率合理性，节点间的故障传播概率也应与节点自身特性密切相关，风险传播概率可以使用节点受损概率表示。以此为基础，认为两风险点间的风险传播这一现象想要完全成功，除了取决于风险点间的风险传播概率外，还应该取决于后风险点的失效(受损)。基于以上理论和城市轨道交通系统运营风险传播基础网络BN，提出风险点受损概率的计算方法如式(5-11)所示。

$$Y(RP^\tau) = 1 - \frac{k_\tau}{\sum_{RP^m \in N(RP^\tau)} k_m} W_\tau \tag{5-11}$$

式中：$Y(RP^\tau)$——风险点RP^τ的受损概率；

k_τ——风险点RP^τ在网络BN中的度；

$N(RP^\tau)$——风险点RP^τ在网络BN中的邻接节点集合；

k_m——风险点RP^m在网络BN中的度；

m——风险点编号；

W_τ——风险点RP^τ的权重系数，介于0到1之间的某个接近1的值。W_τ越大，风险点的受损概率越低，该点越安全。

在城市轨道交通系统中,由于风险点具有耦合性和传播的特性,系统中分布的各风险点的状态会受到该风险点关系密切的其他风险点的影响,也会对这些风险点产生影响。如果某风险点发生故障或处于不安全状态,绝大多数情况都是源于其他风险点对该风险点所进行的能量传递和风险传播作用。而各风险点本身的风险大小不同,这也是不同风险点处于不安全状态所造成影响的一个决定性因素。因此,风险点的不安全状态值应该是一个同时能够反映出风险点间的关系和风险点本身强度的数值,不是某风险点天生固有的某一属性值。通过系统中某风险点的不安全状态值来衡量该风险点在受损概率计算中的权重系数。

通过面向风险点的改进的协同过滤算法,可以获取到风险点的相似度矩阵,该结果一定程度上能够代表风险点间的关系强弱和亲密程度。通过文本分析辨识出各风险点在城市轨道交通系统中的风险值大小。在此基础上,提出针对系统中某风险点的不安全状态值的计算方法,如式(5-12)所示。

$$I(RP^\tau) = RP_d^\tau + \sum_\varphi [S(RP^\tau, RP^\varphi) \cdot (RP_d^\varphi + RP_d^\tau)], \quad \varphi \neq \tau \quad (5-12)$$

式中:$S(RP^\tau, RP^\varphi)$——风险点RP^τ与风险点RP^φ的相似度;

RP_d^τ, RP_d^φ——风险点RP^τ、风险点RP^φ在全文文本d中的风险值;

$I(RP^\tau)$——风险点RP^τ的不安全状态值。

进而可计算表征某风险点安全性的权重系数:

$$W_\tau = 1 - \frac{I(RP^\tau)}{\sum I} \quad (5-13)$$

式中:$I(RP^\tau)$——风险点RP^τ的不安全状态值;

W_τ——风险点RP^τ的权重系数;

$\sum I$——系统中所有风险点的不安全状态值之和。

结合式(5-6)~式(5-13),可以获取一个风险点向另一个风险点传播成功的概率,即风险传播成功率,如式(5-14)所示。

$$Sr(RP^\alpha, RP^\beta) = Tr(RP^\alpha, RP^\beta) \cdot Y(RP^\beta) \quad (5-14)$$

式中:$Sr(RP^\alpha, RP^\beta)$——风险点RP^α向风险点RP^β传播的风险传播成功率;

$Tr(RP^\alpha, RP^\beta)$——风险点RP^α与风险点RP^β间的异构传播率;

$Y(RP^\beta)$——风险点RP^β的受损概率。

根据风险点间的风险传播成功率矩阵和事故风险控制链,进行核心风险点数据筛选并应用:①基于事故风险控制链所规定的风险传播路径筛选;②将数据通过设定阈值排除较低的值,形成的各数据值作为网络边的权重。最终的数据集可以构建形成城市轨道交通系统运营风险传播网络模型 $CN = (G_{CN}, V_{CN})$。其中,网络节点表示为 G_{CN},节点间连接关系用 V_{CN} 表示。

5.2.4 运营风险传播关系研究结果

5.2.4.1 风险点相似关系分析结果

使用面向风险点的改进的协同过滤算法进行风险点相似关系的有关计算,得到事故类别[事故类别文本集 $A_i (i = 1, 2, \cdots, 10)$]对每个风险点的综合评分 $CP(A_i, RP^n)$,部分结果如表 5-4 所示。图片"风险点间的相似度分布"可扫描二维码查阅。该图中,两个风险点间相似度越高,图像颜色越深。对角线是风险点与自身的相似度,数值为 1。

事故类别对风险点的综合评分(部分)　　　　表 5-4

事故类别文本集	列车司机	行车调度人员	乘客	车站作业人员	线路乘务管理中心	乘务人员	调度主管	其他工作人员	维修人员	综控员
A_1	0.210	0.189	0.168	0.147	0.126	0.105	0.084	0.063	0.042	0.021
A_2	0.473	0.455	0.270	0.466	0.242	0.463	0.464	0.465	0.465	0.221
A_3	0.592	0.597	0.604	0.630	0.636	0.657	0.670	0.682	0.684	0.686
A_4	0.727	0.620	1.101	1.078	1.059	1.043	1.025	1.009	0.994	0.980
A_5	1.196	1.215	1.233	1.251	1.270	1.288	1.306	1.324	1.343	1.361
A_6	0.390	0.375	0.360	0.346	0.507	0.336	0.503	0.407	0.407	0.403
A_7	0.564	0.607	0.645	0.678	0.709	0.722	0.747	0.759	0.777	0.785
A_8	0.688	0.681	0.676	0.679	0.673	0.532	0.509	0.698	0.698	0.698
A_9	0.237	0.243	0.247	0.251	0.254	0.247	0.250	0.244	0.329	0.246
A_{10}	0.333	0.489	0.508	0.513	0.509	0.575	0.582	0.589	0.596	0.602

5.2.4.2 风险传播关系研究结果

(1)风险传播基础网络模型构建结果。

通过使用××市城市轨道交通运营企业风险隐患排查清单、日常监测/检测数据、故障记录等统计和调研资料进行计算和应用,根据式(5-7)~式(5-10),得到第 2 章中所有辨识出的风险点对应的不安全概率值的统计情况,如表 5-5 所示。

风险点间的相似度分布

风险点的不安全概率值 表 5-5

大类	编号	风险点	不安全概率	大类	编号	风险点	不安全概率
人员	RP^1	列车司机	0.096529704	设施设备	RP^{35}	隧道	0.009099806
	RP^2	行车调度人员	0.122427917		RP^{36}	ATP 系统	0.013285716
	RP^3	乘客	0.006450364		RP^{37}	车站站台	0.053807152
	RP^4	车站作业人员	0.04708766		RP^{38}	受流器	0.011957145
	RP^5	线路乘务管理中心	0.037670128		RP^{39}	车体内装	0.009099806
	RP^6	乘务人员	0.035315745		RP^{40}	火灾自动报警系统	0.010919767
	RP^7	调度主管	0.042378894		RP^{41}	车钩	0.01637965
	RP^8	其他工作人员	0.021189447		RP^{42}	逆变器	0.015278574
	RP^9	维修人员	0.291943495		RP^{43}	道岔转辙部分	0.026571433
	RP^{10}	综控员	0.04708766		RP^{44}	直梯	0.021839534
	RP^{11}	企业运营管理层	0.070631491		RP^{45}	电力监控系统工作站	0.046500007
	RP^{12}	调度指挥人员	0.108301619		RP^{46}	环境与设备监控系统工作站	0.039857149
	RP^{13}	电力调度人员	0.021189447		RP^{47}	数据通信子系统	0.007307144
	RP^{14}	列车乘务管理员	0.035315745		RP^{48}	水泵	0.009099806
	RP^{15}	环控调度人员	0.016480681		RP^{49}	车站护栏	0.020019572
设施设备	RP^{16}	车体	0.034579262		RP^{50}	广播系统	0.007279845
	RP^{17}	ATP 车载系统	0.026571433		RP^{51}	座椅	0.001460114
	RP^{18}	制动系统	0.053142866		RP^{52}	低压配电与动力照明系统	0.007279845
	RP^{19}	中心 ATS 设备	0.010919767		RP^{53}	继电器	0.024578575
	RP^{20}	信号机	0.052596877		RP^{54}	环境与设备监控系统	0.023659495
	RP^{21}	轨道	0.040039146	环境	RP^{55}	区间环境	0.316074656
	RP^{22}	车站 ATS 设备	0.013285716		RP^{56}	积水	0.105358217
	RP^{23}	车辆段	0.119571448		RP^{57}	地面线沿线环境状况	0.045153521
	RP^{24}	牵引系统	0.084227803		RP^{58}	恐怖袭击	0.043949428
	RP^{25}	ATO 车载系统	0.013285716		RP^{59}	早/晚高峰	0.098886213
	RP^{26}	车门	0.010628573		RP^{60}	雨	0.090307044
	RP^{27}	高压供电系统	0.018199611		RP^{61}	机房	0.10987357
	RP^{28}	扶梯	0.043679068		RP^{62}	异物	0.135460566
	RP^{29}	道岔	0.014559689		RP^{63}	库房	0.054936785
	RP^{30}	低压供电系统	0.010919767	管理	RP^{64}	安全检查	0.332625813
	RP^{31}	桥梁桥面	0.021839534		RP^{65}	培训教育	0.268264293
	RP^{32}	牵引供电系统	0.03792799		RP^{66}	事故救援体系	0.198767545
	RP^{33}	电缆	0.013285716		RP^{67}	管理规章制度	0.143033208
	RP^{34}	接触轨	0.005459883		RP^{68}	事件记录	0.057309141

分别取计算效果明显且相差较大的常数 $\gamma=1.0$ 和 $\gamma=2.0$，基于式（5-6）所述的方法，计算得到风险点间异构传播率矩阵。基于 5.2.3.2 节事故风险控制链所规定的风险传播路径对数据进行初步筛选；设定阈值为系统内全部风险点间异构传播率的均值，进行二值化处理。应用数据构建城市轨道交通运营风险传播基础网络 BN，使用 Ucinet 软件，得到图片"城市轨道交通运营风险传播基础网络（$\gamma=1.0$）""城市轨道交通运营风险传播基础网络（$\gamma=2.0$）"，这两个图片可扫描二维码查阅。当 $\gamma=1.0$ 时，风险传播基础网络共 68 个节点、943 条边，提取出的全部风险点均参与风险传播。当 $\gamma=2.0$（风险传播较为分散）时，风险传播基础网络共 49 个节点、327 条边，网络中的路径为较为明显的风险传播路径。

城市轨道交通运营风险传播基础网络（$\gamma=1.0$）　城市轨道交通运营风险传播基础网络（$\gamma=2.0$）

（2）城市轨道交通系统运营风险传播网络模型构建结果。

根据 5.2.3.3 节所述方法，对辨识出的全部城市轨道交通系统进行运营风险点不安全状态值计算，得到图片"风险点不安全状态值"。该图片可扫描二维码查阅。风险点不安全状态值明显偏高的风险点为人员类风险点列车司机（编号 RP^1）和设备设施类风险点车体（编号 RP^{16}），这与实际情况是相符的。

风险点不安全状态值

根据风险传播基础网络，进一步计算各风险点的受损概率和两点间的风险传播成功率，进行数据筛选并应用：①基于事故风险控制链所规定的风险传播路径筛选；②设定阈值为系统内全部风险传播成功率的均值并排除低于阈值的值，形成的各数据值作为网络边的权重。中间中心性（Between Centrality）意味着复杂网络中一个节点在何种水平上支配另外的点对关系，中间中心性值越大，该节点越处于网络的核心位置。

当 $\gamma=1.0$ 时，城市轨道交通系统运营风险传播网络模型共有个 66 节点、934 条边，几乎第 2 章提取出的全部风险点参与风险传播，但核心节点分布较为明显，尤其是安全检查、培训教育、事故救援体系等管理类风险点作用最为突出，这表明在城市轨道交通系统的运营过程中，管理层面必须得到重视，安全教育和检查培训关于到系统内全体人员的安全意识和行为，而完备的事故救援体系（包括预案）则是预防事故和事后处置能够有效进行的保障。在人员类风险点中，列车司机、调度和维修相关人员在风险网络中的地位最高，需要运营方重点加强培训和规范行为。

城市轨道交通系统运营风险传播网络模型（$\gamma=1.0$）

当 $\gamma=2.0$ 时,城市轨道交通系统运营风险传播网络模型共个 45 节点、334 条边,风险传播成功率越高,网络中两点间的路径越明显。当风险传播较为分散时,这 45 个风险点仍旧有明显参与风险传播的现象,所以均为需要重视并管控的风险点。从关系路径明显程度可以看出,对城市轨道交通系统运营区间环境的安全检查和对维修人员的检查及培训教育是运营方最为需要关注的。

城市轨道交通系统运营风险传播网络模型 ($\gamma=2.0$)

5.3 基于免疫策略的风险传播控制方法

5.3.1 风险网络模型社团辨识

结构性是复杂网络的本质特性,而社团是复杂网络的最重要结构之一。社团(community),或称为"模块"(module)、"簇"(cluster)等,是一组具有相似功能(可指扮演相同的角色,或具相同隶属关系,再或者拥有同一属性)的个体的集合,在社团内节点联系紧密,节点外社团联系松散。根据研究可知,网络社团结构对于风险传播的速度、阈值具有重要影响,因此,辨识网络中的社团结构对于揭示风险传播机理、构造风险传播阈值具有重要意义。在定义中,对于社团中节点联系"紧密""稀疏"界定标准模糊,不能直接用于城市轨道交通系统中。因此,量化描述社团的结构化程度成为研究的重点,学者基于网络节点、边形成了多种社团划分方法,如随机游走方法、模块度方法、密度子图方法等,上述方法在考虑社团内相互关系的同时未考虑对网络的影响,需要提前确定复杂网络中社团结构的数量。因此,在划分社团数量未知的网络时,具有较高的误差和随机性。

在城市轨道交通系统中,设备系统是实现功能的最小单元,系统功能是由不同设备相互配合构成的。因此,引用 Fast Unfolding 算法,在城市轨道交通社团划分过程考虑系统节点的关键节点作为社团中心,以社团内部功能流线作为社团节点联系依据,在社团之间识别关键连接节点,从而获得桥形结构。

城市轨道交通风险网络模型社团结构是指在城市轨道交通风险网络中,围绕某一关键节点而聚集的为实现某种特定功能的节点集合,在社团内连接多节点的连续边称为社团的功能流线,社团间连接节点定义为系统桥节点。

Fast Unfolding 算法由 Vincent D Blondel 等人提出,是一种基于模块度最大值逐轮迭代的启发式算法,具有运算量小、划分结果稳定的优点。Fast Unfolding 算法主要分为模块化最优化和社团折叠两个步骤。

步骤1:模块化最优化

算法首先定义社团聚合的目标函数模块度 Q,衡量社团内连接的紧密程度:

$$Q = \sum_C \frac{\sum \text{in}}{2m} - \left(\frac{\sum \text{tot}}{2m}\right)^2 \tag{5-15}$$

式中:m——网络中所有边的数目;

C——社团编号;

$\sum \text{in}$——社团内部的连边数量;

$\sum \text{tot}$——社团内所有节点度值之和。

通过遍历网络中节点,将节点划分至邻居社团,计算新产生社团的模块化值。若模块度值增加,则将节点划分至对应的邻居社团,否则维持原社团。对整个网络遍历,直至网络不再发生变化。

步骤2:社团折叠

在模块化最优化的基础上,将得到的社团视为新网络的超节点,将社团内的度值、边连接数的属性赋予新的超节点,从而形成新的网络,迭代步骤1。反复循环步骤1、步骤2,使网络的模块度 Q 不再发生变化,则算法结束。

使用 Fast Unfolding 算法对城市轨道交通风险网络模型进行模块化,计算得到的最终模块化值为0.762,将网络系统划分为共18个社团,如图5-7所示。根据社团内关键节点以及主要节点分类,将社团归纳为图5-8所示的18个社团。可以看出,社团间区分明显,社团内连接紧密,社团划分效果较好。社团拓扑属性统计值如表5-6所示。

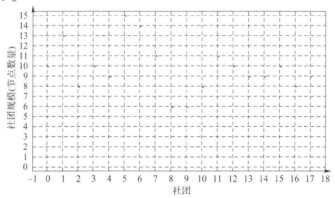

图5-7 城市轨道交通风险网络社团划分

第5章 城市轨道交通系统风险传播控制

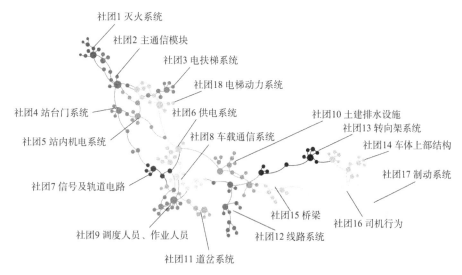

图 5-8 城市轨道交通风险网络社团类别

如表 5-6 所示,从平均度值来看,平均度范围是 1.68~2.36,平均度较低的社团为桥梁、信号及轨道电路等涉及专业性较强的社团,平均度较大的社团为供电系统、转向架系统等与多系统交互的社团。从网络直径来看,社团网络直径范围在 3~5 之间,网络直径较小的社团为电扶梯系统、信号系统等通信、电气类设备,网络直径较大的社团包括供电系统、土建设施等物理结构,也存在司机行为等逻辑因素。从网络密度上来看,线路、土建社团具有最小的社团密度,而桥梁、信号系统具有较大的社团密度。综合三种指标,可以归纳出,不同的社团之间存在拓扑结构的差异,土建、线路等基础设施类社团具有较大的空间跨度以及较低的连接数量,整体呈现带状分布,网络密度低;供电、机电类设备类社团具有很强的中心聚集性,社团内节点中心性强,社团具有较低的直径以及较高的网络密度;车辆类社团、风险影响要素类社团连接度较大,其余属性较为均衡。社团内密度、社团网络直径、社团间连接桥节点等指标为后续研究中风险传播提供了参考。

社团拓扑属性统计值　　　表 5-6

序号	社团名称	平均度	网络直径	网络密度
1	灭火系统	1.78	4	0.222
2	主通信模块	1.80	4	0.200
3	电扶梯系统	1.75	3	0.250
4	站台门系统	1.75	4	0.250

续上表

序号	社团名称	平均度	网络直径	网络密度
5	站内机电系统	1.78	5	0.235
6	供电系统	2.36	5	0.250
7	信号及轨道电路	1.68	3	0.333
8	车载通信系统	1.80	5	0.200
9	调度人员、作业人员	2.18	4	0.218
10	土建排水设施	2.13	5	0.152
11	道岔系统	2.22	5	0.278
12	线路系统	1.85	5	0.143
13	转向架系统	2.20	4	0.244
14	车体上部结构	2.00	4	0.167
15	桥梁	1.68	4	0.333
16	司机行为	1.80	5	0.200
17	制动系统	1.75	5	0.250
18	电梯动力系统	2.00	4	0.236

5.3.2 风险免疫策略约束条件及目标

免疫是指通过人为主动干预,使网络中的节点从感染状态转变为被保护的状态,从而避免再次感染。需要对免疫策略的边界进行限定,提出明确的免疫策略约束条件,确定免疫策略的优劣评价方法,提出明确的免疫策略优化目标。

5.3.2.1 风险免疫策略约束条件

结合实际运营场景,城市轨道交通运营安全管理部门通常分为总体安全监视部门、日常安全监视部门和应急事故预警处置部门,其分别对应网络中的正常运行状态、设施设备故障状态以及系统事故状态。针对相关组织架构,笔者向一线工程师调研了风险管控细节,主要在免疫开始条件、免疫结束条件以及免疫规模上进行了假设。

(1)免疫开始条件。

假设在两种情况下对节点进行免疫,第一种是设施设备在定期维修、检修过程中被发现存在故障时,节点状态值$\sigma_n > \rho_1$(σ_n为节点状态值,ρ_1为判断指标),风险波面值$v_r < 1$,此时免疫属于主动免疫,将风险传播路径在事故发生前切断,对被检测出的单个节点免疫;第二种是当风险链发展演化为事故时的应急救援与事故处

置,此时风险波面值$v_r \geq 1$,此时免疫属于被动免疫,对整条风险传播路径上的所有节点进行免疫。

(2)免疫结束条件。

假设在两种情况下对节点结束免疫,第一种是当节点在免疫后达到免疫时间约束条件$t_{im}(i) > T$,其中$t_{im}(i)$为节点i的免疫时长,T为免疫最大时间。其中,对于部分关键节点采用全时段免疫的方法,即对节点始终保持监控状态;第二种是节点所在社团内无风险激活状态节点,此时节点免疫状态可以解除。

(3)免疫规模。

假设网络中免疫节点的最大值为M,则当网络中免疫节点数$\sum_{net} n_{im}(i) > M$时,新增加的免疫节点将被暂时搁置,其免疫状态将进入等待队列。网络免疫节点数量最大值始终保持为M。免疫规模表示在运营过程中对故障、事故的应急处置能力,当超过处置能力时,未被及时救援的节点可能造成更加严重的后果。

5.3.2.2 风险免疫策略目标

选取合适的决策目标对选取风险免疫策略非常关键,在目前的风险控制策略的选择中,不同利益主体的决策者会以不同的角度选择。本书从城市轨道交通运营企业及乘客两个角度选取决策目标,以最大限度地保证系统的安全。

(1)风险链切断数。

免疫策略的目的是切断风险链,阻止风险继续传播。因此,免疫后切断风险链数量是免疫策略效果最直观的表现。假设在时刻t_0对网络使用了免疫策略,则在t_1时刻风险链切断目标函数W_1可表示为:

$$W_1(t_1) = (t_1 - t_0)^{-1} \sum_{t_0}^{t_1} \sum_{net} \text{num}_{link}(t) \quad (5-16)$$

式中:$\text{num}_{link}(t)$——在时刻t网络中风险链路的数量。

(2)风险激活节点变化率。

网络中风险激活状态节点能衡量网络总体的健康状态,激活状态节点数多意味着免疫策略的效率低下。假设在时刻t_0对网络使用了免疫策略,则在t_1时刻风险激活节点目标函数W_n可表示为:

$$W_n(t_1) = (t_1 - t_0)^{-1}[\text{num}_{node}(t_1) - \text{num}_{node}(t_0)] \quad (5-17)$$

式中:$\text{num}_{node}(t)$——在时刻t网络中风险激活状态节点的数量。

(3)关键社团状态。

网络中社团的状态是网络具体系统的健康状态,关键社团内风险激活状态节点数量多会导致关键设备设施失效,因此,网络中能够正常运行的社团比例表明了免疫策略的效果,风险激活节点目标函数W_s可表示为:

$$W_s(t) = \text{num}_s(t)/S \tag{5-18}$$

式中:$\text{num}_s(t)$——在时刻 t 网络中非正常运行的社团数;

S——网络中总社团数。

5.4 节点风险传播能力评价指标

5.4.1 节点重要性影响指标分析

在免疫策略设置过程中,需要明确各节点在传播过程中的重要性,将传播能力强、作用重要的节点优先免疫,可提高免疫策略的效果和效率。为了衡量计算风险传播链路上任意节点 i 传播能力的大小,需要使用该节点作为单一传染源,借助风险传播模型在网络中进行小规模仿真。根据城市轨道交通风险网络模型的拓扑属性,并计算了完整网络中度与度分布、平均路径长度、聚类系数、度中心性的值大小,另外根据网络模型中的社团划分,计算了社团中平均度、网络直径、网络密度的值。此处选取在评价节点影响力研究中的常用指标:节点编号、中介中心性、接近中心性、度、离心率、特征向量中心度、Harmonic 中心度、PageRank 值。在仿真过程中使用改进的 SIR 模型,对节点逐个以源生事故概率较大的风险进行仿真,仿真过程中随机产生的新事故概率为 0。节点几种重要性评价指标与传播能力的关系如图 5-9 所示。

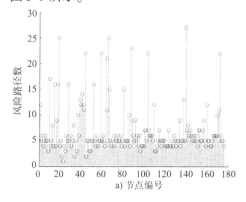
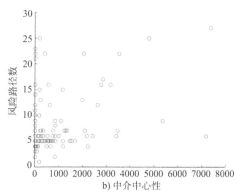

图 5-9

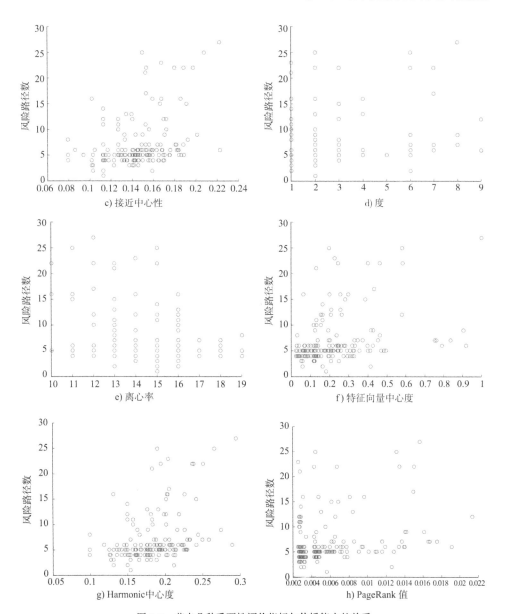

图 5-9　节点几种重要性评价指标与传播能力的关系

图 5-9 中,纵轴表示风险链路的规模数值,横轴表示不同的节点重要性评价指标,散点表示节点感染传播能力与节点重要性指标之间的评价关系。根据图 5-9a)可以发现,节点平均风险链路规模为 5.67 个节点,极值为 27 个。图 5-9b)、图 5-9c)中

节点重要性评价指标与节点传播能力有一定的正相关关系,图 5-9d)~图 5-9h)中不能表现出节点重要性评价指标与传播能力之间的关系。图 5-10 中部分节点按照正相关规律排列,然而其余节点未按照相关关系分布并聚集在传染能力为 5~6 的区间内。单独选择节点发现,随节点在社团结构中位置的不同,节点与传染能力具有不同的相关关系,社团内节点由于相互紧密连接传染能力有限,而连接多社团之间的桥节点及其周边节点传染能力较强。因此,仅采用传统节点重要性评价指标有效地对节点传染性进行评价,需要考虑网络中的社团结构。

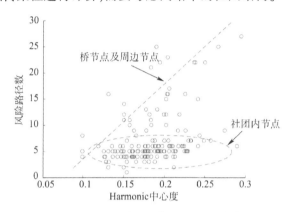

图 5-10　节点位置与风险传播能力的相关关系

5.4.2　基于 INC 指标融合的传播能力评价指标

由于城市轨道交通网络中存在社团结构,风险在网络中的传播过程包括社团内的传播和社团间的传播,因此,一个节点的传播能力不仅要考虑自身属性,包括度、紧密度、介数等,还要考虑该节点与其他社团的外部关系属性,其中连接的外部社团数目(V-community)可以描述节点连接社团的多样性。本小节借鉴李婵婵等提出的一种考虑节点自身及连接外部社团数目的节点重要性评价指标。

对于具有 N 个节点的社团结构网络中,任意一个节点 i 的重要性指标(Importance of Nodes and Community, INC)为:

$$\mathrm{INC}(i) = \alpha f_{\mathrm{in}}(i) + \beta f_{\mathrm{ex}}(i) \tag{5-19}$$

式中:$f_{\mathrm{in}}(i)$、$f_{\mathrm{ex}}(i)$——节点的内部、外部影响力函数;

α、β——节点内部、外部影响因子,$\alpha>0,\beta>0,\alpha+\beta=1$。

定义 $D(i)$ 表示节点 i 的度值,$\max(D)$ 为网络中最大的度值;$P(i)$ 表示节点 i 的 PageRank 值,$\max(P)$ 表示网络中最大 PageRank 值;$C(i)$ 表示节点 i 的接近中心性值，$\max(C)$ 表示网络中最大接近中心性值；$V_c(i)$ 表示节点 i 的 V_c 值，$\max(V_c)$ 表示网络中最大 V_c 值，则 $f_{in}(i)$ 和 $f_{ex}(i)$ 分别为：

$$\begin{cases} f_{in}(i) = \dfrac{D(i)}{\max(D)} \cdot \dfrac{P(i)}{\max(P)} \cdot \dfrac{C(i)}{\max(C)} \\ \qquad f_{ex}(i) = \dfrac{V_c(i)}{\max(V_c)} \end{cases} \qquad (5\text{-}20)$$

选取 $\alpha = \beta = 0.5$，得到 INC 指标与传播能力的关系如图 5-11 所示。可以发现，对比其他节点重要性评价指标，INC 指标与节点分布趋势相关性最强，风险链路越长，其优势越明显。因此，在网络模型中，INC 指标越高的节点其风险传播能力越强，在免疫策略中优先将其免疫能够抑制风险的传播，从而得到更高效的免疫策略。

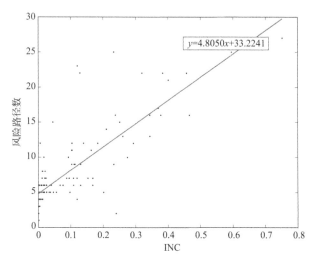

图 5-11　INC 指标与传播能力的关系

5.5　基于节点随机自游走算法的免疫策略生成

5.5.1　随机自游走算法

制定免疫策略需要基于风险链切断数、风险激活节点变化率、关键社团状态三个目标展开，结合城市轨道交通运营现状提出可行的免疫策略。免疫目标为系统级指标,免疫策略应该针对全局最优化结果制定,故需要了解网络全局状态信息。在实际运营中,实时获取全部节点的信息状态需要消耗巨大的人力物力,难以真正实现,运营者对于系统节点的状态仅是部分可知的。由于信息的不完备,传统免疫策略如针对特定感染节点的目标免疫方法难以实现,而对所有节点等同处理的随机免疫方法效率低且具有一定的盲目性。基于随机节点选取,邻域搜索的熟人免疫符合城市轨道交通免疫策略的要求。需要提出一种节点随机选择方法,在符合实际情况的前提下最大限度地保证对网络中节点的遍历。考虑网络中社团结构及拓扑属性值,选取网络节点随机游走算法进行改进。

随机游走(random walk)是图论中的重要算法,在数据挖掘领域有广泛的应用。随机游走算法构建多个随机游走器(random walker),随机游走器从某个节点初始化,之后在每一步随机游走中,随机地访问当前节点的某个邻接节点,从而对网络进行遍历,其著名应用为 PageRank 算法。随机游走算法流程见表 5-7。

随机游走算法流程 表 5-7

步骤	内容
1	确定初始迭代点 v_0,初始步长 λ,控制精度 ε,其中 ε 为极小的正数
2	确定迭代次数 N,k 为当前迭代次数,设置 $k=1$
3	当 $k<N$ 时,计算点 v_0 的目标函数值 $f(v_0)$
4	依次计算邻域 λ 个步长内的所有节点函数值 $f(v)$,若存在 $f(v)>f(v_0)$,即找到了一个比初始值好的点,节点跳转至新节点,那么 $k=1$,跳转步骤 2,否则 $k=k+1$,跳转步骤 3
5	当 $k=N$ 时,若不存在更优解,则认为当前选择节点为最优解,此时,若 $\lambda<\varepsilon$,则找到了最优解,结束算法,否则 $\lambda=\dfrac{\lambda}{2}$,返回步骤 2 计算

随机游走算法存在计算规模大、受初始节点影响大的问题,需要进行以下改进:

(1)增加回避机制:在邻域选取过程中,部分节点会被多次重复计算,将会增加算法的运算规模和运算时间。因此,增加回避机制,节点在搜索邻域过程中需要判断下一个节点是否被搜索过,若被搜索过则不能搜索,否则可以搜索。

(2)多社团分布式处理:算法求解的时间、效率受初始节点选取影响较大,部分初始节点可能导致网络状态搜索不完全而陷入局部最优。多社团分布式处理以多社团为单元,通过在每个社团内设置随机游走器从而增加搜索的效率,减少初始节点对结果的影响。

图 5-12 为单社团内自避免随机游走算法示意图。v_0 为随机选择初始节点，v_4 为终止节点，节点标号为游走顺序。游走节点选择其邻域目标函数值更大的节点，并避免对已搜索的节点进行遍历。当搜索至社团边界时，算法停止。

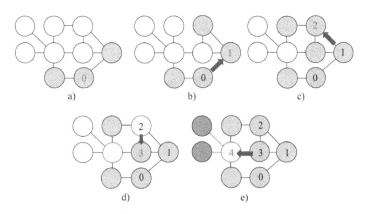

图 5-12 单社团内自避免随机游走算法示意图

5.5.2 基于城市轨道交通风险传播路径的免疫策略生成方法

根据节点随机游走算法对网络节点进行状态搜索以及优化的过程，需要将算法相关概念引入城市轨道交通系统。

（1）初始点选取：基于城市轨道交通运营特点，安全巡检及定期检查通常以子系统为单位展开，不同单位具有不同的巡检周期及巡检粒度，因此，随机游走器以社团为单位设置。在每个社团内随机选择初始点，独立进行游走搜索。

（2）节点重要性排序：在随机游走算法中需要对邻域节点的目标函数进行判断，为了达到更好的免疫效果，选择邻域中传染能力最强（INC 指标最大）的节点游走，选取并计算邻域节点的 INC 状态值，排序选择最大值为游走方向。

（3）免疫刷新机制：在正常状态下，游走节点以固定周期 T 对网络进行游走，当游走节点搜索邻域时发现节点存在感染状态，则免疫开始；或者，在某一时刻，当网络中风险传播路径突破风险波面而产生事故时，对风险传播路径进行免疫，以路径中随机节点为初始节点进行免疫。

结合自避免随机游走算法及 INC 指标，可得到城市轨道交通免疫策略生成方法，如表 5-8 所示。

城市轨道交通免疫策略生成方法 表 5-8

步骤	内容
1	确定控制精度 ε,其中 ε 为极小的正数
2	在每个社团 c 中设置随机游走器 rw_c,确定每个游走器的游走周期 T_c
3	判断网络中节点状态,若存在事故,跳转步骤7,否则跳转步骤4
4	在每个社团内,确定迭代次数 N,k 为当前迭代次数,设置 $k=1$
5	当 $k<N$ 时,计算初始点 v_0 的 INC 指标值 $INC(v_0)$
6	对 v_0 邻域进行搜索,计算邻域内所有未被标记节点 INC 指标值 $INC(v)$,并将这些节点进行标记
7	将所有感染节点为免疫状态,对新标记的邻域节点进行 INC 指标排序
8	当 $k<N$ 时,初始节点跳转至邻域中 INC 指标最大的节点,跳转步骤3,若无未标记的邻域节点时或当 $k=N$ 时,跳转步骤9
9	判断网络中免疫节点规模约束,若 $\sum_{net} n_{im}(i) > M$,暂停设置新免疫节点
10	将该社团计时器 t_c 重置,当计时器 $t_c = T_c$ 时,跳转步骤3

为了判断免疫策略的效果,将节点随机自避免游走免疫策略和随机免疫策略、目标免疫策略进行比较,取 $M=50$。因此,随机免疫策略在网络中随机均匀选择50个节点进行免疫,目标免疫选取节点中度值排名前50节点(排名重复参考介数指标),根据社团直径及社团拓扑重要性,节点随机游走算法参数取值见表5-9。

节点随机游走算法参数 表 5-9

序号	社团名称	周期 T_c	迭代次数 N
1	灭火系统	169	12
2	主通信模块	167	12
3	电扶梯系统	171	9
4	站台门系统	171	12
5	站内机电系统	169	15
6	供电系统	127	15
7	信号及轨道电路	179	9
8	车载通信系统	167	15

续上表

序号	社团名称	周期 T_c	迭代次数 N
9	调度人员、作业人员	138	12
10	土建排水设施	141	15
11	道岔系统	135	15
12	线路系统	162	15
13	转向架系统	136	12
14	车体上部结构	150	12
15	桥梁	179	12
16	司机行为	167	15
17	制动系统	171	15
18	电梯动力系统	150	12

首先,在网络中随机设置风险激活状态节点 $v \in \{v_1, v_2, \cdots, v_n\}$,使网络中节点状态不随时间变化,从而模拟在系统中产生的设施或设备故障。使用三种方法生成免疫策略,其结果如图 5-13a)所示,其中横轴为实验开始的时间,纵轴为网络中感染节点的数量,在网络中随机选取 18 个节点使其处于感染状态。从实验开始,采用节点随机游走算法(图中 INC)进行模拟。为了可视化区分,在不同的时间点采用了随机免疫(图中 RAN)及目标免疫(图中 AI)。可以发现,对于静态节点,在采取免疫措施后网络状态不再变化,随机免疫与目标免疫相比,免疫节点更多,但均不能彻底免疫。节点随机游走算法免疫在网络中使用 68 个单位时间遍历的网络,免疫了全部感染节点。在网络中随机选取 18 个节点使其处于感染状态,将感染节点设置为动态节点,可在网络中进行风险传播。三种免疫方法同时进行仿真,同时采用免疫策略进行控制,结果如图 5-13b)所示。可以发现,随机免疫策略在采取初免疫数量最多,但随风险传播感染节点上升最快,并在一段时间(10 单位时间)后趋于稳定;目标免疫策略感染节点上升数量低于随机免疫,并且节点数随部分风险激活态节点能量衰弱而逐渐降低;随机游走免疫策略在采取初没有明显效果,并且逐渐出现感染高峰,最终在 74 单位时间内遍历网络清除了感染节点。通过实验对比,发现随机游走免疫策略在对风险传播路径的切断、局部故障搜索具有较好的效果。免疫策略评价指标如表 5-10 所示。

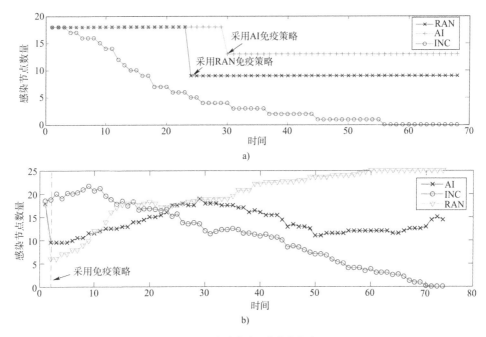

图 5-13 免疫策略网络节点状态

免疫策略评价指标　　　　　　　　　　　　　　　　表 5-10

参数名称	节点随机游走	随机免疫	目标免疫
风险链切断数	0.216	0.054	0.095
风险激活节点变化率	0.243	0.108	0.162
关键社团状态	1	0.722	0.778

5.6 本章小结

本章研究了基于节点随机游走算法的风险免疫控制策略生成方法,分析了在风险免疫过程中的起止条件、规模约束,从风险链切断数、风险激活节点变化率和关键社团状态三个方面评价免疫策略。基于网络结构及社团影响力,提出了基于 INC 指标融合的传播能力评价指标,验证了其准确性。基于节点随机游走算法以及 INC 指标得到了城市轨道交通风险免疫策略生成方法,并与随机免疫、目标免疫进行结果对比,对比表明节点随机游走算法具有更高的搜索效果和风险链切断能力。

第6章　城市轨道交通系统风险管控

针对城市轨道交通系统的风险管理需求,本章概述了城市轨道交通系统风险管控核心及目标,基于分层递阶智能控制理论,建立以风险点为控制对象的城市轨道交通系统分级递阶结构,并结合 PDCA(计划-执行-检查-处理)的递阶循环管理理念,以风险管理与隐患治理为目的,构建分级递阶循环协同控制(Hierarchical Cycle Cooperative Control, HCCC)模型,为城市轨道交通系统风险管控工作提供模型依据。

6.1　风险管理需求

城市轨道交通系统是一个涉及人-机-环-管的复杂系统,在实际运营过程中不可避免地存在着诸多影响运营安全的风险,其运营安全事故的发生往往是多因素导致。根据轨迹交叉事故致因理论的观点,通过避免人的因素和物的因素运动轨迹交叉,可以预防事故的发生,即避免人的不安全行为和物的不安全状态发生于同一时间、同一空间,或者说避免人的不安全行为与物的不安全状态相通,如图 6-1 所示。

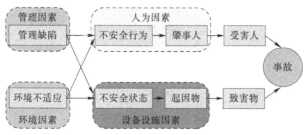

图 6-1　轨迹交叉事故致因理论模型

由上述分析可知,消除物的不安全状态和人的不安全行为可以更有效地避免事故。但是受实际技术、经济等客观条件的限制,完全杜绝生产过程中的风险、隐患几乎是不可能的,而且人的行为上自由度较大,其思维情绪容易受影响。不止如此,城市轨道交通系统作为庞大的复杂系统,运营过程中还存在着诸多的潜在安全隐患、管理制度上的缺陷以及环境不适应性等不利因素。

为了有效地防止事故发生,必须采取措施控制所有风险、消除一切隐患。以系统化管理模式为手段,通过控制人(工作人员、乘客)的不安全行为,监控物(设备、设施)的不安全状态,使人和物能够应对环境的不安全因素,并在实践运营过程中不断总结和完善管理上的缺陷,降低事故发生的概率。

风险是客观存在且不能消除的,具有不确定性因素存在,保障系统安全必须要加强对风险的控制和管理,解决系统中"想不到"的问题。隐患即系统中隐藏的祸患,包括人的不安全行为、物的不安全状态、环境的不利因素以及管理上的缺陷,它是导致故障或事故发生的直接原因,一旦识别出来必须予以消除,解决系统中"管不住"的问题。诸多因小故障未能及时得到有效的处置而引发大影响的典型事故案例进一步说明了及时有效地处置故障情况在安全保障工作中的重要性。因此,为了实现系统化的安全运营管理,基于风险、隐患与事故的内在逻辑关系,明确以下两点城市轨道交通系统安全保障工作的管理需求:

(1)需求一:消除隐患避免出现故障。

针对城市轨道交通运营安全影响要素,采取积极主动的预防性措施,控制人的不安全行为,消除物的不安全状态,应对环境的不安全因素,完善管理上的缺陷,排查治理一切隐患,避免系统部件失效,出现故障情况。

(2)需求二:处理故障避免发生事故。

在城市轨道交通运营过程中,一旦出现故障情况,应采取及时、有效的处理措施,减小故障影响范围,控制故障影响后果,牢记"小故障,大影响",避免事件升级为事故。风险点和隐患点均可导致失效的发生。失效是状态,故障是事件,可以说失效是故障发生的直接原因。事故的发生,是系统功能的故障,可能迫使系统暂时或较长期地中断运行,也可能造成人员伤亡、财产损失或者环境破坏,或者其中二者或三者同时出现。故障和事故均表示要素对象的状态出现了问题,只是其影响程度不同、造成的结果不同,即事故比故障更严重。因此,风险及隐患是事故发生的必要条件,事故是风险管控不当、隐患处置不当的后果。

风险监测管控是预防事故的第一道防线,而隐患排查整改是预防事故的第二道防线,是对风险管控失效的补位。因此,需要管控好第一道防线和第二道防线,将存在的风险辨识出来并采取相应的措施进行管控,通过隐患排查治理工作将失效、弱化、缺失的危险识别出来并及时治理,避免失效及故障的发生,及时消灭事故苗头。一旦发生故障现象,应及时处理减小其影响,尽可能避免系统级失效的出现进而导致事故和较大损失。

安全管理需求示意图如图 6-2 所示。

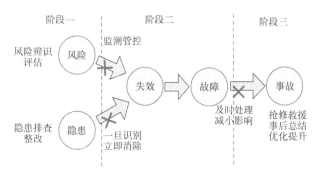

图 6-2 安全管理需求示意图

6.2 基于本体的主动安全知识图谱构建方法研究

知识图谱对世上的概念、实体和关系开展结构化的描述。知识图谱的目标在于建模、判别、察觉和推理事物间的繁杂关系,它已被广泛应用于知识搜索、言语理解、决策分析等。知识图谱涉及的领域如图 6-3 所示。本章的研究目的是以城市轨道交通运营风险知识和关联关系为基础,构建面向城市轨道交通运营主动安全的领域知识图谱,并为更好地组织城市轨道交通运营安全管理及主动决策提供支持。

知识图谱本质为结构化的语义知识库,它采取符号方式表达外界的概念及其间的各种关系,基本组成单位是"实体-关系-实体"三元组以及实体及其相关属性,实体之间借由关系互相链接,结成网络形式的知识结构。实体是知识图谱中的一个语义本体,有时也被称为对象或实例;属性指描述一类实体或实体某方面的特性;关系则是语义本

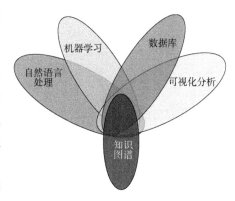

图 6-3 知识图谱涉及的领域

体的关系,用以将实体连接起来。构建知识图谱是一项系统性的工程,知识图谱与数据库、信息化检索、自然语言处理、可视化分析、机器学习等智能技术密切相关。

领域知识图谱,指的是知识图谱在细分领域的聚焦,如医药、教育、金融领域知识图谱等。领域知识图谱涉及较多的领域专业知识,在知识表示方面深度更深、专业程度较高。在知识应用方面,由于专业知识的密集性,其可推理的链条更长远、更复杂。不同领域内的知识图谱构建都有其特殊性,一般来讲领域知识图谱的构建主要包括面向领域的模式和本体构建、领域知识抽取和领域图谱构建三个步骤,涉及知识表达与模型建立、知识获取、知识存储、检索及推理等几项关键技术。领域知识图谱的构建,除了要借鉴通用的知识图谱构建方法,还要针对性地设计模式,利用自然语言处理技术抽取可靠的行业信息并进行信息整合,最终形成可用的知识图谱。城市轨道交通运营主动安全知识图谱构建方法如图6-4所示。

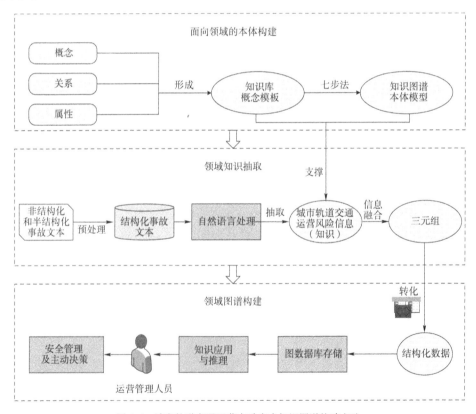

图6-4 城市轨道交通运营主动安全知识图谱构建方法

本体模型是结构化知识库的概念模板,第一步骤中通常包括关系定义、实体及类型定义、类层次定义以及属性定义等内容,借助本体库能够实现并约束实体类型及实体关系。知识抽取位于本体模型之下,这一步骤内主要完成对非结构化和半结构化文本的知识抽取,形成城市轨道交通运营风险信息和数据,并进行进一步的知识融合,通常形成(实体1、关系、实体2)和(实体、属性、属性值)此类的三元组知识表达形式,从而形成完整的知识库。最后一步由一系列事实组成,知识将转化为结构化的数据存储,借由图数据库当作存放的媒介从而形成知识的"图谱",并可以实现知识推理和辅助决策等功能。

6.2.1 主动安全知识图谱本体模型

知识图谱的本体模型是最顶层的、用来规范数据的知识结构,能够为知识库中的实体和关系建立明确的语义联系。本节中的城市轨道交通运营主动安全知识图谱本体模型构建的基础是确定实体概念及关系类型,而实体概念及关系类型则是依托于第5章的城市轨道交通系统运营风险传播机制而提出的。

6.2.1.1 实体概念及关系类型确定

对于某一具体的应用领域,知识图谱需要关联和集成的知识是有限的,因而知识需求也是相对有限的。具体领域的知识图谱需要较强的知识准确程度,因此构建城市轨道交通运营主动安全知识图谱的第一步是领域模式层的构建,属于知识建模的范畴。领域内模式层的构建涉及确定专业领域和范畴、定义领域内的术语和概念等、数据分析与处理、图谱设计与优化验证等。领域内的知识图谱模式构建通常有自底向上(bottom-up)和自顶向下(top-down)两种方式。所研究的城市轨道交通运营安全领域内的概念大部分都有迹可循,存在较为明显的知识架构,实体大都能够与概念相对应,因此采用自顶向下法(top-down)构建面向城市轨道交通运营主动安全的知识图谱模式,从最顶层对领域内相关概念和关系进行分析定义,并逐步往下进行细化形成类似树状结构的图谱概念模式;将各种概念、关系和关系类型分析联系,搭建城市轨道交通运营安全本体模型。因此,首先需要挖掘安全风险本质和事故发生的规律特点,进而明确领域内的有关概念及关系。以对大量事故案例数据的发生过程和作用机理为基础,结合前面内容,首先给出风险的合理定义,并据此提出知识图谱中几大类实体的概念。

国际标准化组织(International Standardization Organization,ISO)在ISO指南《风险管理指南》标准(ISO31000:2018 Risk Management—Guidelines)中对风险的定义是:不确定性对目标的影响。其中,影响是指与预期的偏差,可以是积极的、消极的或两者兼而有之,可以锁定、创造或导致机遇和威胁。目标可以是不同方面和类别,并可在不同层面上应用。然而该定义存在一定局限性,在此基础上首先给出城市轨道交通系统运营风险的合理定义。

定义 6.1 风险:风险是事物本身所固有的一种属性,通常用来描述危害事件发生的可能性和潜在后果严重程度的组合,人们对其认知具有不确定的主观性。任何事物都存在一定的风险,风险是客观存在的、不可消除的。不确定的主观性则表示,不同人对风险的认知程度不同,基于某些认知一些风险带来的消极效应可以通过一定的手段被人类减少或消除。

在第 2 章阐述辨识城市轨道交通系统运营风险点的方法时,已经提到过风险点的定义。基于定义 6.1 的风险定义,这里再次给出完整的风险点定义,并将风险点作为知识图谱实体之一。

定义 6.2 风险点:在城市轨道交通系统运营和生产过程中可能产生或传播风险的系统组分节点称为风险点。一个风险点可能有若干种风险属性。

系统内的风险有概率会沿着风险传播路径进行传播,进而对人或物产生不利影响,可能引起事故。结合这一本质现象,为方便城市轨道交通运营主动安全知识图谱本体模型的构建,分别提出风险事件、前馈信号的概念,并对事故进行更准确的定义。

第 3 章中提到,当风险点(孔洞)发生状态变化正好连成了一条足以通过的通路,不安全的因素就能穿过,最终可能导致事故发生。结合 5.2.3.1 节的城市轨道交通系统运营的风险传播机制,系统内的风险点有一定概率转变为失效(受损)状态且会以不同概率将风险传播给其相邻节点。在信息抽取领域中,事件是产生于特定时间段、特定地域范围内,由一个或多个角色参与的一个或多个动作形成的事件或者状态的改变。因此,风险点变为失效(受损)状态且对其他风险点发生风险传播作用,这一动作或现象正可以描述为风险点所发生的事件。结合以上分析,提出风险事件的定义。

定义 6.3 风险事件:风险点状态发生变化并通过单独或相互作用引起的一系列事件,是使潜在的危险转化成为现实的损失的媒介。风险事件是引起事故或者扩大事故发生的前提条件。

结合 5.2.3.1 节的风险传播机制可知,随着系统中风险传播的进行,当风险传播路径末端的某风险点产生风险事件(发生状态改变和风险传播)时,整个系统总体会到达危险状态——事故发生前的临界状态。认为风险传播路径末端的这一风险点所产生的风险事件是极为关键的,遏制该风险事件的发生就是在最后关头掐

断风险传播发生事故的可能。因此,将这一风险事件视为事故发生的前馈信号,提出以下定义:

定义 6.4　前馈信号:前馈信号是超过特定安全底线的事件,意味着即将要发生事故的信号。在向事故发展的过程中,当前馈信号出现时就表示危险源已经发展到了接近事故的临界状态。前兆信息一般意味着一个或多个安全系统的完全失败,或者是多个安全系统的部分失败。

进一步地,也提出了城市轨道交通运营系统过程中事故和措施的概念。

定义 6.5　事故:在生产活动过程中,由于人们受到科学知识和技术力量的限制,或者由于认识上的局限,当前还不能防止或能防止而未有效控制所发生的违背人们意愿的事件序列。事故的发生,可能迫使系统暂时或较长期地中断运行,也可能造成人员伤亡、财产损失或者环境破坏。

定义 6.6　措施:指针对系统内的风险点采取的措施,包括防控型措施、治理型措施以及救援型措施。措施是对风险点采用和实施的,关系作用对象为风险点,因此二者是实施关系。

因此,在所构建的城市轨道交通运营主动安全知识图谱模式层中,首先引入风险点、风险事件、前馈信号、事故和措施五大类实体。在引入实体类型的基础上,根据风险传播机制,以风险点产生事件为核心理念,定义实体间的关系的种类。关系类型信息表如表6-1 所示。

关系类型信息表　　　　　　　　　　　　　　表6-1

关系类型	含义描述	关系实例
风险点-风险事件	风险点可单独、或与其他风险点共同作用产生一个或多个风险事件,风险事件隶属于风险点	<站台员,产生,未监管施工作业>
风险事件-风险点	某风险点产生的风险事件可以作用于(影响)其他风险点	<未监管施工作业,影响,自动扶梯>
风险点-前馈信号	当不断发生风险事件进行风险传播,导致系统出现不安全状态或部分失效时,一些风险点可能产生前馈信号,前馈信号隶属于产生它的风险点	<冷却塔,产生,起火冒烟>
前馈信号-事故	前馈信号是即将要发生事故的信号,产生的前馈信号将最终发展成为(导致)事故	<起火冒烟,导致,火灾>
措施-风险点	措施对风险点采用和实施,作用对象为风险点	<加强安全培训,实施于,调度人员>

6.2.1.2 主动安全知识图谱本体模型

本体即"Ontology",最初起源于哲学定义。在一定的领域范围内,本体用以指导人对现实世界的事物和术语概念,根据认知开展建模。知识图谱并不全然依靠于本体,但本体标准化的概念系统和建模方法可从根本上规范知识图谱的构造。本体的定义包含着四层含义:

(1)共享:本体反映知识是一致肯定的,本体将公认的术语集合映射在领域内。
(2)概念化:指本体对于事物的描述形成一套概念体系。
(3)明确性:指本体所有的术语、属性和公理都有鲜明的界定。
(4)形式化:指本体可借由计算机识别理解。

依据本体的层次,有学者曾将本体分为四大类:顶层本体、领域本体、任务本体和应用本体,如图6-5所示。顶层本体研究通用的概念以及概念间的联系,如空间、时间、事件、行为等,与具体的应用无关,完全独立于限定的领域,因此可以在较大范围内进行共享;领域本体研究的是特定领域内的概念及概念之间的关系;任务本体定义一些惯用任务或者相关推理活动,来表述具体任务内的概念和关系;应用本体用以描述些特定的应用,既可以选用领域本体中一定的概念,又可以选用任务本体中产出的概念。

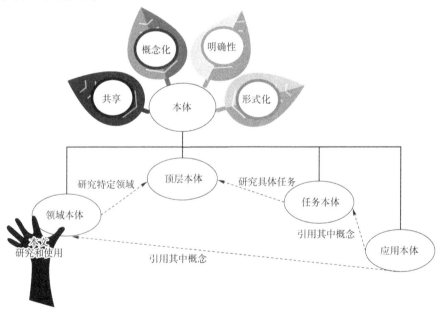

图6-5 本体的分类

研究和构建的正是领域本体模型,领域本体通常用来描述一个特定的领域的知识,并突出和强调该领域内的概念以及概念之间的关联关系,领域本体模型刻画了人们对某特定认知领域的一个基本框架。特定领域的知识图谱中通常充斥着较多的实体及关系实例。通过建立领域本体知识库,可以用概念对知识图谱中的所有相关实体进行表示,同时揭示实体之间内在的关系。领域本体(框架)与实例的关系就像人的骨骼和血肉之间的关系。在知识图谱拟建到位后,经过本体的语义关联和组织的知识可以用于推理和检索。因此,城市轨道交通运营行业需要完成符合数据语法规则的数据模板制定并构建具备指导意义的本体。

基于前文所述内容,城市轨道交通运营主动安全知识图谱模式层中的本体模型应该以风险点、风险事件、前馈信号、事故和措施为主要的实体,通过实体概念间的主要关系(包括作用关系、因果关系等)将实体概念连接起来。构建本体有很多种方法,常见的有七步法、KACTUS 工程法、METHONTOLOGY 法(专用于构建化学本体)、骨架法(专用于构建企业本体)、TOVE 法(专用于构建关于企业建模过程的本体)、基于叙词表的领域本体构建等。本研究选择使用目前发展较为成熟的七步法,来构建城市轨道交通运营主动安全知识图谱本体模型,步骤如下:

(1)确定本体的专业领域和范畴。

研究的领域即为城市轨道交通运营安全领域;研究的目的是城市轨道交通运营中的安全风险知识明确化、系统化,为构建城市轨道交通运营主动安全知识图谱提供支撑;本体的范畴为所有可能导致城市轨道交通运营事故发生的相关安全风险因素。

(2)考查复用现有本体的可能性。

本研究构建知识图谱的主要功能为知识推理与辅助决策。经过有关文献调研,目前现有的城市轨道交通运营安全领域的本体结构不能较好地满足要求,所以没有可复用的本体。但一些其他行业的本体结构,如医学、化学领域,有比较重要的参考价值,本研究可以进行借鉴。

(3)列出领域内(本体中)的重要术语。

本体中的重要术语大都与城市轨道交通运营主动安全知识图谱领域模式内的术语相同,见 6.2.2.1 节,不再赘述。

(4)定义类和类的等级体系。

对应第 2 章中的专业词库构建方法,风险点分为人员、设备设施类、管理类和环境类四个大类,涉及词库中的一级、二级、三级、四级四个等级。同样对应第二章的事故分类,事故也分为 10 个类别,前馈信号依据事故类别再进一步细化。措施分为防控型措施、治理型措施和救援型措施三类。除风险点外,其余实体的类不涉及等级。

(5) 定义类的属性。

风险点和事故是本领域本体概念层的核心构成,类的属性主要是指城市轨道交通系统运营中风险点的等级和类别属性、事故的信息属性及措施的信息属性。

(6) 定义属性的分面。

属性的分面是指属性的属性,如属性的类型、容许值、取值个数等。在计算机领域中,用来说明属性是字符型、数值型、日期、对象实例、对象类、文件路径等类型。城市轨道交通运营安全领域则主要涉及的是字符型数据。

(7) 创建实例。

与前文所述内容相符合,使用"七步法"中的前六步定义并确立了城市轨道交通运营安全和事故领域中的主要的概念、术语、关系及属性,完成了知识图谱本体概念层的顶层设计,能够适于展开实例创建及实例间关系的填充。如图6-6所示,该图构建了以"防什么、怎么防"为核心理念的城市轨道交通运营主动安全知识图谱本体模型。

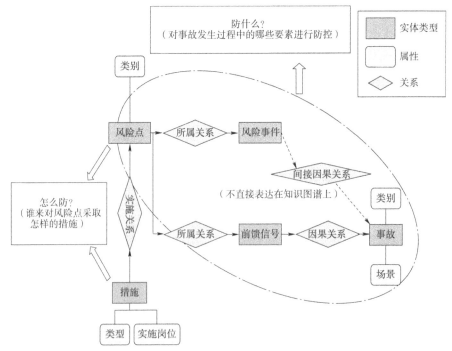

图6-6 城市轨道交通运营主动安全知识图谱本体模型

6.2.2　主动安全知识图谱知识库构建方法

知识抽取是知识图谱构建过程中比较重要的一个环节,知识的内容直接决定了知识图谱的内容质量的好坏。图谱的知识库构建,本质是知识图谱本体模型概念化内容的实例化,将实际的知识抽取出后按照本体所定义的结构进行关联。知识库构建流程如图 6-7 所示。如第 2 章所述,城市轨道交通运营安全领域的事故数据多以半结构数据和非结构文本数据为主,需要经过专业的自然语言数据处理后,提取出相对结构化的领域数据,并将结果格式化为统一的知识表示形式。主题建模和句法分析都是自然语言处理中的重要方法,参考近期研究,在对事故数据进行预处理的基础上,基于主题模型和主题强度针对某类典型事故场景的信息进行风险主题建模,通过依存句法分析和语义角色标注方法对事故信息内容抽取语义三元组,最终达到挖掘城市轨道交通运营事故文本中蕴含的风险信息的目的,并为知识可视化奠定基础。

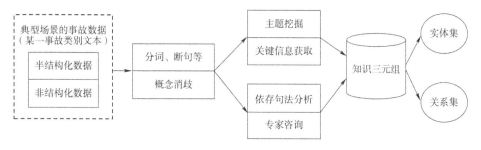

图 6-7　知识库构建流程

（1）事故文本数据预处理。

在第 2.1 节中,将全部获取到的事故文本划分为火灾(含爆炸)、列车脱轨等多个类别,且每个类别的文本构成了一个事故类别文本集 $A_i(i=1,2,\cdots,10)$。针对某一个典型事故场景,选取某一个事故类别文本集作为分析和处理对象,进行分词和断句的数据处理。对于中文文本分词的识别准确性和事故文本中一义多词的问题,使用城市轨道交通运营安全专业词库的专业词汇和搭配来解决,将文本中表达意思一致的词语归结到一致的专业概念下,完成概念的消歧。

（2）典型事故场景的风险信息主题挖掘。

第 2 章中已经对主题模型及其应用的有效性进行了明确的介绍,并完整阐述了对于城市轨道交通运营事故文本的基于单词共现的主题模型(BTM 主题模型)的词语及概率提取方法。如果以某一类城市轨道交通运营的典型事故类型为研究对象,该类型事故文本中所包含的风险知识和信息可以作为知识图谱知识层构建的重要依据。主题模型可很好地表达文字中词汇特性项之间的内在联系,图谱的知识三元组也视为多个词语特征项,因此可利用主题模型将知识三元组进行组织,描绘其联系并推动潜在规律的发现。综上所述,通过主题模型的应用,可以获取事故文本中的关键知识(关键词),为风险点及三元组的提取提供部分依据,还可以将某类典型事故的全部信息包含的潜在风险模式抽象为不同的文本主题,信息中对应概率较高的几个文本主题反映了该类不安全事件中的几种主要风险模式。通过主要风险模式的分析,可以归纳获取前馈信号的主要类型。

(3)典型事故场景的知识三元组抽取。

三元组是最为常用的知识表示方法,可以描述世界上存在的各种实体或概念及之间的复杂联系。三元组抽取是构建一个领域内的知识图谱非常重要的前置任务,其主要内容是指从文本数据中提取(主体 subject,关系 relation,客体 object)形式的 SRO 三元组。中文文本存在单个字符语义表征不足、长字符序列的语义遗忘和中文词语的多义性等问题,为三元组的抽取带来了较大的挑战。以典型事故场景文本为研究对象,无法满足需大量标注数据的深度学习方法。基于依存句法分析的抽取方法可以为三元组抽取奠定基础并取得不错效果。为获取实体及实体间的关系,基于依存句法分析对典型事故场景的知识三元组进行抽取,抽取完成后对行业专家进行咨询,重点关注风险点、风险事件和措施等实体概念和其间的关系。

依存句法分析(dependency syntactic parsing),原由语言学家阐明,用树的样式来叙述文本语句中词汇之间和句法上的搭配联系,构成一种语言组织的构架。依存句法的根本假定是所有句法结构本质上都包含着词之间的依存(修饰)关系,这是一种支配与被支配的不对等关系。在一个句子中如果一个词修饰另外一个词,则称修饰词为从属词或依存词(dependent,处于被支配地位),被修饰的词称为核心词(head,处于支配地位),两者间的关系称为依存关系。一般来说,在依存句法分析中,"谓语"中的动词为某语句的中心,除此以外的成分都直接或间接地与动词产生关系。依存句法分析示意图如图6-8所示。

一般而言,依存句法分析标注关系类型如表6-2所示。

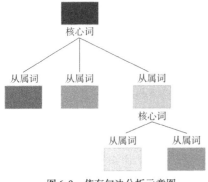

图6-8 依存句法分析示意图

依存句法分析标注关系类型　　　　　　　　　　表 6-2

关系类型	标签(Tag)名称	关系类型	标签(Tag)名称
主谓关系	SBV	动宾关系	VOB
间宾关系	IOB	前置宾语	FOB
兼语	DBL	定中关系	ATT
状中结构	ADV	动补结构	CMP
并列关系	COO	介宾关系	POB
左附加关系	LAD	右附加关系	RAD
独立结构	IS	核心关系	HED

基于事故文本的依存句法分析对典型事故场景的知识三元组进行半自动化抽取，主要是基于依存句法分析的结果，抽取以谓词（触发整个三元组发生，一般动词居多）为中心的知识三元组。参考前人有关研究，所设基本前提和抽取规则如下：

①依存句法分析会得出一个句子的核心谓词（动词），但是句中可能存在与该核心谓词呈现其他关系的多个谓词。句子中的每一个谓词（动词）分别对应三元组中一个风险事件或措施。

②句中有谓词存在并列关系，呈现并列关系的谓词（动词）可组成一条谓词（动词）链，共享同一个主语。

③以句中谓语为核心，若判断存在主谓关系且关系中名词并列，则这些名词共享同一个谓词。

④以句中谓语为核心，确定句中存在动宾关系且关系中名词并列，则这些名词共享同一个谓词。

⑤如果句中存在主谓及动宾关系，直接抽取＜主语，谓语，宾语＞对应三元组。

⑥如果句中仅含有主谓关系，则发现动补结构或介宾关系的核心内容作为补充知识，抽取＜主语，谓语，补充知识＞知识三元组。

⑦如果句中仅含有动宾关系，则发现定中关系的核心内容作为补充知识抽取＜补充知识，谓语，宾语＞三元组。

由前文所述，由于事故文本语料可能中存在描述问题以及自然语言提取方法存在误差，在获取所有的知识三元组后，对城市轨道交通行业和运营企业的多位专家及运营人员进行咨询，依据专家意见和所构建的城市轨道交通运营安全专业词库对所有的三元组内容进行人工修正，并重点获取＜风险点，风险事件，风险点＞和＜实施岗位，措施，风险点＞的三元组结果。

6.2.3 主动安全知识图谱构建与应用方法研究

6.2.3.1 火灾场景知识图谱应用构建实例

图数据库采用图结构开展查询，它的数据模型利用结点和边来映现，可进行数据的增、删、改、查等。知识图谱通过图结构的数据存储和表达，能够调取速度更快并处理复杂的关联关系分析。Neo4j 是一个目前比较热门的原生图数据库系统，它能够把结构化数据储存于图中，用节点(node)和边(edge)对实体和关系进行可视化展示形式，具备成熟数据库的所有特性。采用 Neo4j 对图谱知识开展存储工作，以 <实体,关系,实体> 作为其标准元组结构，使用 python 把元组结构导入，完成面向典型事故场景的城市轨道交通运营主动安全知识图谱的构建。根据所构建的知识图谱的实体，可将整个知识图谱网络划分为风险点层、风险事件层、前馈信号层（该层与事故实体连接）和措施层四层链网结构。

所构建的知识图谱网络可以将实体间的内容结构和相互关系展示出来，由风险点层 P、风险事件层 E、前馈信号层 F 和措施层 M 四层链网结构构成，具有较强的复杂网络特性。风险点层的风险点是整个知识图谱网络的核心。依据风险点对外的关系和网络结构，综合考虑点的参与程度、作用关系和重要程度，分别建立三个表示风险点与其他层级的相关权重指标，如式(6-1)~式(6-3)所示。结合相关权重指标，以风险点为核心，得到知识图谱层级关系如图 6-9 所示。

$$A_1(x) = \alpha_1 \times l_{PE}(x) + \alpha_2 \times l_{EP}(x) \tag{6-1}$$

式中：$l_{PE}(x)$——风险点 x 连接其他风险事件的频数；

$l_{EP}(x)$——风险点 x 被其他风险事件连接的频数；

α_1、α_2——调节系数，$\alpha_1 + \alpha_2 = 1$；

$A_1(x)$——风险点 x 与风险事件层的相关权重。

根据风险点所处大类的不同，α_1、α_2 由第 3 章 3.4 节所得最终结果确定；对于每一大类风险点，α_1 与 α_2 之比等于该大类所有风险点输出风险传播时的风险传播成功率平均值与被输入风险传播时的风险传播成功率平均值之比（全部风险点参与风险传播的情况），共有四组值。

$$A_2(x) = \sum_{k=1}^{n} [\beta_k \times l_P^{f_k}(x)] \tag{6-2}$$

式中：β_k——前馈信号 f_k 的影响系数，所有 β_k 之和为 1；

$l_P^{f_k}(x)$——风险点 x 连接前馈信号 f_k 的频数，取值为 1 或 0；

n——前馈信号的总个数；

$A_2(x)$——风险点 x 与前馈信号层的相关权重。

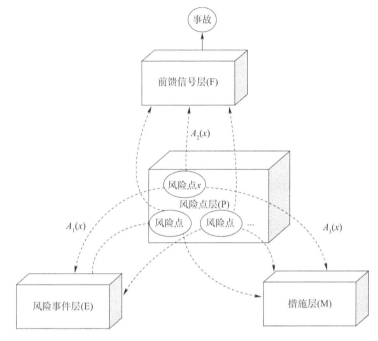

图6-9 知识图谱层级关系

$$A_3(x) = \rho_1 l_{PM1}(x) + \rho_2 l_{PM2}(x) + \rho_3 l_{PM3}(x) \quad (6-3)$$

式中： $A_3(x)$——风险点 x 与措施层的相关权重；

ρ_1、ρ_2、ρ_3——防控型措施、治理型措施、救援型措施的影响系数，ρ_1、ρ_2、ρ_3 的和为1；

$l_{PM1}(x)$、$l_{PM2}(x)$、$l_{PM3}(x)$——风险点 x 连接防控型、治理型、救援型措施的频数。

将点评目标和点评标准拟定成一个集对，客观地体现双方的同一、差别和对立关系，是集对分析的基本思路。为解决的实际问题，依据集对分析法的可拓展理论，对集对分析方法进行改进，建立风险点与整个知识图谱的指标联系度，量化某风险点 x 对知识图谱不同层的联系度（趋向程度），进而判断哪些连接更重要、更值得关注。

$$\mu(x) = \frac{A_1(x)}{N}i_1 + \frac{A_2(x)}{N}i_2 + \frac{A_3(x)}{N}i_3 \quad (6-4)$$

$$N = A_1(x) + A_2(x) + A_3(x) \quad (6-5)$$

其中,$\mu(x)$为集对联系度;i_1、i_2、i_3的系数分别代表风险点x对风险事件层、前馈信号层、措施层的趋向程度,根据这三个系数可以判断对风险点的哪些链接需要重点关注,依据链接两端的实体(及实体属性)、实体关系的内容来辅助安全决策,也可以通过专家意见给i_1、i_2、i_3赋值,进而对知识图谱中的风险点的综合重要性作出评价和比较,判断优先管控的风险点。

以火灾(含爆炸)事故为研究对象,在数据预处理后进行BTM主题分析,当主题数等于8时取得困惑度最低点,得到困惑度曲线如图6-10所示。根据主题划分结果,将所有主题及对应含义归纳,主题6的主要内容为抢险救援,从其余结果中总结出城市轨道交通运营火灾场景的前馈信号主要有五种,将前馈信号对应的主题强度之和表示为概率,将每个概率与所有概率和的比值作为前馈信号f_k的影响系数,结果如表6-3所示。

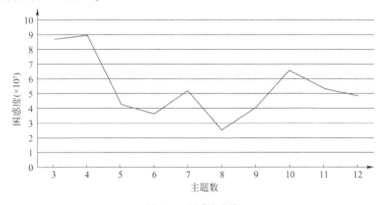

图6-10 困惑度曲线

前馈信号信息　　　　　　　　　　　　　　表6-3

编号	前馈信号	概率	影响系数β_k
f_1	局部故障或损坏引起系统级失效(主题1、8)	0.353689	0.39
f_2	电路短路(主题5)	0.107687	0.12
f_3	燃气泄漏(主题2)	0.137399	0.15
f_4	起火冒烟(主题3)	0.119971	0.13
f_5	易爆物爆炸(主题4、主题7)	0.19118	0.21

在对所有火灾事故文本数据进行预处理后,对经过预处理的火灾类别文本集进行语义角色标注操作。例如,"由于鼓楼变电站值班员违章,一人操作,导致积水潭变电站825V号馈出开关起火损失,影响积水潭站首车内外环不能按时开出。"这句文本的依存句法分析示意图如图6-11所示。

第 6 章 城市轨道交通系统风险管控

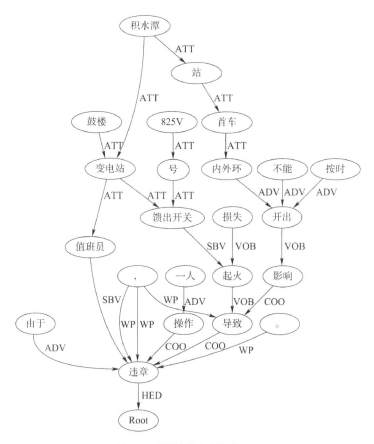

图 6-11 依存句法分析结果示例

根据全部事故文本的依存句法分析结果抽取规则获取知识三元组，截取的部分初始实验结果如图 6-12 所示。根据模式和概念关系设定，在经过专家咨询和人工修正后，取得全部的三元组（实体和关系）。

主语谓语宾语关系	（此次灾难，造成，重伤亡）
主语谓语宾语关系	（地铁，有，一些灭火装置）
主语谓语宾语关系	（地铁站通风设备，保障，空气平时流通）
定语后置动宾关系	（当面，处理，紧急情况）
主语谓语宾语关系	（故障风扇短路点，发生，明火）
主语谓语宾语关系	（车站站务员，通知，司机）
主语谓语宾语关系	（外环地铁，保持，正常运营）
主语谓语宾语关系	（西直门地铁站，采取，暂时限流措施）

图 6-12 部分实验结果

将最终的知识图谱三元组(实体和关系)导入 NEO4j 软件,构建面向城市轨道交通运营主动安全的火灾场景知识图谱。图片"面向城市轨道交通运营主动安全的火灾场景知识图谱",可扫描二维码查阅,该图中蓝色节点表示风险点,绿色节点表示措施,粉色节点表示风险事件,黄色节点表示前馈信号,形成风险点层 P、风险事件层 E、前馈信号层 F 和措施层 M 四层链网结构。该知识图谱共有 207 个节点和 284 条关系,其中包括风险点 87 个、风险事件 89 个、措施 22 个、前馈信号 5 个、事故 1 个,以及所属关系、因果关系、实施关系若干。每个风险点和措施带有属性信息。图片"属性信息"可扫描二维码查阅。

面向城市轨道交通运营主动安全的火灾场景知识图谱

属性信息

6.2.3.2 基于火灾场景知识图谱的主动安全辅助决策

(1)知识检索辅助决策。

以前馈信号为中心节点,通过展开与之相关联的距离最近的一圈节点,能够查找到有较大可能性直接发生危险或导致接近事故的危险临界状态的风险点。例如,输入查询语句"MATCH p = ( )-[r] - >(b:′前馈信号′) where b. xhmc CONTAINS′起火冒烟′return p",

前馈信号关联查询

可得到可能直接发生起火冒烟的风险点包括座椅、油箱、扶梯、通信机柜等,需要重点管控这些风险点并配备相关防火灭火设备。图片"前馈信号关联查询"可扫描二维码查阅。

以风险点为中心节点,展开与之关联最近的一圈节点,可以找到与之有关的前置事件、后置事件以及实施措施。如图 6-13 所示,输入查询语句"MATCH p = ( )-[r]-(b:′风险点′) where b. fxmc CONTAINS′车厢′return p",得到对"车厢"风险点起作用的前置事件有起火引燃、装修等,其后置连接多个前馈信号,是较危险的、需要重点关注的风险点。同时检索到风险的"灭火"措施,可对应查看措施的类型和实施岗位。

以某个重点关注的风险点为研究对象,研究该风险点可能造成的影响和发生事故的关联路径,可借助知识图谱 cypher 语句进行查询。在面向城市轨道交通运营主动安全的火灾场景知识图谱中,以风险点为出发点共有三种主要的关联路径(用 - >表示路径方向),内容可以作为辅助安全决策的重要依据,示例如下:

①风险点 - >前馈信号。

查询风险点"扶梯"直接造成重大影响的可能性,输入查询语句"MATCH p = (a:′风险点′{fxmc:′扶梯′})-[r] - >(b:′前馈信号′) RETURN p",结果如图 6-14 所示。

第6章 城市轨道交通系统风险管控

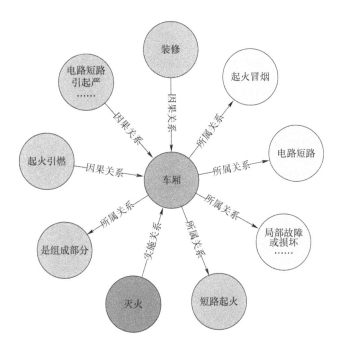

图 6-13 风险点关联查询

②风险点 – >风险事件。

以风险点"列车司机"为例,输入查询语句"MATCH p = (a:'风险点'{fxmc:'列车司机'})-[r] – >(b:'风险事件') RETURN p"可得图 6-15 所示结果,了解列车司机可能参与的事件。

③风险点 – >风险事件 – >风险点。

通过风险点 – >风险事件 – >风险点的路径查询,可以获取风险点可能影响的事件和下一级风险点,以便于采取针对点或点

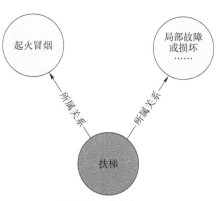

图 6-14 风险点 – >前馈信号关联查询

之间的事件链条采取有效的安全管控措施。例如,输入"MATCH p = (a:'风险点'{fxmc:'乘客'})-[r] – >(c:'风险事件')-[m]-(b:'风险点') RETURN p",所得结果如图 6-16 所示。通过检索可以分析出,应该对乘客携带物品进行严格的防火防爆检查,并严禁乘客吸烟,运营车站也应该设有车站售票厅滞留被困乘客的应急响应预案。

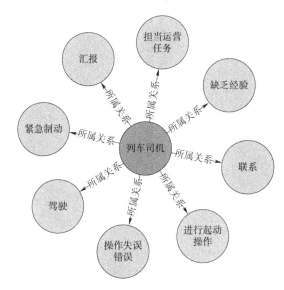

图 6-15　风险点 – > 风险事件关联查询

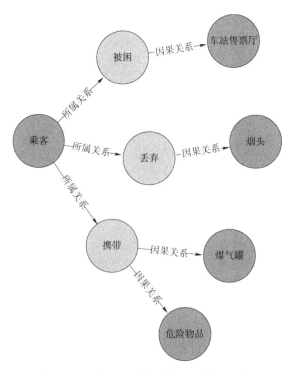

图 6-16　风险点 – > 风险事件 – > 风险点查询

(2) 关联挖掘分析辅助决策。

通过对火灾场景知识图谱的不同深度的检索,可以实现查询某风险点到火灾事故结果之间所有的有效路径,获取与该风险点导致火灾紧密相关的全部风险点和关联事件内容。例如查询风险点"乘客"造成火灾事故的路径,使用 cypher 语句"match p = (a)-[r*..5]-(b) where a.fxmc = '乘客' and b.xhmc = '火灾' and ALL(n1 in nodes(p) where size([n2 in nodes(p) where id(n1) = id(n2)]) = 1) return p",得到图片"风险点 -> 火灾关联查"(可扫描二维码查阅),该图片涵盖了完整的事故风险链(风险链群)。

风险点 ->
火灾关联查

以关键词为检索标签可以对知识图谱进行定向的关联挖掘并分析。以系统内常见环境状态"高温"为例,输入查询语句"MATCH p = (a: '风险事件')-[*] -> ( ) where a.sjmc CONTAINS '高温' return p",得到图片"定向查询结果"(可扫描二维码查阅)。可知当城市轨道交通运营系统中的机房长期处于高温环境中时,其中的通信机柜和接口电源装置都有可能发生老化,进而产生起火冒烟的情况,造成火灾事故的发生。因此,通过这种方式检索演化路径可用于指导城市轨道交通安全管理和运营人员及时制定风险控制措施,将安全关口前移。

定向查询结果

(3) 层级联系辅助决策。

依据 6.2.3 节,通过 cypher 语句查询并导出特定风险点相关联的关系和实体,对风险点连接其他层的链接频数进行统计和汇总,最终通过式(6-1)~式(6-5)进行计算,获取风险点的集对联系度,以辅助安全决策。为体现主动安全辅助决策的"主动"的重要性,结合专家意见认为防控型、治理型和救援型措施在知识图谱网络中的影响系数值依次降低,ρ_1、ρ_2、ρ_3 分别取值为 0.5、0.3 和 0.2。

以风险点"电缆"为例,输入语句"match(p:风险点{fxmc:"乘客"})-[r]-(n) return r,n"获取风险点相关链接,如图 6-17 所示。风险点"电缆"处于"设备设施类"风险点大类,最终结果可计算得 $\alpha_1 = 0.33$,$\alpha_2 = 0.67$。前馈信号的影响系数已在表 6-3 中给出。

依据式(6-1)~式(6-5),最终计算结果如式(6-6)所示。

$$\mu = 0.65i_1 + 0.25i_2 + 0.1i_3 \tag{6-6}$$

进一步输入查询语句"MATCH p = (a: '风险点'{fxmc: '电缆'})-[r]-(c: '风险事件')-[m]-(b: '风险点') RETURN p",可得如图 6-18 所示结果。

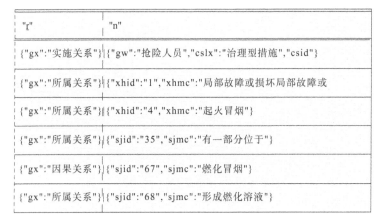

图6-17 风险点"电缆"链接查询结果

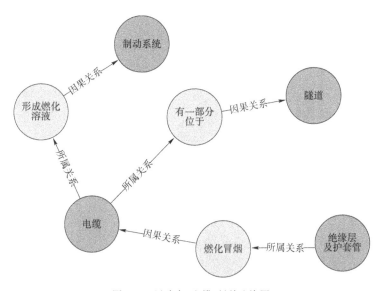

图6-18 风险点"电缆"链接查询图

依据式(6-6)和图6-18,风险点"电缆"对风险事件层趋向程度较高。由此可以判断,对于电缆来说最优先要关注的事项有:位于隧道中的电缆是运营方需要重点关注的对象;城市轨道交通系统中各处电缆的绝缘层及护套管应该在日常安全检查中及时修补和更换;巡检人员同时要重点采取措施避免电缆发生燃化形成燃化溶液进而影响列车的制动系统。

6.3 递阶循环协同控制模型

6.3.1 基于 PDCA 的递阶循环管理理念

根据"治、控、救"递阶式安全管理理念,结合 PDCA 循环管理模式的闭环管理和循环优化等特点,提出基于 PDCA 的"治、控、救"递阶循环管理理念。

(1) PDCA 循环管理模式。

PDCA 循环又称为戴明环循环回路,由美国质量管理专家休哈特博士于 1930 年最先提出,后通过美国质量管理专家戴明博士于 1950 年采纳,并加以广泛宣传和运用于持续改善产品质量的过程,所以又称戴明环。PDCA 循环管理是管理生产活动全过程,包括计划的制订和组织实现的过程,且不断循环运作。

如图 6-19 所示,PDCA 循环是将管理过程分为计划(Plan)、执行(Do)、检查(Check)、处理(Act)四个阶段。通常做每一件事情先计划(P),然后去实施(D)计划,并检查(C)执行结果是否达到了预期,分析出现问题的原因,并提出解决的措施,然后再把检查的结果进行改进、实施、改善(A)。将以上四个阶段组成一个循环,一个循环未解决的问题总结分析,进入下一个循环。周而复始地运作,形成一个一个的 PDCA 循环。

(2) 基于 PDCA 的城市轨道交通运营递阶循环管理模式。

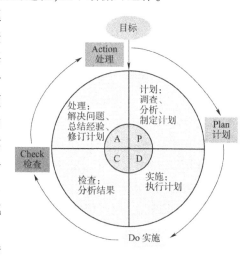

图 6-19 PDCA 循环管理模式

城市轨道交通运营系统风险管控本质上是以管理作为施控主体,以影响因素为受控客体,通过对影响要素进行合理科学的管理控制,进而保障人-机-环-管复杂系统的安全。其中"管理"起着中枢性的重要作用,需参与到每一环节,保障对各要素进行管控,保障系统的安全稳定运行。为了建立风险管控与隐患治理的双重预防机制,有效防控运营事故的发生,应该构建一个递阶式安全管理体系来指导城市轨道交通运营系统的安全保障工作。为此,结合风险、隐患与事故的内在逻辑关系和城市轨道交通运营系统安全保障工作内涵,依据 PDCA 循环管理理论,将城市轨道交通运营"治、控、救"三阶段递阶循环管理,相互优化提升。简述如下:

①"治"阶段:辨识风险、排查隐患。

本阶段要求把各项工作通过调查、分析,明确目标,制订计划(P),称为"治"阶段。本阶段是从人机环管的角度辨识影响城市轨道交通系统安全运营的各项风险因素,采取积极有效的预防措施,排除一切隐患,降低风险,做好事前预防工作,切实遵循"永远追求零风险"的安全管理理念,解决"想不到"的问题。其核心在于面向设备设施、人员、环境以及管理在内的四大类,深入分析各关键环节风险点与隐患消除方法,进而指导城市轨道交通运营系统的风险管控与隐患治理工作。

②"控"阶段:监测风险、处置故障。

本阶段设计方案,实施计划,执行上一阶段的任务内容(D),称为"控"阶段。本阶段就是在城市轨道交通系统运营过程中,监测控制关键风险,任何隐患一旦识别立即消除。若发生故障,应快速、有效地处置故障情况,做到"抓小防大,安全关前移",来实现轨道交通系统各组成部分的联动有效安全运转,解决"管不住"的问题。其核心在于关键风险、隐患的监测和故障的有效处理,通过对高危、频发与关键风险点的有效监测、检测与控制,及时发现运营过程中的隐患、故障,并及时有效地进行处理,同时建立严格的管理规章制度管控工作人员。

③"救"阶段:应急响应、事故救援、总结优化。

本阶段检查计划的实施结果,总结成功的经验,分析未解决问题的原因,留到下一个循环解决(C 和 A),称为"救"阶段,主要负责事故救援和事后总结的任务。当故障无法排除时,立即启动应急响应,组织抢修救援工作,尽可能降低故障影响,控制后果避免事件升级事故;并针对已发生的事故案例进行原因分析,总结经验教训,提出整改措施,进一步完善预防控制工作,认真落实"安全第一、预防为主、综合治理"的工作方针。本阶段核心在于事故救援与事后总结,针对突发、具有破坏力的紧急事件采取有效预备、响应和恢复的活动,完善应急预案,提高工作人员应急应对能力,做好事后总结及问责工作,辅助风险管控和人员管理工作。

"治"阶段通过风险辨识得到的安全风险点集为"控"阶段的监测控制提供数据基础;"控"阶段隐患管控过程中,若故障无法消除,立即响应进入"救"阶段;经过"救"阶段的事故救援,消除影响,恢复运营后,进行事后总结进一步完善"治"阶段的安全风险点集,形成安全管理闭合反馈。以上三个阶段过程递阶,循环管理,构成闭合反馈;功能上缺一不可,相辅相成,相互优化提升。如图 6-20 所示,"治、控、救"三个阶段共同组成基于 PDCA 的"治、控、救"递阶循环管理理念。

第6章 城市轨道交通系统风险管控

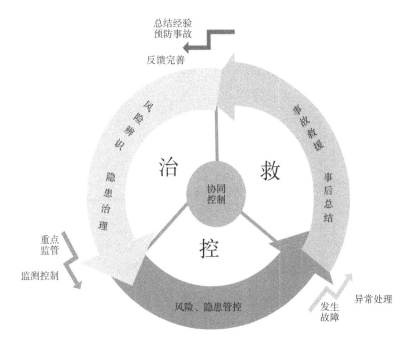

图 6-20 基于 PDCA 的"治、控、救"递阶循环管理理念

以"治"阶段为安全生产的基础,通过强化事前的治理,最大限度将风险降至最低;以"控"阶段为运营安全的保障,通过采取有效的手段监控关键风险,对于隐患一旦识别立即消除,出现故障立即处置,确保城市轨道交通安全运营;以"救"阶段为持续改进的手段,不仅仅是对事故的救援,控制影响,还需要通过科学的分析总结,对管理中存在的不足进行补救,使安全管理可持续进行。这一安全管理理念和模式不仅能够适用于整个城市轨道交通运营系统,也能适应于城市轨道交通运营系统的其他子系统。这种工作方式作为企业管理各项工作的一般规律,也是安全管理控制体系的理论核心,它使安全管理思路和工作步骤更加条理化、系统化、科学化。

6.3.2 城市轨道交通 HCCC 模型分级结构

本小节基于分层递阶智能控制理论,建立以风险点为控制对象的城市轨道交通运营系统分级递阶结构,并结合基于 PDCA 的递阶循环管理理念,以风险管理与隐患治理为目标,构建 HCCC 模型,实现从物理对象和逻辑管理的系统级风险管理,为城市轨道交通运营安全保障工作提供模型依据。

6.3.2.1 分级递阶控制理论

分层递阶智能控制(Hierarchical Intelligent Control, HIC)是在自适应控制和自

组织控制基础上,由美国提学者提出的智能控制理论。该理论将分级递阶结构分为三个层级,分别为组织级、协调级和执行级,并遵循"控制精度自上而下逐级递增、智能程度自上而下逐级递减"的原则分配各层级的功能,其分级递阶控制结构如图 6-21 所示。

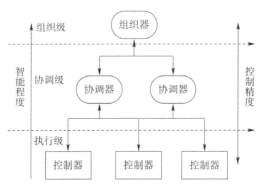

图 6-21　分级递阶控制结构

(1) 组织级(Organization Level,OL)。

组织级是分级递阶控制结构的最高级,其主要任务是进行组织规划。组织级可模拟人脑处理全局信息、对比历史数据以及分析问题等。为了完成给定的任务,依据适当的控制模式,发布子任务指令下达到协调级。另外,接受协调级反馈的信息进行分析评估,同时对旧数据库信息加以修正更新,从而达到学习的目的。

特点:智能程度高,控制精度低,响应时间长,响应速度慢,控制指令模糊程度高。

(2) 协调级(Coordination Level,CL)。

协调级是分级递阶控制结构的中间层,起着上传下达的重要作用。其主要是协调执行级各控制装置或者各子任务的执行。协调级由若干个具有特定任务的协调器组成,可处理局部信息。其通过实时细化组织级下达的指令并分配到若干特定的协调器,将指令优化并给执行级分配详细指令。另外,向上一级组织级传送执行级反馈的执行结果和实时信息。

特点:智能程度较高,控制精度较高,响应时间较长,响应速度较快,控制指令模糊程度较低。

(3) 执行级(Execution Level,EL)。

执行级是分级递阶控制结构的最低级,精确执行上级的命令。其由多个硬件控制器组成,需要处理少量数据。执行级可依据协调级的指令执行具体操作,并将执行结果反馈给上一级协调级。另外,执行级也向上级传递外部环境变化等信息,并反馈给高级提供相关决策依据。

特点:智能程度低,控制精度高,实时响应,控制指令精确。

6.3.2.2 模型分级结构

结合分层递阶智能控制理论,在结构上将城市轨道交通运营 HCCC 模型分为三级,控制级为执行级、业务级为协调级、调度级为组织级,控制对象为执行级的各类风险点。

HCCC 模型的分级结构如图 6-22 所示。

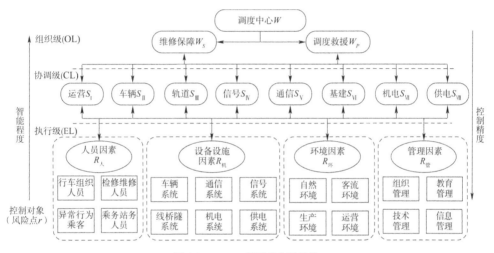

图 6-22 HCCC 模型的分级结构

(1)控制级(执行级,Execution Level,EL)。

控制级是分级递阶控制的执行级,位于结构中最底层,其主要由风险点组成,相当于人的"肢体",能做到实时响应,控制精度高。该级以风险点集合为控制单元,按照上级指令执行确定的操作,并将执行结果向上级反馈;同时监测控制对象的状态信息向上级传送,反映局部状态(微观)。

①以风险点为控制对象,用 r 表示,n 表示风险节点编号。

②以风险点集合为控制单元,用 R 表示,m 表示风险点集合编号,则 R_m 表示控制级控制单元 m 的风险点集合,$r \in R_m = \{r_1, r_2, \cdots, r_n, \cdots\}$,$|R_m|$ 表示控制单元 m 内的风险节点总数。

③按风险点的类别可将风险分为四大类,分别为设备设施因素 $R_机$、人员因素 $R_人$、环境因素 $R_环$、管理因素 $R_管$,则 $R_m \in R = \{R_机, R_人, R_环, R_管\}$。

控制级的主要任务是控制单元 m 的状态信息上报,可为高层提供决策依据。同时,控制单元 m 也负责接收上级下达的操作指令,分配到相应的控制对象 r,做出动作后的控制单位将操作结果向上级进行反馈。

(2)业务级(协调级,Coordination Level,CL)。

业务级相当于分级递阶控制的协调级,位于结构中的中间层。该级相当于人的"神经",功能上主要是上传下达,完成上下级信息的传输。该级以特定业务划分协调区,主要负责接收下级的监测信息并上报给组织级,然后根据上级发布的决策指令,向下级控制单元分配相应的操作指令,并将下级操作结果的反馈信息再反馈回高层。

以 S 表示以特定类别的业务为主管任务的协调单元,面向城市轨道交通运营系统可按业务的类别将业务级分为八大部分,分别为运营、车辆、轨道、信号、通信、基建、机电和供电,则协调单元 $S \in \{S_{\mathrm{I}}, S_{\mathrm{II}}, S_{\mathrm{III}}, S_{\mathrm{IV}}, S_{\mathrm{V}}, S_{\mathrm{VI}}, S_{\mathrm{VII}}, S_{\mathrm{VIII}}\}$。其中,运营协调单元 S_{I} 除了负责城市轨道交通系统的日常运营任务外,还要协调高层完成列车调度、列车救援等任务;其他各协调单元主管各自专业相关的设备设施的维修检修工作,保障各专业子系统的正常运作。

业务级的主要任务是协调单元 S 接收控制级的相关状态信息 RS_{R_m} 上报组织级请求操作指令,并根据上级发布的决策指令,向相应的执行单元 R 下达操作指令。同时接收控制级风险点 r 向上级反馈的操作结果。

(3)调度级(组织级,Organization Level,OL)。

调度级担当的角色是分级递阶控制的组织级,它位于结构中的最高层。该级由调度中心组成,相当于人的"大脑",需要处理全局信息,智能程度高,响应时间长。调度级以调度中心为决策区,接收下级的反馈信息,经分析处理后作出决策响应,向协调级发布决策指令,并将决策结果的反馈信息同步存入信息库,更新数据库。

调度中心为决策区,用 W 表示。除了负责日常的组织运营外,调度中心还主要分管维修保障和调度救援两个业务。其中:

①维修保障主要是组织相关专业技术人员开展维修保障工作,包括风险监控、隐患排查以及安全培训等工作,作为维保决策单元,用 W_S 表示;

②调度救援主要是指处理应急状态下的调度指挥、救援抢修以及事故调查分析工作等,作为救援决策单元,用 W_P 表示。

调度级的主要任务是决策区 W 接收根据协调级上报的相关状态信息 RS_L,并向相应的协调单元 S 下达决策指令 D_S。同时接收协调单元 S 向上级反馈的操作结果,并将指令误差存入数据库,优化下一次决策。

6.3.2.3　HCCC 的含义

在构建 HCCC 模型时,还需要明确递阶循环协同控制的含义。结合分级递阶控制理论和 HCCC 模型的分级递阶结构,根据"治、控、救"三个阶段的目标,明确 HCCC 的含义为过程递阶、循环管理和协同控制。

"递阶"(Hierarchical)指"治、控、救"三个阶段逐阶段递阶进行,也指各分阶段结构上逐级别递级进行;"循环"(Cycle)指"救"阶段优化提升"治"阶段,三个阶段闭环反馈,形成循环管理模式,各分阶段的控制过程也闭环反馈,形成小循环;"协同"(Cooperative)指"治、控、救"三个阶段的工作相互协调配合,也指各小阶段不同等级间相互协调配合。HCCC 的含义可归纳为结构上逐阶段逐级递阶,管理上大循环套小循环,功能上各部分协同配合,缺一不可,相互优化提升。

因此,基于"治、控、救"的 HCCC 的含义示意图如图 6-23 所示。

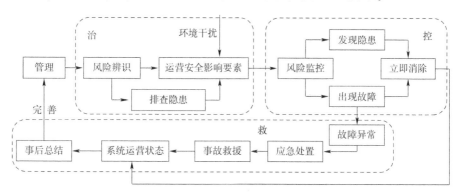

图 6-23　基于"治、控、救"的 HCCC 含义示意图

6.3.3　基于分级结构的 HCCC 模型构建

6.3.3.1　模型假设条件和符号说明

为了简化模型的构建环境,方便从现实情况中抽象科学问题,对 HCCC 模型建模过程中的影响因素作出以下假设,并对书中需要的基本符合进行说明。

(1)假设条件。

假设 1:系统内风险点之间存在复杂的耦合关系,其相互影响在同一风险点集合内不考虑。

假设 2:各级之间的信息传输均能够即时成功送达。

假设3:各级之间的信息传输时间认为极短,可以忽略不计。

假设4:任何隐患、故障事件一旦发现必须立即处置。

假设5:"控"阶段对于隐患点和故障点视为同一种情况进行处理,即假设"控"阶段的隐患点等同于故障点。

(2)符号说明。

各符号基本含义如下:

① r_n 表示风险节点,n 为风险点编号;

② h_i 表示隐患节点,i 为隐患点编号;

③ R 表示风险集合,H 表示隐患集合;

④ GP 表示"治"阶段控制目标;

⑤ RV 表示风险节点的固有属性值;

⑥ RS 表示风险节点的状态属性值;

⑦ RA 表示风险节点的风险属性值;

⑧ r_k^K 表示关键风险点,k 为关键风险点编号,K 表示"关键";

⑨ KR 表示关键风险点集合;

⑩ ρ 表示风险节点失效阈值;

⑪ t_h 表示隐患点或故障点处置时间;

⑫ CP 表示"控"阶段目标;CP_m 表示监测目标;CP_t 表示处置目标;

⑬ δ 表示故障处置时间阈值;

⑭ p_j 表示事故点;j 为事故点编号,集合 P 表示事故;

⑮ t_p 表示隐患点或故障点处置时间;

⑯ SP 表示"救"阶段目标;SP_F 表示影响目标;SP_t 表示处置目标;

⑰ D 表示决策指令;C 表示操作指令;CR 表示操作结果。

6.3.3.2 "治、控、救"阶段控制目标与输入输出关系

基于"治、控、救"安全控制体系,提出"治、控、救"各阶段的控制目标,根据各阶段的工作内容,明确各阶段的输入与输出关系,为实现过程递阶、循环管理和协同控制提供基础支撑。

现分"治、控、救"三个阶段描述如下。

(1)"治"阶段(Govern Phase,GP)。

本阶段任务:辨识系统内所有风险,排查消除一切隐患。

从人、机、环、管四个方面,辨识城市轨道交通运营系统内所有风险点,并对

识别的隐患进行处理。将辨识的风险节点记为 r_n，n 为风险点编号，辨识的风险集为 $R=\{r_1,r_2,\cdots,r_n,\cdots\}$；将发现的隐患节点记为 h_i，i 为隐患点编号，发现的隐患集合为 $H=\{h_1,h_2,\cdots,h_i,\cdots\}$；已处理的隐患集合为 $HP(i)$；未处理的隐患集合为 $\overline{HP}(i)$。

① 尽可能地辨识风险和排查隐患，即：

$$\max\left[\sum_{n=1}^{|R|}r_n \oplus \sum_{i=1}^{|H|}h_i\right] \quad (6-7)$$

式中：$A \oplus B$——集合 A 和 B 的合集；

$|R|$——辨识的风险集 R 内的风险节点总数；

$|H|$——识别的隐患集合 H 内的隐患节点总数。

② 尽可能地消除所有隐患，即：

$$\min\sum_{i=1}^{|\overline{HP}|}\overline{HP}(i) \quad (6-8)$$

式中：$|\overline{HP}|$——未处理的隐患集合 $\overline{HP}$ 内的隐患节点总数。

则"治"阶段控制目标 GP 可表示为：

$$GP = \max\left[\sum_{n=1}^{|R|}R_n \oplus \sum_{i=1}^{|H|}h_i\right] \oplus \min\sum_{i=1}^{|\overline{HP}|}\overline{HP}(i) \quad (6-9)$$

"治"阶段的工作步骤是：调度级制定方案—业务级布置任务—控制级执行任务—反馈业务级—调度级完善方案(完成循环)。

由调度级(OL)的维保决策单元 W_S 和救援决策单元 W_P 共同制定方案，指导风险辨识和隐患排查工作，向业务级(CL)的协调单元 S 发布决策指令 D_S，业务级接收后针对控制级(EL)的具体控制单元 R 发布操作指令 C_R，控制单元 R 将操作结果 CR 反馈给相应的协调单元 S，并上报给调度级(OL)完善方案，并更新数据库。

基于"治"阶段的工作步骤及内容，明确该阶段的输入与输出关系，如图 6-24 所示。

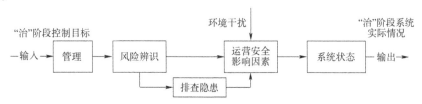

图 6-24 "治"阶段输入与输出关系

(2)"控"阶段(Control Phase,CP)。

本阶段任务:监测系统内关键风险点,发现隐患或故障立即处置。

监测风险点即监测风险点的风险属性 RA。设 RA 表示风险属性,由于风险具有概率和后果的二重性,所以用固有属性和状态属性来表征风险点的风险属性。设固有属性为 RV,其代表的是控制对象的基础属性和内在特征。将其作为基础数据录入数据库中,可为高层提供决策依据。设状态属性为 RS,其代表的是控制单元实时监测数据信息,将风险点的动态监测结果实时上传到业务级,便于高层作出决策指令。

设 $RV_r(n)$ 表示风险节点 r_n 的固有属性值(固有属性反映可能造成的后果); $RS_r(n)$ 表示风险节点 r_n 的状态属性值(状态属性反映造成后果的概率); $RA_r(n)$ 表示风险节点 r_n 的风险属性值。

则风险点集合 R 的固有属性值 RV 为:

$$RV_R = \sum_{n=1}^{|R|} RV_r(n) \tag{6-10}$$

风险点集合 R 的状态属性值 RS 为:

$$RS_R = \sum_{n=1}^{|R|} RS_r(n) \tag{6-11}$$

风险点集合 R 的风险属性值 RA 为:

$$RA_R = \sum_{n=1}^{|R|} RA_r(n) = \sum_{n=1}^{|R|} [RV_r(n) \otimes RS_r(n)] \tag{6-12}$$

式中: $A \otimes B$ —— A 和 B 两种属性值的融合。

①监测系统内关键风险,即:基于"治"阶段的风险辨识和隐患排查的工作基础,得到"控"阶段需要进行监测的关键风险点集 KR,用 r_k^K 表示关键风险点,其中 k 为关键风险点编号,则关键风险点集 $KR = \{r_1^K, r_2^K, \cdots, r_k^K, \cdots\}$。

监测关键风险即监测关键风险的属性值 RA:

$$RA_{KR} = \sum_{k=1}^{|KR|} [RV_{rK}(k) \otimes RS_{rK}(k)] \tag{6-13}$$

式中: $|KR|$ ——关键风险集 KR 内的关键风险节点总数。

②发现隐患或故障立即处置,即: ρ 表示风险节点失效阈值,当风险节点 r 的风险属性 $RA_r \leq \rho$ 时,表示风险节点 r 处于正常状态;当在"控"阶段的监测过程中,监测到风险节点 r 的风险属性 $RA_r > \rho$ 时,表示风险节点 r 处于非正常状态,此时风险节点 r 为隐患点或故障点 h,需要立即处置。

发现的隐患点或故障点,用 h_i 表示,i 为隐患点或故障点编号;隐患点或故障点 h_i 的处置时间为 $t_h(i)$,表示从发现隐患点或故障点后立即进行处置至隐患或故障消除的处置时间;HF 表示"控"阶段出现的隐患点或故障点的集合,代表故障情况。

则故障情况 HF 的处置时间可表示为:

$$t_{HF} = \sum_{i=1}^{|HF|} t_h(i) \tag{6-14}$$

式中:$|HF|$——故障情况 HF 内隐患点或故障点的节点总数。

基于此,"控"阶段目标 CP 可分为两部分:

a. 监测目标 CP_m:尽可能地监控所有关键风险。

设 **MR** 为监测矩阵,用 monitor(object,condition) 表示,其中 object 为监测对象,condition 为报警条件。

$$\boldsymbol{MR} = \text{monitor}(RA_{KR}, RA_r > \rho) \tag{6-15}$$

$$CP_m = \max\boldsymbol{MR} = \text{maxmonitor}(RA_{KR}, RA_r > \rho) \tag{6-16}$$

b. 处置目标 CP_t:尽可能地减少隐患或故障处置时间。

$$CP_t = \min t_{HF} = \min\left[\sum_{i=1}^{|HF|} t_h(i)\right] \tag{6-17}$$

"控"阶段的工作步骤是:控制级监测管控—发生隐患/故障—业务级上报—调度级立即处置—控制级配合执行—隐患/故障消除—反馈业务级上报—调度级完善方案(完成循环)。

由控制级 EL 的控制单元 R_m 对关键风险 KR 进行监测管控,当监测到隐患 H 或故障 P 时,立即反馈业务级(CL)并上报调度级(OL),接收故障情况(HF)后维保决策单元 W_s 发布的决策指令 D_s,协调单元 S 接收后下达相应的操作指令 C_{HF},控制级(EL)将故障消除信息反馈给业务级 S,并上报给调度级完善方案,更新数据库。

基于此,明确"控"阶段的输入与输出关系,如图 6-25 所示。

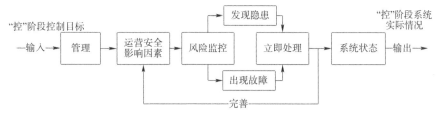

图 6-25 "控"阶段输入与输出关系

(3)"救"阶段(Recuse Phase,RP)。

本阶段任务:故障无法消除时,启动应急响应救援抢修,控制影响范围,同时事后总结整改,优化提升管理工作。

为了不影响系统的正常运营,故障的处置时间不能过长。设 δ 表示故障处置时间阈值,当故障点 h_i 的故障处置时间 $t_h(i) > \delta$ 时,认为此节点故障情况无法在合理的时间内消除,则该故障点 h_i 视为事故点 p,表示需要启动应急响应救援抢修该节点,减小故障影响。

由于风险点间的相互影响,该事故点可能导致其他事故点的产生。由事故定义可知,事故可看作是在极短时间内相继出现的事件序列。对此,可用事故节点 p_j 之间有序排列的集合 P 来表示事故,则事故 $P = \{p_1, p_2, \cdots, p_j\}$,$j$ 为事故点编号。

①故障无法消除,发生事故,控制事故影响。

设事故点 p_j 的影响程度为 $F_p(j)$。

则事故 P 的影响程度可表示为:

$$F_P = \sum_{j=1}^{|P|} \sum_{z=1}^{|P|} F_p(j) \lambda_j(z) \qquad (6\text{-}18)$$

式中:$|P|$——事故 P 内事故点的节点总数;

$\lambda_j(z)$——事故点 p_z 对事故点 p_j 的影响程度参数,$z=j$ 时,$\lambda_j(z) = 1$。

②最短时间恢复运营状态。

设事故点 p_j 的处置时间为 $t_p(i)$,该时间表示从启动应急响应对该节点进行救援抢修至恢复正常运营状态的处置时间。

则事故 P 的处置时间可表示为:

$$t_P = \sum_{j=1}^{|P|} t_P(j) \qquad (6\text{-}19)$$

式中:$|P|$——事故 P 内事故点的节点总数。

③事后总结分析,更新数据库。

将事故 P 导入到数据库,优化提升并更新"治"阶段的新目标 GP'。

$$GP' = GP \oplus \sum_{j=1}^{|P|} p_j \qquad (6\text{-}20)$$

式中:$A \oplus B$——集合 A 和 B 的合集。

基于此,则"救"阶段目标 SP 可分为两部分:

a. 影响目标 SP_F:尽可能地减小事故影响。

$$SP_F = \min F_P = \min \left[\sum_{j=1}^{|P|} \sum_{z=1}^{|P|} F_p(j) \lambda_j(z) \right] \qquad (6\text{-}21)$$

b. 处置目标 SP_t:尽可能地缩短事故的处置时间。

$$SP_t = \min t_P = \min\left[\sum_{j=1}^{|P|} t_p(j)\right] \quad (6\text{-}22)$$

"救"阶段的工作步骤是:控制级故障未消除—反馈业务级上报—调度级立即抢修—控制级配合执行—故障/事故解除—反馈业务级上报—调度级完善方案(完成循环)。

由控制级 EL 的控制单元 m 将事故信息 P 通过业务级(CL)上报给调度级(OL)请求解决方案,救援决策单元 W_S 发布决策指令 D_S,业务级接收后针对事故 P 下达操作指令 C_P,并对相应的控制单元 R 下达操作指令 C_R 进行协助救援,控制级(EL)将事故处置结果反馈给业务级(CL),并上报给调度级(OL)完善方案,更新数据库。

结合上述内容,明确"救"阶段的输入与输出关系,如图 6-26 所示。

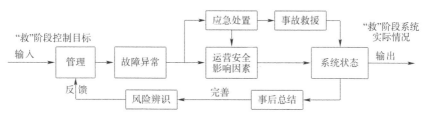

图 6-26 "救"阶段输入与输出关系

6.3.3.3 "治、控、救"递阶循环协同控制模型

(1)"治"阶段。

将"治"阶段控制过程分为以下几个小阶段,详细描述如下。

①调度级(OL)的维保决策单元 W_S 和救援决策单元 W_P 发布的决策指令 D_S。

决策指令 D_S 通过控制矩阵形式表示, $DM(\text{number}, O_S)$ 表示决策目标指令,是决策级下达的控制单元数目以及控制目标的矩阵,协调单元 S 存在最大控制限制,协调能力不超过控制单元数量阈值 $m_{S\max}$ 以及单一控制单元可控阈值 $O_{S\max}$;GP 为"治"阶段控制目标,则:

$$D_S^{GP} = DM(\text{number}, O_S(GP)) \quad (6\text{-}23)$$

$$D_S \in \{DM(0,0), DM(m_{S\max}, O_{S\max})\} \quad (6\text{-}24)$$

②业务级(CL)的协调单元 S 接收 D_S 后,下达相应的操作指令 C_R。

操作指令 C_R 通过控制矩阵形式表示, $CM(\text{number}, O_m)$ 表示控制目标指令,是控制级下达的控制节点数目以及控制节点目标的矩阵,控制单元 R 存在最大控制限制，控制能力不超过节点数量控制阈值 $n_{R\max}$ 以及单一节点控制阈值 $O_{R\max}$；则：

$$C_R^{GP} = CM(\text{number}, O_R(D_S^{GP})) \quad (6-25)$$

$$C_R \in \{CM(0,0), CM(n_{R\max}, O_{R\max})\} \quad (6-26)$$

③控制单元 R 将操作结果 CR_R 反馈给业务级 S，并上报给调度级（OL）完善方案，更新数据库。

CR 表示下级控制单元反馈的操作结果，则控制单元 R_m 根据控制对象 r 的操作结果进行反馈：

$$CR_r^{GP} = RA_r \quad (6-27)$$

$$CR_{R_m}^{GP} = \sum_{n=1}^{|R_m|} CR_r^{GP}(n) \quad (6-28)$$

式中：$|R_m|$——风险点集合 R_m 内风险点的节点总数。

则协调单元 S 将收到的控制级 EL 反馈结果并上报：

$$CR_S^{GP} = \sum_{m=1}^{m_{S\max}} \sum_{x=1}^{m_{S\max}} CR_{R_m}^{GP} \sigma_m(x) \quad (6-29)$$

式中：$m_{S\max}$——协调单元 S 可控制风险集合的最大数；

$\sigma_m(x)$——风险集合 R_x 对风险集合 R_m 的操作影响参数，当 $x=m$ 时，$\sigma_m(x)=1$。

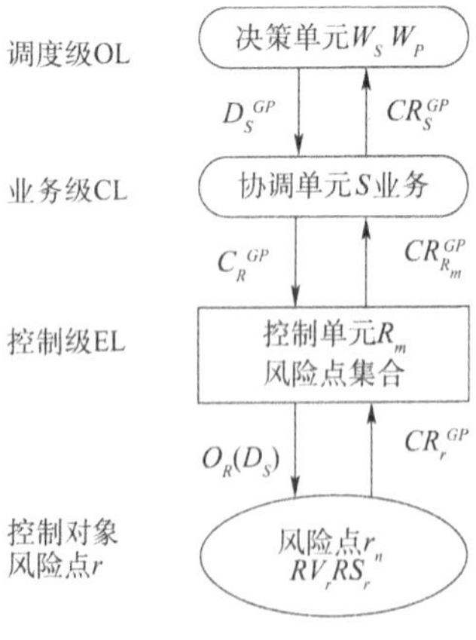

根据协调单元 S 上传的反馈结果 CR_S^{GP}，同时更新数据库，得到"治"阶段的新目标 $GP(\text{new})$。

现将上述"治"阶段的递阶循环协同控制过程通过图 6-27 来表示。

(2)"控"阶段。

现将"控"阶段的控制过程分为以下几个小阶段，详细描述如下。

①在对关键风险 KR 进行监测的过程中，控制级 EL 监测到隐患或故障 HF 时，立即向上级汇报并请求操作指令。当风险节点的风险属性 $RA > \rho$ 时，监测到的隐患点或故障点 h_i，i 为隐患点或故障点编号，隐患点或故障点的集合为 HF，表示故障情况，需要立即处置。

图 6-27 "治"阶段递阶循环协同控制过程

控制级 EL 上报故障集合的状态信息为 RA_{HF}。以 $RV_h(i)$ 表示隐患点或故障点 h_i 的固有属性值，$RS_h(i)$ 表示隐患点或故障点 h_i 的状态属性值，$RA_h(i)$ 表示隐患点或故障点 h_i 的风险属性值，则故障点集合 HF 的风险属性值为：

$$RA_{HF} = \sum_{i=1}^{|HF|} RA_h(i) = \sum_{i=1}^{|HF|} [RV_h(i) \otimes RS_h(i)] \quad (6\text{-}30)$$

②调度级(OL)接收故障情况后维保决策单元W_S发布的决策指令D_S。

参照故障情况,RA_{HF}发布的"控"阶段决策指令D_S为:

$$D_S^{CP} = DM(\text{number}, O_S(RA_{HF})) \quad (6\text{-}31)$$

③业务级(CL)的协调单元S接收D_S后,下达操作指令C_{HF};

$$C_{HF}^{CP} = CM(\text{number}, O_{HF}(D_S^{CP})) \quad (6\text{-}32)$$

④控制级(EL)将故障消除信息(操作结果)反馈给业务级(S),并上报给调度级完善方案,更新数据库。

控制级(EL)根据故障对象h_i的操作结果向上级反馈:

$$CR_{HF}^{CP} = \sum_{i=1}^{|HF|} CR_h^{CP}(i) \quad (6\text{-}33)$$

根据协调单元S上传的反馈结果CR_{HF}^{CP},同时调度级(OL)更新数据库,得到"控"阶段的新目标$CP(\text{new})$,完善"治"阶段的新目标$GP(\text{new})$。

现将上述"控"阶段的递阶循环协同控制过程通过图6-28来表示。

(3)"救"阶段。

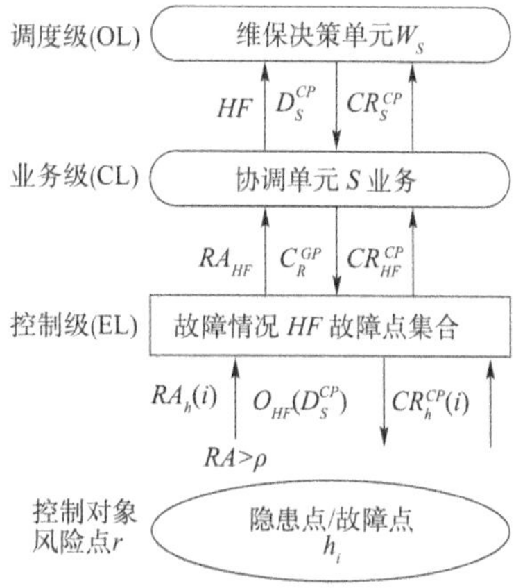

将"救"阶段的控制过程分为以下几个小阶段,详细描述如下。

①控制级(EL)的控制单元m将故障未消除信息P反馈给业务级(CL)的协调单元S,并上报给调度级(OL)请求解决方案。

当故障点h_i的故障处置时间$t_h(i) > \delta$时,该故障点未能及时消除,已影响到系统运营,需要启动应急响应救援抢修。设该事故点p_j相继引发的事件序列为事故P,则$P = \{p_1, p_2, \cdots, p_j\}$,$j$为事故点编号。

图6-28 "控"阶段递阶循环协同控制过程

各事故点p_j需向上级反馈状态信息。其中,$RV_p(j)$表示事故点p_j的固有属性值,$RS_p(j)$表示事故点p_j的状态属性值,$RA_p(j)$表示事故点p_j的风险属性值,则事故点集合P上报的状态信息RA_P为:

$$RA_P = \sum_{j=1}^{|P|} RA_p(j)\lambda_j(z) = \sum_{i=1}^{|P|} \lambda_j(z)[RV_p(j) \otimes RS_p(j)] \quad (6\text{-}34)$$

式中:$|P|$——事故P内事故点的节点总数;

$\lambda_j(z)$——事故点 p_z 对事故点 p_j 的影响参数,当 $z=j$ 时,$\lambda_j(z)=1$。

②调度级(OL)接收事故情况后救援决策单元 W_P 发布的决策指令 D_S,则参照事故情况,RA_P 发布的"救"阶段决策指令 D_S 为:

$$D_S^{SP} = DM(\text{number}, O_S(RA_P)) \tag{6-35}$$

③协调单元 S 接收 D_S 后,针对事故 P 下达操作指令 C_P,并对相应的控制单元 R 下达操作指令进行 C_R 协助救援:

$$C_P^{SP} = CM(\text{number}, O_P(D_S^{SP})) \tag{6-36}$$

$$C_R^{SP} = CM(\text{number}, O_R(D_S^{SP})) \tag{6-37}$$

④控制级(EL)将事故处置情况(操作结果)反馈给业务级(CL),并上报给调度级(OL)完善方案,更新数据库。

控制级(EL)根据事故对象 p_j 和其他协助救援的控制对象 r_y 的操作结果 CR 向上级反馈:

$$CR_P^{SP} = \sum_{j=1}^{|P|} CR_p^{SP}(j) \tag{6-38}$$

$$CR_{R_Y}^{SP} = \sum_{y=1}^{|R_Y|} CR_r^{SP}(y) \tag{6-39}$$

式中:R_Y——协助救援的控制对象集合,y 为编号,$R_Y = \{r_1, r_2, \cdots, r_y, \cdots\}$;

$|R_Y|$——集合 R_Y 中救援控制节点总数。

则协调单元 S 将收到的控制级(EL)反馈结果上报:

$$CR_S^{SP} = CR_P^{SP} \oplus CR_{R_Y}^{SP} = \sum_{j=1}^{|P|} CR_p^{SP}(j) \oplus \sum_{y=1}^{|R_Y|} CR_r^{SP}(y) \tag{6-40}$$

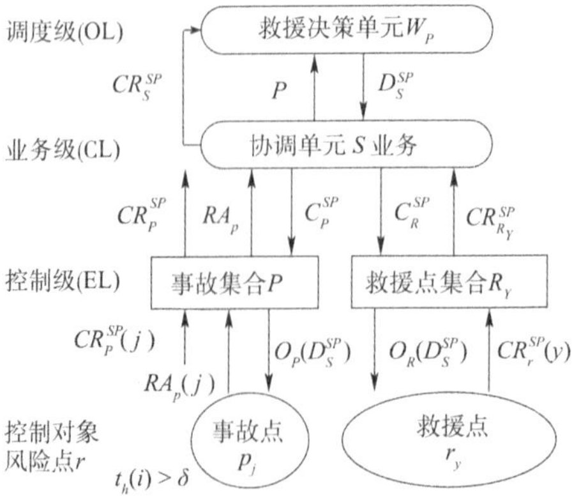

业务级(EL)将反馈结果 CR_S^{GP} 上报给调度级(OL),同时更新数据库,并得到"救"阶段的新目标 $SP(\text{new})$,进一步完善"治"阶段的新目标 $GP(\text{new})$。

现将上述"救"阶段的递阶循环协同控制过程通过图 6-29 来表示。

(4)"治、控、救"三阶段。

在风险辨识和隐患排查的工作基础(治)上,对系统内关键风险点进行监测管控,及时发现并有效处置隐患或故障情况(控)。当故障无法消除升级为事故时,立

图 6-29 "救"阶段递阶循环协同控制过程

第6章 城市轨道交通系统风险管控

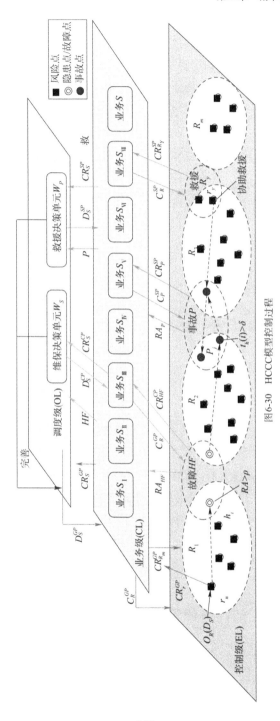

图6-30 HCCC模型控制过程

即启动应急响应进行救援抢修,控制影响范围,保证最短时间恢复运营,同时通过事后总结分析进行整改(救),优化提升各阶段工作(完成循环)。

"治、控、救"三个阶段控制过程如下:

首先由调度(组织)级(OL)的调度中心 W 制定方案指导风险辨识和隐患排查工作,向业务(协调)级(CL)发布决策指令 D_S,协调单元 S 接收后对控制(执行)级(EL)下达具体操作指令 C_R("治"阶段);控制单元 R 对关键风险 KR 进行监测管控,当监测到某风险节点 r 的风险属性 $RA > \rho$ 时,视为发现隐患或故障 h_i,控制级(EL)立即反馈到业务级(CL)并将故障情况(HF)上报,调度级(OL)接收后维保决策单元 W_S 发布的决策指令 D_S,协调单元 S 接收后下达相应的操作指令 C_{HF},控制级(EL)将故障处理情况向上级反馈("控"阶段);当故障处置时间 $t_h(i) > \delta$ 时,该故障点 h_i 未能及时消除,视为发生事故 p_j,事故信息 P 通过协调级(CL)上报,调度级(OL)的救援决策单元 W_S 发布决策指令 D_S,业务级(CL)接收后针对事故 P 下达操作指令 C_P,并对相应的控制单元 R 下达操作指令 C_R 进行协助救援,控制级(EL)将事故处置结果 CR 向上级反馈,更新数据库并完善方案("救"阶段),优化提升风险辨识和隐患排查工作(完成循环)。

综上所述,基于"治、控、救"三个阶段的递阶循环协同控制过程如图 6-30 所示。

6.4 基于人因复合风险网络的运营安全管理策略

人是风险的产生者,同时也是风险的控制者,人因行为对系统全局安全有着重要作用。在第 2 章所构建的城市轨道交通运营人因复合风险网络模型及运营基础风险子网和运营联动风险子网的基础上,以人因行为为出发点,探讨系统安全管理策略,并进行管理效果评价。从风险点活跃度评价方法、面向组分的关键安全屏障行为介入策略、面向人因的关键运营联动行为管理策略三个主要方面开展研究。

6.4.1 基于人因行为的运营安全管理目标

目前在以人因为重点的安全管理研究中,多通过人因生理、心理等多种影响因素,综合评价不安全行为发生的可能性,对发生可能性的不安全行为进行管理,以提高系统安全性。但该类方法具有很强的主观性,"人"是世界上最复杂的生物,其不安全行为发生的可能性通过各种因素来进行判断，难以有效反映真实状况。而学者选择影响因素的角度不同也会导致评估结果存在差异，实用性较差。此外，人因的各项指标值是动态变化的，对全部员工搜集评估所需的信息并根据评估结果进行安全管理难以保证时效性，也难以反映管理效果。

为此，本节将基于"全局安全""人本管理""主动安全"和"精细化管理"的安全管理需求，通过关键安全屏障行为介入策略和关键运营联动行为管理策略，降低系统总体风险。基于这两种行为的系统安全管理目标如下：

(1) 关键安全屏障行为介入策略目标。

由关键安全屏障行为的分析可知，运营基础风险子网中的风险点状态发生改变时，工作人员通过对风险点的监测、发现并及时处理等动作形成安全屏障以消除其不良状态，因此，可以认为有效的安全屏障行为介入能够在运营基础风险子网中将该风险点"删除"，使其无法参与传播。

由于工作人员注意力和精力有限，难以确保对所有风险点都进行及时、有效的安全屏障行为介入，因此，需要针对关键安全屏障行为介入策略进行研究，确保关键风险点能被"删除"，最大限度地降低网络中风险点风险产生的可能性及影响程度，进而最大限度地破坏运营基础风险子网，间接控制物理组分和外部环境类风险点，提升系统安全性。

(2) 关键运营联动行为管理目标。

由第 2 章中人因运营联动行为的定义可知，当人因风险点的联动行为风险属性值超过阈值时，其风险状态被激活，将通过运营联动行为进行传播。当风险点之间的运营联动行为安全时，风险无法通过该行为边传播，即可认为运营联动风险子网中的边"被删除"了。

因此，关键运营联动行为管理的目标就是保障运营联动行为安全，使得风险无法通过网络中的行为边进行传递，即"删除"运营联动风险子网中对应的边，最大限度地破坏运营联动风险网络的性能，提升系统安全性。

6.4.2 风险点活跃度评价方法

1) K-阶结构熵

城市轨道交通系统运营安全管理的目标是降低系统中风险发生的可能性和影响力。目前，城市轨道交通运营企业通常运用 LEC 评价法，即通过 L（造成事故的可能性）、E（频繁程度）和 C（后果严重程度）的乘积，根据专家打分综合计算风险等级。该方法基于专家打分进行，具有一定的主观性，忽视了风险点在网络中的影响力,而某些风险点风险等级可能不高,但其影响力却很强,忽视这类风险点将会使运营安全管理出现较大监管漏洞。本书结合复杂网络理论,提出城市轨道交通运营风险点活跃度评价方法,真实反映网络中风险点风险状态发生可能性和影响程度。

为弥补传统节点重要度评价指标的不足,有学者提出基于 K-阶传播数和 K-阶结构熵的节点重要度评价方法。

节点的 K-阶传播数计算方法如下:

$$N_{v_i}^K = \sum_{j=1, j \neq i}^{n} I(l_{ij} \leq K) + 1 \tag{6-41}$$

式中:$N_{v_i}^K$——节点 v_i 的 K-阶传播数;

$I(\cdot)$——当节点 v_i 与节点 v_j 之间最短路径长度 $l_{ij} \leq K$ 时,则 $I(\cdot) = 1$;否则 $I(\cdot) = 0$。

网络的 0-阶传播数为 1。$N_{v_i}^K$ 还可以表示为:

$$N_{v_i}^K = \sum_{j=1}^{n} I\left[\sum_{\varphi=0}^{K} a_{ij}^{(\varphi)} > 0\right] \tag{6-42}$$

式中:$a_{ij}^{(\varphi)}$——网络邻接矩阵 $\boldsymbol{A}$ 的 φ 次幂 $\boldsymbol{A}^\varphi$ 中的第 i 行、第 j 列元素。

在一定的传播时限 K 内,以节点 v_i 为传染源最终导致感染的总人数越多,即 K-阶传播数 $N_{v_i}^K$ 越大,则 v_i 越重要。

在传播时限 K 内,分别以节点 $v_1, v_2, \cdots, v_n$ 作为传染源,则可得到 $N_{v_1}^K, N_{v_2}^K, \cdots, N_{v_n}^K$。$K$-阶结构熵则可以表示节点之间的重要度差异,即 $N_{v_1}^K, N_{v_2}^K, \cdots, N_{v_n}^K$ 的离散程度。计算公式如下:

$$H^K = -\sum_{i=1}^{n} \frac{N_{v_i}^K}{\sum_{j=1}^{n} N_{v_j}^K} \lg\left(\frac{N_{v_i}^K}{\sum_{j=1}^{n} N_{v_j}^K}\right) \tag{6-43}$$

不失一般性,可将公式的底数取为 2。H^K 值越大,则 $N_{v_1}^K, N_{v_2}^K, \cdots, N_{v_n}^K$ 之间的差异便越小,当 H^K 取最大值时,$N_{v_1}^K = N_{v_2}^K = N_{v_n}^K$,以此来评价节点重要性则是无意义的。因此,为有效地评价节点的重要性,需要寻找使得节点间重要性差异较大的传播时限取值,也可以对传播时限 K 的多个可能取值进行综合判断。

2)基于 K-阶结构熵的风险点活跃度评价方法

本书提出的风险点活跃度计算公式如下:

$$I_i(t) = \omega_i \sum_{K=0}^{d} c^K \cdot S_i^K \tag{6-44}$$

$$S_i^K(t) = \frac{N_i^K(t) - \min[N^K(t)]}{\max[N^K(t)] - \min[N^K(t)]} \tag{6-45}$$

$$c^K(t) = 1 - \frac{H^K(t) - \min[H(t)]}{\max[H(t)] - \min[H(t)]} \tag{6-46}$$

式中：$I_i(t)$——风险点 i 在 t 时刻的活跃度；

ω_i——风险点 i 的原始发生概率，物理组分类风险点为原生故障概率，外部环境类风险点为事件发生概率，人因类风险点为违规发生概率；

$N_i^K(t)$——t 时刻下 i 的 K-阶传播数，$N^K(t) = \{N_1^K(t), N_2^K(t), \cdots, N_n^K(t)\}$；

$S_i^K(t)$——$N_i^K(t)$ 归一化后的取值；

$H^K(t)$——K-阶结构熵，$H(t) = \{H^0(t), H^1(t), \cdots, H^d(t)\}$；

$c^K(t)$——权重系数。

6.4.3 面向组分和环境的关键安全屏障行为介入策略研究

6.4.3.1 基于风险点活跃度的关键安全屏障行为介入策略

根据安全屏障行为介入在运营基础风险子网中对物理组分类和外部环境类风险点的"删除"作用，本书借鉴复杂网络节点攻击策略研究方法研究关键安全屏障行为介入策略。

在复杂网络节点攻击策略研究中，多采用模拟随机和蓄意攻击的方式来观察网络整体性能的动态变化态势。随机攻击是指任意攻击网络节点，而蓄意攻击是指有选择性地攻击网络中的关键节点。经典的蓄意攻击策略主要包括度优先攻击策略和介数优先攻击策略等。

(1) 度优先攻击策略：用节点度值描述节点重要程度，将网络中节点按度的大小进行排序，优先选择度值大的节点依次进行攻击。该方法使用较为广泛，计算简便且攻击效果优于随机攻击策略。但节点度是一个局部特征量，难以反映网络的全局特征。改进的度优先攻击策略主要有 IDC(Initial Degree Centrality) 和 RDC(Recalculated Degree Centrality) 攻击策略。前者通过计算所有节点的度中心性，按计算值从大到小依次攻击；后者通过计算当前网络中剩余节点的度中心性，选择取值最大的进行攻击，每次攻击结束后需要重新计算剩余节点度中心性。

(2) 介数优先攻击策略：将节点的介数中心性作为节点重要程度的评价指标，优先选择介数中心性取值较大的节点依次攻击。中介中心性作为网络全局特征指标，在一定程度上能够反映节点的影响力。常用的介数优先攻击策略主要有 IBC

(Initial Betweenness Centrality)和 RBC(Recalculated Betweenness Centrality)攻击策略。前者通过计算所有节点的介数中心性,按计算值从大到小依次攻击;后者通过计算当前网络中剩余节点的介数中心性,选择取值最大的进行攻击,每次攻击结束后需要重新计算剩余节点的介数中心性。介数优先攻击策略在计算节点介数中心性时,需要对整个网络进行遍历,计算复杂度很高,难以应用于大规模网络。

而风险点活跃度指标能够很好地体现风险点自身初始状态及影响程度,且计算复杂度较低,优先对活跃度最大的风险点进行安全屏障行为介入也能够有效降低系统中风险激活的可能性和传播的影响程度,符合城市轨道交通运营安全管理的目标。因此,本书采取的基于风险点活跃度的安全屏障行为介入策略为:针对网络中活跃度最大的风险点进行安全屏障行为介入,将风险点从网络中剔除。当有风险点被剔除后,其他风险点的活跃度也会受到影响,需要重新计算当前的风险点活跃度。关键安全屏障行为介入策略生成流程如图6-31所示。

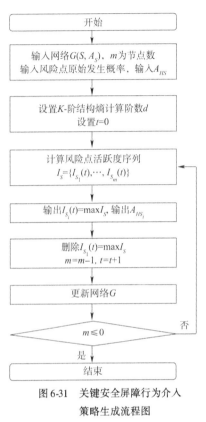

图6-31 关键安全屏障行为介入策略生成流程图

6.4.3.2 关键安全屏障行为介入策略效果评价

连通性是衡量网络性能的直接指标,它可以表示一个网络的完善程度。网络连通性越好,则风险在网络中传播速度越快、影响范围越广。针对风险点的安全屏障行为介入是通过对风险点的监测和处理使风险点在网络中"被删除",从而破坏风险网络的连通性,间接将风险传播的可能性及影响范围降低。本书通过最大连通子图规模来衡量风险网络性能,进而判断关键安全屏障行为介入策略的效果。

无向复杂网络可以通过图 $G=(V,E)$ 的形式来表示,其中 $V=V(G)$ 是点集,$E=E(G)$ 则是边集。若图 G 中任意一对顶点之间都有连接通路,则称图 G 是连通的。当图中的部分点和相邻边被删除后,会产生一个或多个连通子图。节点删除过程如图6-32所示。

第6章 城市轨道交通系统风险管控

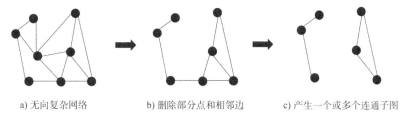

a) 无向复杂网络　　　b) 删除部分点和相邻边　　　c) 产生一个或多个连通子图

图 6-32　节点删除过程示意图

当网络连通度被破坏到一定程度时,该网络就被分割成了若干个连通子图。本书需要求解的最大连通子图需要符合以下三个条件:

(1) 子图中任意两个节点之间都有连接通路;
(2) 网络中除了该子图外的所有节点与该子图上的节点之间均没有连接通路;
(3) 该子图中包含的节点数目最多。

本书求解最大连通子图规模所用的算法为深度优先搜索(DFS),DSF 通过设置一个数组存储每个节点所在的连通子图信息,其思想是所有在同一个 dfs( ) 递归调用中的顶点都在同一个连通分量中。

6.4.4　面向人因的关键运营联动行为管理策略研究

6.4.4.1　基于边重要度的关键运营联动行为管理策略

在运营联动风险子网中,人因风险点之间通过运营联动行为邻接矩阵 A_H 对应的行为边进行风险传播。在复杂网络研究中,一般将对网络结构和功能起到重要作用的边称为关键边或者重要链路,关键边会影响网络连通性、网络平均距离及基于网络的传播与控制。本书中的关键运营联动行为管理策略将借助复杂网络关键边辨识的理论与方法来制定。在复杂网络关键边辨识研究中,常用的指标有以下几种:

(1) 边介数。

与节点介数中心性计算类似,边介数通过计算经过该边的最短路径数目与网络中所有节点对最短路径上数目的比值来衡量边的重要程度。边介数值越大,则该边越重要。计算方法如下:

$$\text{Betweenness}(e) = \sum_{i \neq j} \frac{g_{ij}^e}{g_{ij}} \quad (6\text{-}47)$$

式中:g_{ij}——节点 i 与节点 j 之间的最短路径数量;

g_{ij}^e——经过边 e 的最短路径数量。

边介数是边重要度评估时最常用的指标,能够反映边对整个网络中流或信息的控制能力。在实际情况中,为了降低运营成本、提高运营效率,人因岗位之间的运营联动行为也是优先选择最短路径进行的。边介数能够很好地挖掘最短路径通过频率最高的边。Girvan 和 Newman 认为,介数大的边一般用于连接不同社区,并将其最早用于社区发现。

(2)边权重。

在无权网络中,节点与节点之间的边代表的含义是一致的,但在实际生活中,不同的人之间的行为连接含义是大不相同的。复杂网络中通过给边赋予权重来表示节点之间连接关系的强弱或节点之间距离的远近。如学者 Yook 和 Barabasi 提出的无标度加权网络模型(WSF)、Barrat 等学者提出的 BBV 网络演化模型等,都通过引入边权的概念,来探讨网络特性。根据网络实际意义的不同,边权的赋值方法也是不同的。

Holme 等学者认为,复杂网络中边的权重与该边连接的两个节点的度是正相关的。因此,可将边权定义为边两端节点度的乘积,即:

$$\text{Degree}(e) = \omega_{ij} = \omega_{ji} = (k_i k_j)^\alpha, \alpha > 0 \tag{6-48}$$

式中:k_i、k_j——节点 i,j 的度;

α——边权重调节系数。

上述公式认为,处于度大节点间的连边,其重要性也大。学者 Onnela 等人则提出另一种定义边权的方法:

$$\text{Overlap}(e) = \omega_{ij} = \omega_{ji} = \frac{n_{ij}}{(k_i - 1) + (k_j - 1) - n_{ij}} \tag{6-49}$$

式中:k_i、k_j——节点 i,j 的度;

n_{ij}——节点 i 和节点 j 的共同邻居节点数。

上述公式认为两个节点共同的邻居节点越多,则这两个节点之间的连边关系越紧密。

边权重计算还可以根据实际应用情况进行调整,如通过边两端节点的度最大值、度最小值、介数乘积等方式定义。

(3)边扩散重要性。

边扩散重要性是从网络局部传播异质性考虑,将边两个方向上的信息扩散范围作为衡量边重要性的指标。具体计算方法如下:

$$\text{Diffusion}(e) = \frac{n_{i \to j} + n_{j \to i}}{2} \tag{6-50}$$

式中：$n_{i \to j}$、$n_{j \to i}$——信息从节点 i 传递到节点 j 和从节点 j 传递到节点 i 后,能到达的除共同邻居节点之外的邻居节点数。

边介数评估方法主要是根据边在网络中的功能重要度评价的,但在实际网络中,节点代表的含义是不同的。边介数相同的两条边会因为连接节点含义的不同而具有不同的重要性。因此,将边介数作为衡量边重要性的唯一方法具有一定的局限性。而边权重和边扩散重要性的评价方法只考虑了网络的局部特性,无法体现网络结构的全局特征,忽略了不同节点对网络全局传播的异质性。因此,结合风险点活跃度,提出了运营联动行为边重要度评价方法：

$$I_{ij}(t) = B_{ij}(t) + I_i(t) + I_j(t) \quad (6\text{-}51)$$

式中：$I_{ij}(t)$——边 e_{ij} 的重要度指标;

$B_{ij}(t)$——e_{ij} 的边介数;

$I_i(t)$、$I_j(t)$——边 e_{ij} 两端节点活跃度。

$I_{ij}(t)$ 的计算方法参考第 4.2 节。本书提出的运营联动行为重要度评价方法既考虑了行为边在网络中的功能重要度,也考虑了风险点自身活跃度,活跃度越大的风险点之间越容易通过运营联动行为发生风险传递。

因此,本书采取的关键运营联动行为管理策略为：针对网络中重要度最大的边对应的运营联动行为进行安全管理,使其能够安全进行,将行为边从网络中剔除。当有行为边被剔除后,其他边的重要度也会受到影响,需要重新计算当前的行为边重要度。关键运营联动行为管理策略生成流程如图 6-33 所示。

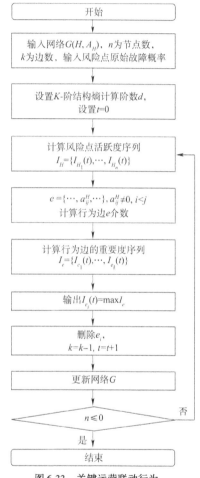

图 6-33 关键运营联动行为管理策略生成流程

6.4.4.2 关键运营联动行为管理策略效果评价方法

根据关键运营联动行为管理的目标可知,行为管理可以有效抑制不安全行为的发生。在联动行为风险网络中,可以理解为抑制人因联动风险通过联动行为发生传递,即"删除"行为边,破坏风险网络的性能。

对运营联动风险子网的拓扑属性进行分析可知,风险点之间连接很紧密,网络中风险点之间存在的大量冗余边,即使移除了两个风险点之间的行为边,仍然不影响其连通性。

因此,本书将利用边连通性指标作为运营联动行为安全管理效果评价的方法。边连通性(EP)可以很好地反映网络连通情况。计算方法如下:

$$EP = \sum_{h \in M} \frac{\sigma_h(\sigma_h - 1)}{2} \tag{6-52}$$

式中:M——网络进行边移除后的连通子图集合;

σ_h——边移除后第 h 个连通子图的大小。

网络中行为边删除后的 EP 值越小,表示当前网络的边连通性能越差,也就意味着所采用的关键运营联动行为安全管理效果越好。

6.5 本章小结

本章结合分层递阶智能控制理论,将城市轨道交通系统分为控制级、业务级和调度级的三级递阶结构,明确递阶循环协同控制含义,并结合基于 PDCA 的递阶循环管理理念,提出"治、控、救"三个阶段的控制目标及输入输出关系,以风险点为控制对象,以风险管控和隐患治理的双重预防为机制,以递阶循环协同控制为核心,构建了基于城市轨道交通系统 HCCC 模型,为城市轨道交通运营安全保障体系提供理论模型支撑。研究了基于人因复合风险网络的城市轨道交通系统安全管理策略,将风险点原始发生概率与风险点影响力指标 K-阶结构熵相结合,提出了风险点活跃度指标计算方法;结合风险点活跃度,在运营基础风险子网基础上采取基于风险点活跃度的关键安全屏障行为介入策略,选取最大连通子图规模作为安全屏障行为介入策略效果评价指标;在运营联动风险子网的基础上,提出基于风险点活跃度及边介数的运营联动行为边重要度评价方法,采取基于边重要度的关键运营联动行为管理策略,基于风险网络边连通性构建了运营联动行为管理策略效果评价指标。

第7章 城市轨道交通系统风险网络模型应用研究

车辆系统是城市轨道交通系统的主体,是完成运输功能、载运乘客的主要载体,在城市轨道交通系统建设过程中,大量子系统围绕车辆系统展开布置,因此可认为车辆系统是城市轨道交通系统中的最关键子系统。车辆系统通过轮轨关系、车地通信、车门及站台门协同、乘客上下车等与城市轨道交通系统的其他子系统保持着密切的联系,是实现列车运输功能的核心,也是安全保障过程中的重点。本章选取车辆系统及与车辆系统密切相关的其他风险点组成的网络模型进行应用研究。人是风险的产生者,同时也是风险的控制者,人因行为对系统全局安全有着重要作用,本章从面向组分和环境的关键安全屏障行为介入策略、面向人因的关键运营联动行为管理策略开展人因复合风险网络模型构建案例研究。

7.1 面向制动场景的风险链构建

制动系统是车辆的关键设备,列车一旦运行起来,制动系统将起着十分重要的作用,一旦发生故障,并导致事故发生,后果将十分严重,制动系统的安全可靠是列车行车安全的基本保障。本节以制动系统及其相关部件、人因和外部环境类因素为基础组分节点,辨识风险点,构建典型制动场景下的风险链,并识别制动场景下的关键风险点及影响关联分析。

7.1.1 制动场景下的风险点集

本文选用某地铁线路车辆制动系统为例展开研究。由图 7-1 可见车辆的制动系统由制动控制单元、辅助制动模块、辅助制动控制单元、风源模块、踏面制动单元等组成,实现供风及空气制动控制功能,其中制动控制单元、辅助制动控制单元以及执行制动动作的踏面制动单元是车辆制动的核心部件。

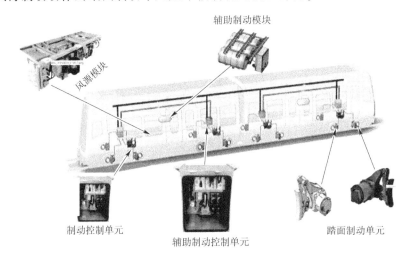

图7-1 制动系统构成

除制动系统本身以外,车轮、闸瓦、速度传感器、转向架上的空气悬挂装置车钩驱动设备、轮缘润滑系统也参与制动控制过程,对制动控制过程有着重要的影响,驾驶室操作台上的驾驶控制器、紧急制动按钮、停车制动按钮以及列车自动防护(ATP)系统也与制动过程有密切联系。

以某城市多条地铁线路3556条制动系统以及与其有密切关联的部分组分节点故障数据为例进行物理结构类风险点辨识,其中每条数据包含故障编号、故障日期、运行环境等36个属性字段。首先对所获得的数据进行预处理,删除掉一些对本书内容没有价值的数据,此外对相似的字段进行归一化处理,有助于提高分析的精度。

如前文所述,人因和外部环境同样会参与到制动过程中,对城市轨道交通系统运营的各个方面起着重要的作用。选取人因类和外部环境类风险点作为本节中人因类和环境类的基础组分节点,并进一步辨识其与制动过程的关系,确定其是否属于制动场景下的风险点。

通过对数据进行分析,本节共确定了与制动过程密切相关的物理结构类组分节点17个、人因类组分节点6个、环境类组分节点10个,共33个组分节点。本节调研得到的数据为某城市多条地铁线路6年的故障数据,为充分考虑各数据的影响,本节采用6年中各节点的年平均故障次数作为以一年为一个统计周期的累计故障次数,计算结果采用四舍五入法保留整数。制动场景下组分节点及其累计故障次数统计情况见表7-1。

表 7-1 制动场景下组分节点及累计故障次数统计

节点类别	编号	组分节点	全年故障次数	节点类别	编号	组分节点	全年故障次数
物理结构类	1	风源模块	73	人因类	18	维检人员	90
	2	辅助制动控制单元	30		19	司机	20
	3	辅助制动模块	12		20	运营组织人员	10
	4	管路	9		21	应急人员	2
	5	闸瓦	4		22	普通乘客	0
	6	紧急制动按钮	3		23	特殊乘客	0
	7	踏面制动单元	33	外部环境类	24	风	0
	8	速度传感器	22		25	雪	3
	9	空气悬挂装置	2		26	雨	6
	10	驾驶控制器	1		27	雾	0
	11	列车自动防护系统	8		28	空气重度污染	0
	12	车钩驱动设备	5		29	地质灾害	0
	13	制动控制单元	51		30	极寒	2
	14	车轮	8		31	大型活动	0
	15	防滑控制部件	8		32	交通出行偏好	0
	16	轮缘润滑系统	5		33	重大节假日	0
	17	停放制动按钮	6				

采用本书第 2 章中所提出的基于 ASF 的风险点辨识方法,从累计故障次数、结构重要度和功能重要度等几个角度出发,对 33 个组分节点进行辨识,并构建制动场景下的风险点集。

下面选取部分组分节点进行分析。

(1) 风险点"风源模块"的辨识。

对于"风源模块"这一节点,根据所获得的故障数据得知"风源模块"的累计故障次数为 73,在整个供电系统中属于故障次数较多的组分节点。根据所获取的数据计算所有风险点的全年平均故障次数为:

$$\frac{\begin{array}{c}73+30+12+9+4+3+33+22+2+1+8+5+51+8+\\ 8+5+6+90+20+10+2+3+6+2\end{array}}{33}\approx 12.52$$

"风源模块"的全年累计故障次数 73 远大于 12.52,故而该节点可判定为风险点。

(2)风险点"辅助制动模块"的辨识。

对于"辅助制动模块"节点,其累计故障次数为 12,小于 12.52,进入下一步判定。请 10 名专家对其结构强度进行评分,评分结果如表 7-2 所示。

"辅助制动模块"节点的结构强度评分　　　表 7-2

专家	节点									
	1	2	3	4	5	6	7	8	9	10
结构强度评分值	7	10	7	10	7	7	10	7	7	10

可得到"辅助制动模块"节点的结构强度为:

$$\varTheta_{14}=\frac{7+10+7+10+7+7+10+7+7+10}{10}=8.2$$

计算所有节点的结构强度,得到所有节点的结构强度总和为 125.3。可得到"辅助制动模块"节点的结构重要度为:

$$F_{14}=\frac{8.2}{125.3}=0.065443$$

由于 $F_{14}>1/33=0.30303$,故而"辅助制动模块"为风险点。

(3)风险点"雪"的辨识。

对于某些风险点,经过以上两步(步骤 1 为比较全年累计故障计数与全年平均故障次数,步骤 2 为比较专家结构强度评分值与节点平均结构强度),仍无法判断其是否属于风险点,接下来进入下一步判定,计算节点的功能重要度(步骤 3)。邀请车辆、信号、供电、机电、线路和土建设施、客运管理 6 个专业的专家,每个专业 2 位专家,共 12 人对组分节点进行评分,而后通过前文中提出的功能强度计算方法,计算节点的功能强度值,得到其功能重要度,进而评定其是否属于风险点。

对于外部环境类节点"雪",其累计故障次数(此处的累计故障次数指年降雪天数)小于 12.52,结构重要度小于 0.030303,无法通过全年故障次数和结构重要度判断其是否属于风险点,故而计算该节点的功能重要度。由 12 位专家对"雪"组分节点的功能性评分,如表 7-3 所示。

"雪"组分节点的功能性评分 表 7-3

专业	车辆		信号		供电		机电		线路和土建设施		客运管理	
专家编号	1	2	3	4	5	6	7	8	9	10	11	12
专家评分	3	5	4	7	6	8	6	7	6	8	8	4
相同专业评分和	8		11		14		13		14		12	

则"雪"组分节点的功能重要度评分为：

$$\frac{8 \times 11 \times 14 \times 13 \times 12 \times 12}{10^6} = 2.690688$$

评分值大于 1，所以该节点是风险点。

在基于 ASF 法进行风险点辨识时，依据累计故障次数、结构重要度已确定的风险点，不必计算其功能重要度。制动场景下 33 个组分节点计算结果如表 7-4 所示。

制动场景下 33 个组分节点计算结果 表 7-4

组分节点类别	编号	组分节点	累计故障次数	结构重要度	功能重要度
物理结构类	1	风源模块	73	0.075019952	—
	2	辅助制动控制单元	30	0.04868316	—
	3	辅助制动模块	12	0.065442937	—
	4	管路	9	0.007980846	0.272160
	5	闸瓦	4	0.017557861	0.151200
	6	紧急制动按钮	3	0.018355946	0.712800
	7	踏面制动单元	33	0.060654429	—
	8	速度传感器	22	0.0103751	—
	9	空气悬挂装置	2	0.028731045	0.181440
	10	驾驶控制器	1	0.043894653	—
	11	列车自动防护系统	8	0.02952913	0.518400
	12	车钩驱动设备	5	0.02952913	0.072576
	13	制动控制单元	51	0.075019952	—
	14	车轮	8	0.060654429	—
	15	防滑控制部件	8	0.063048683	—
	16	轮缘润滑系统	5	0.022346369	0.124416
	17	停放制动按钮	6	0.027134876	0.226800

续上表

组分节点类别	编号	组分节点	累计故障次数	结构重要度	功能重要度
人因类	18	维检人员	90	0.027134876	11.793600
	19	司机	20	0.022346369	7.862400
	20	运营组织人员	10	0.015163607	0.181440
	21	应急人员	2	0.028731045	0.126000
	22	普通乘客	0	0.027134876	0.290304
	23	特殊乘客	0	0.015163607	0.276480
外部环境类	24	风	0	0.012769354	0.272160
	25	雪	3	0.0103751	2.690688
	26	雨	6	0.02952913	6.949800
	27	雾	0	0.027134876	0.120960
	28	空气重度污染	0	0.019952115	0.226800
	29	地质灾害	0	0.012769354	0.226800
	30	极寒	2	0.024740623	6.177600
	31	大型活动	0	0.019952115	0.172800
	32	交通出行偏好	0	0.015163607	0.127008
	33	重大节假日	0	0.007980846	0.145152

由图7-2可知,组分节点的故障次数在平均故障次数线以上部分的点被判定为风险点。基于此,得到节点"风源模块""辅助制动控制单元""维检人员""司机""踏面制动单元""速度传感器"及"制动控制单元"属于制动场景下的风险点。

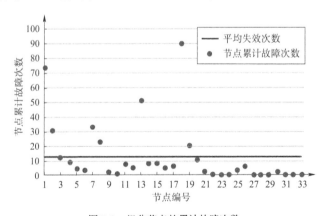

图7-2 组分节点的累计故障次数

当节点的结构重要度大于平均结构重要度，也就是大于 1/33 时，判定节点为风险点。由图 7-3 可知，"风源模块""辅助制动控制单元""辅助制动模块""踏面制动单元""司机控制器""制动控制单元""车轮""防滑控制部件"的结构重要度大于平均结构重要度。其中，在步骤 2 判定中"风源模块""辅助制动控制单元""踏面制动单元""制动控制单元"已被判定为风险点，故而利用结构重要度判定出的风险点为"辅助制动模块""车轮""防滑控制部件"。

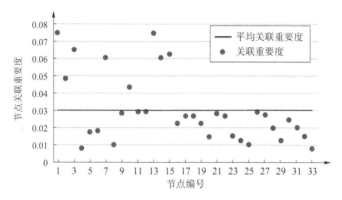

图 7-3　节点的结构重要度

由图 7-4 可知，"维检人员""司机""雪""雨""极寒"这几个组分节点的功能重要度大于 1，故被判定为风险点。

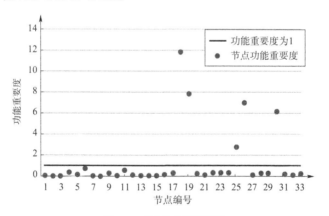

图 7-4　节点的功能重要度

通过以上方法，辨识出城市轨道交通系统中与制动过程有关的风险点为：

物理结构类风险点：风源模块（r_1^p）、辅助制动控制单元（r_2^p）、辅助制动模块（r_3^p）、踏面制动单元（r_4^p）、速度传感器（r_5^p）、空气悬挂装置（r_6^p）、司机控制器（r_7^p）、制动控制单元(r_8^p)、车轮(r_9^p)、防滑控制部件(r_{10}^p),共 10 个风险点。

人因类风险点:维修人员(r_1^h)、司机(r_2^h)两个风险点。

环境类风险点:雪(r_1^e)、极寒(r_2^e)、雨(r_3^e),共 3 个风险点。

故最终得到的风险点集如下。

人因类风险点集 R^h 为:

$$R^h = \{r_1^h, r_2^h\}$$

物理结构类风险点集 R^p 为:

$$R^p = \{r_1^p, r_2^p, r_3^p, r_4^p, r_5^p, r_6^p, r_7^p, r_8^p, r_9^p, r_{10}^p\}$$

外部环境类风险点集 R^e 为:

$$R^e = \{r_1^e, r_2^e, r_3^e\}$$

所以,制动场景下的风险点集 R 为:

$$R = \{R^h, R^p, R^E\}$$
$$= \{r_1^h, r_2^h, r_1^p, r_2^p, r_3^p, r_4^p, r_5^p, r_6^p, r_7^p, r_8^p, r_9^p, r_{10}^p, r_1^e, r_2^e, r_3^e\}$$

基于上述数据,利用提出的风险点辨识模型辨识城市轨道交通系统中与制动过程有关的风险点,所辨识出的风险点如表 7-5 所示。

与制动过程有关的风险点 表 7-5

风险点类	编号	风险点编号	风险点名称	风险点类	编号	风险点编号	风险点名称
物理结构类	1	r_1^p	风源模块	物理结构类	9	r_9^p	车轮
	2	r_2^p	辅助制动控制单元		10	r_{10}^p	防滑控制部件
	3	r_3^p	辅助制动模块	人因类	11	r_1^h	维修人员
	4	r_4^p	踏面制动单元		12	r_2^h	司机
	5	r_5^p	速度传感器	外部环境类	13	r_1^e	雪
	6	r_6^p	空气悬挂装置		14	r_2^e	极寒
	7	r_7^p	驾驶控制器		15	r_3^e	雨
	8	r_8^p	制动控制单元				

7.1.2 制动场景下的风险链构建

7.1.2.1 风险点状态值

根据 7.1.1 节提出的风险点状态计算方法,将调研得到故障数据分为每 1 年一组,共 6 组数据,分别计算 6 组数据中风险点的活跃状态值,计算结果如表 7-6

所示。风险点状态值将作为贝叶斯网络结构学习的输入。

风险点活跃状态值 表 7-6

编号	风险点编号	风险点名称	风险点活跃状态值					
			1	2	3	4	5	6
1	r_1^p	风源模块	0.17	0.19	0.25	0.26	0.20	0.22
2	r_2^p	辅助制动控制单元	0.07	0.17	0.12	0.11	0.15	0.14
3	r_3^p	辅助制动模块	0.09	0.09	0.08	0.06	0.09	0.08
4	r_4^p	踏面制动单元	0.08	0.14	0.10	0.07	0.11	0.10
5	r_5^p	速度传感器	0.14	0.07	0.09	0.13	0.08	0.08
6	r_6^p	空气悬挂装置	0.13	0.09	0.12	0.06	0.12	0.13
7	r_7^p	驾驶控制器	0.01	0.01	0.01	0.02	0.01	0.01
8	r_8^p	制动控制单元	0.24	0.17	0.23	0.20	0.17	0.18
9	r_9^p	车轮	0.04	0.03	0.04	0.04	0.03	0.03
10	r_{10}^p	防滑控制部件	0.04	0.05	0.04	0.04	0.05	0.03
11	r_1^h	维修人员	0.56	0.72	0.36	0.30	0.66	0.45
12	r_2^h	司机	0.44	0.28	0.64	0.70	0.34	0.55
13	r_1^e	雪	0.26	0.29	0.35	0.24	0.55	0.25
14	r_2^e	极寒	0.35	0.14	0.41	0.47	0.18	0.31
15	r_3^e	雨	0.39	0.57	0.12	0.29	0.27	0.44

7.1.2.2 制动场景下的风险链构建

基于以上数据,本节中使用 MATLAB 软件,借助机器工具进行网络结构学习,调用贝叶斯网络工具箱 Full-BNT,采用 BIC(基于模型的最大似然估计和模型复杂度的权衡)评分与爬山算法相结合的方式,学习贝叶斯网络结构。

在使用贝叶斯网络结构学习获取风险链结构时,首先需随机给出一个贝叶斯网络结构,接下来进行结构学习,由于人因类和外部环境类风险点的状态一般不会被物理结构类风险点所影响,而其状态变化会影响物理结构类风险点的状态,故将人因类和外部环境类风险点作为网络的父节点。为使所得到的贝叶斯网络结构更优,本节共实验 4 次,每次输入不同的初始贝叶斯网络结构,选取 BIC 评分值最高的网络结构作为贝叶斯网络结构学习的最优结构。

图 7-5 为给定不同的初始结构时,BIC 评分值的变化情况。由图可见,对于每一次学习,当评分值逐渐趋向于稳定后,随着学习次数的不断增加,评分结果有所

增加,并趋于稳定,此时所输出的贝叶斯网络结构是学习出的最优网络结构。第3组实验中BIC评分值为17,是4组实验中的最高评分值,故选取第3组实验的贝叶斯网络结构作为结构学习的最优网络结构。图7-6为贝叶斯网络结构学习后得到的最优网络结构图。

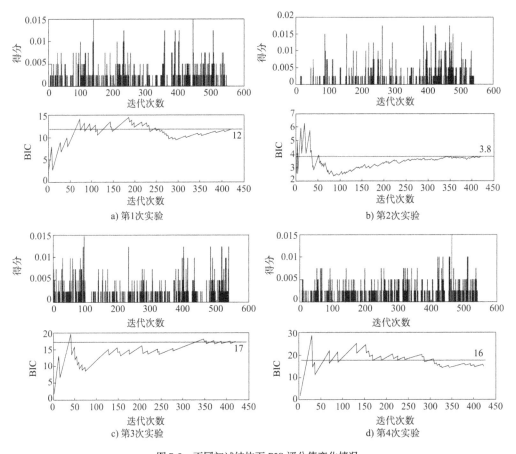

图7-5 不同初试结构下BIC评分值变化情况

接下来采用D-S证据理论的方法,对学习出的贝叶斯网络结构进行修正,并添加风险点之间的逻辑关系表达,得到最终的风险链结构。现选取风险点6(空气悬挂装置)和风险点9(车轮)风险点,运用D-S证据理论的方法分析两个节点之间的因果关系。选取3位专家对两个风险点之间的关系进行分析,根据D-S证据合成公式,进一步确定每组变量之间的证据关系。表7-7为风险点6和风险点9之间因果关系的专家信度分配及融合结果。

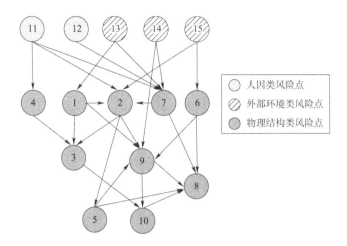

图 7-6　最优网络结构

专家信度分配及融合结果　　　　　　　　　　　　　　　　表 7-7

类型	信度分配			
	6→9	6←9	6↔9	不确定
专家1	0	0.1	0.5	0.4
专家2	0	0	0.5	0.5
专家3	0	0.2	0.7	0.1
融合	0	0.07	0.9	0.03

由以上分析结果知,"空气悬挂装置"和"车轮"风险点之间的关系可以删除。利用 D-S 证据理论方法,对结构学习后有连接边的所有风险点对进行分析,对结构学习后得到的贝叶斯网络结构进行修正,修正后的网络更能反映风险点之间的因果关系。接下来继续对网络进行分析,确定其逻辑关系表达,并添加到网络结构中,得到最终的风险链结构如图7-7所示。

在确定了贝叶斯网络结构后,下一步需要根据实际的样本数据,对网络结构中节点之间的耦合度进行计算,即使用贝叶斯网络参数学习的方法,学习网络中节点的条件概率分布,其中节点变量的先验分布为参数的先验分布。本研究借助 MAT-LAB 软件,调用 Full-BNT 工具箱,学习网络节点的参数。

7.1.3　风险推理

7.1.3.1　关键风险点识别

7.1.2 节获得了制动场景下的风险链,现假设无任何观测证据,借助 MATLB

工具协助概率推理过程,通过调用 Full-BNT 工具箱中的 engine = jtree_inf_engine (bnet)计算各节点的边缘分布,得到节点的状态概率值。图 7-8 所示为节点具有联合概率的风险链。

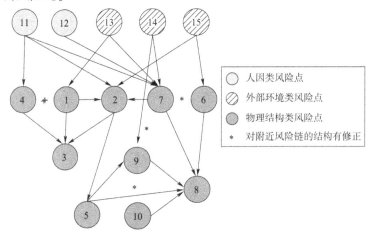

图 7-7　风险链结构

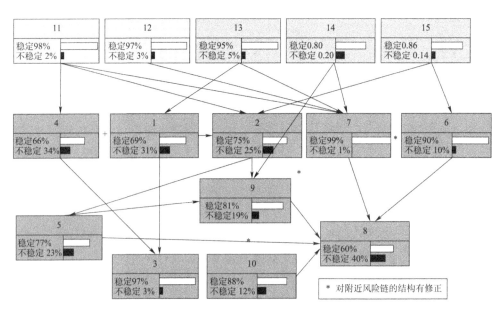

图 7-8　节点具有联合概率的风险链

节点的不稳定状态发生的概率越大,说明此节点越重要。根据图 7-8 可知,节点 1(风源模块)、节点 2(辅助制动控制单元)、节点 4(踏面制动单元)

节点5(速度传感器)、节点8(制动控制单元)、节点14(极寒)的不稳定状态发生的概率较大,故而其在制动场景下的风险链中属于关键风险点。其中,"风源系统"为车辆制动系统提供压缩空气,是全车空气管路的基础,担负着供给全车气动机械及制动机所需的高质量、洁净干燥的压缩空气任务,对整个制动过程起着十分重要的基础性作用;"制动控制单元"用于接收列车给出的制动信号,控制车辆的制动和缓解,是整个制动过程最核心的环节;"辅助制动控制单元"辅助供给车辆所需干燥气体,并参与停放制动的控制,对整个制动系统而言也十分重要;"踏面制动单元"是空气制动系统中的直接执行机构,对整个制动系统而言起着基础保障作用,城市轨道交通系统车站间距短、踏面制动单元制动、缓解动作使用频繁,踏面制动单元一旦失效,对整个城市轨道交通而言危险性巨大;"速度传感器"监测到轴的速度频率信号,由车辆制动控制单元接收后,通过通信网络传递给牵引系统的控制单元,所以速度传感器与制动控制单元有着密切的联系;"极寒"天气下,由于热胀冷缩现象,制动系统中的部件容易出现故障。

7.1.3.2 影响关联分析

在风险链中,输入一个节点的状态概率,可以推理出其他节点的状态概率变化情况,以此分析风险点之间的影响关联。假设"司机"这一风险点状态发生改变,其由稳定状态转为不稳定状态,在风险链中将"司机"这一风险点的不稳定状态概率设为100%,表示司机已经发生不稳定情况,这种情况会引起网络中其他节点的概率发生变化,通过贝叶斯网络概率推理的方法,对其他节点的不稳定概率进行计算,从而分析"司机"这一风险点对其他风险点的影响。调用MATLAB软件中的团树传播法的算法,进行贝叶斯网络推理,得到的风险链中参数变化如图7-9所示。

由图7-9可见,当网络中"司机"风险点的不稳定状态概率值为100%的时候,风险点7"司机控制单元"和风险点8"制动控制单元"的不稳定状态概率变化值最大,其中风险点"司机控制单元"的活跃概率从1%变为33%,"制动控制单元"的不稳定状态从40%变为75%,由此可见,风险点"司机""司机控制单元"和"制动控制单元"之间有一定的因果关系,这一点在实际制动过程中也有体现。司机误操作可能会导致司机控制单元出现故障,发出错误信号,向制动控制系统传递错误信息,制动控制系统接收到不正确的信息无法识别并发出制动控制命令,若多次接收到乱码信息等情况还有可能导致制动控制系统故障,无法为车辆提供制动控制命令,进而有可能导致事故的发生。

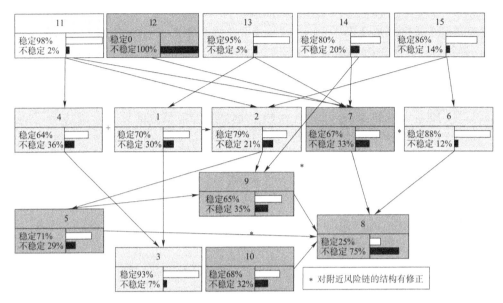

图7-9 "司机"不稳定状态下的联合概率风险链

除风险点7和风险点8以外,风险点9"车轮"和风险点10"防滑控制部件"的不稳定状态的概率值也有一定的变化,"车轮"的活跃概率从19%变为35%,"防滑控制部件"的活跃概率从12%变为32%,产生这种情况的主要原因是"车轮"及"防滑控制部件"都会对"制动控制单元"产生一定的影响,而制动控制单元的活跃概率变化也会反过来造成与之有关的其他风险点的状态发生一定变化,但变化概率不会太大。同样地,风险点8和风险点9的状态变化也导致了风险点5"速度传感器"的活跃状态的概率发生一定变化。除以上风险点之外,部分其他风险点的不稳定状态概率也略有变化,但变化值相对较小,所以,可认为"司机"风险点的状态变化对其他风险点状态的影响不大。

对于运营部门而言,可基于以上分析,当"司机"这一风险点出现不安全行为时,根据影响关联分析结果,重点监控"司机控制单元"和"制动控制单元",加大检修及监管力度,预防事故的发生。此外,也可对"车轮"和"防滑控制部件"定期进行检查,防止其发生故障,而对于制动场景下的其他风险点不必重点监控,只需按照常规检修安排,执行检修操作即可。

由图7-9可看出,风险点6、7、9、10之间具有"或"的关系,可知当"空气悬挂装置""司机控制单元""车轮""防滑控制部件"其中任一风险点状态变化时都有可能导致"制动控制系统"故障,进而导致事故发生。

设置不同风险点的不安全状态概率值，观察其他风险点的状态概率变化情况，可以分析出多种情况下的风险发生发展情况。此外，也可设置多个风险点的活跃状态概率值同时变化，推理风险链中其他风险点的状态变化情况，以此判断多因素变化对整个风险链的影响情况。

7.2 基于车辆系统的风险传播与控制实例分析

7.2.1 城市轨道交通车辆系统风险网络模型构建

在城市轨道交通网络模型的基础上，提取出车辆系统及相关系统节点构建网络模型。为了便于描述，将风险点进行编号，如表7-8所示。

车辆系统及相关系统风险点列表　　　　表7-8

编号	名称	编号	名称	编号	名称	编号	名称
1	车体结构	19	轮饼	37	异物入侵	55	连杆
2	车体钢结构构架	20	速度检测装置	38	强降雨	56	间隔铁/限位器
3	底架	21	联轴器	39	大风	57	夹板
4	车体外墙板	22	牵引电机	40	大客流	58	轨枕
5	风道	23	灯管	41	司机安全意识	59	道床
6	门机构	24	制动控制单元	42	司机操作失误	60	弹性垫层
7	防爬装置	25	齿轮箱	43	司机精神状态	61	弹条/扣板
8	车体焊接小件	26	门板	44	钢轨	62	轨距块
9	车钩	27	制动阀类部件及塞门	45	辙叉	63	螺旋道钉
10	构架	28	防滑装置	46	螺栓螺母及弹簧垫圈	64	劳动防护不当
11	接地装置	29	风管	47	铁垫板	65	设备工具未及时出清
12	闸瓦	30	空气压缩机	48	连接零件	66	人员业务水平不达标
13	一系悬挂装置	31	空气压缩机启动装置	49	顶铁	67	暴雪
14	减振器	32	干燥器	50	岔枕	68	边坡
15	轴箱装置	33	风缸	51	护轨	69	路肩
16	排障器	34	空调机组	52	基本轨	70	门机电机
17	二系悬挂装置	35	辐流风机	53	尖轨	71	传动装置
18	车轴	36	电加热	54	牵引逆变器	72	滑动门

续上表

编号	名称	编号	名称	编号	名称	编号	名称
73	电磁锁	83	控制电源	93	联锁主机	103	通信前置机
74	机械解锁	84	车载电源	94	服务器设备	104	应答器
75	地槛	85	供电线缆	95	信号机	105	轨旁电子单元
76	顶箱/固定侧盒	86	车载机柜	96	站台门接口	106	安全意识淡薄
77	PSC(中央控制盘)	87	无线天线	97	紧停按钮	107	高温
78	PSL(就地控制盘)	88	人机界面	98	电动转辙机及杆件	108	连锁主机
79	IBP(综合后备盘)	89	头尾贯通缆	99	调度员工作站	109	轨旁 AP 箱设备
80	DCU(门控单元)	90	区域控制/ATP 计算机	100	车站 ATS 分机	110	网管设备
81	客流	91	测速电机	101	发车计时器	111	波导管/漏缆/无线天线
82	蓄电池	92	应答器天线	102	磁盘阵列设备	112	碳滑板/受电弓

形成的列车系统网络模型共有 112 个节点、207 条边。根据节点之间的连接关系,可得到网络模型及社团划分图。

7.2.2 城市轨道交通车辆系统风险传播仿真实验

车辆系统网络模型及社团划分

7.2.2.1 网络拓扑属性值计算

在构建风险传播模型前首先需要计算网络节点的拓扑属性。车辆系统网络拓扑属性值如图 7-10 所示,车辆系统网络指标如表 7-9 所示。

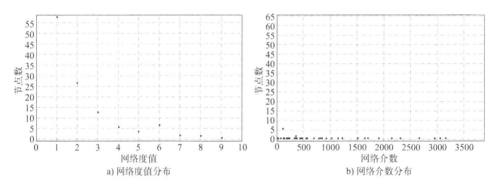

a) 网络度值分布 b) 网络介数分布

图 7-10

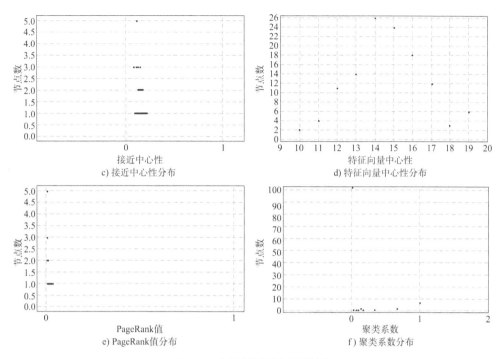

图 7-10 车辆系统网络拓扑属性值

车辆系统网络指标 表 7-9

指标名称	属性值	指标名称	属性值
平均度	2.3	平均网络直径	7.22
最大网络直径	19	图密度	0.019
聚类系数均值	0.153		

与城市轨道交通网络相比,车辆系统网络具有更大的平均网络直径、聚类系数,更小的平均度值、图密度。从拓扑结构上比较,车辆系统网络也保留了部分节点低中心性、桥形节点高连通性的特点,社团效应明显,因此能够使用安全熵及网络传播影响力指数(INC 指数)对网络进行评价。在传播仿真中,需要估算在节点之间的风险传播能量等级,将计算得到的网络拓扑指标代入安全熵公式进行计算,结合对应线路近三年事故日报数据得到的统计事故原生概率 W_{ij},可以计算节点安全熵 $q_i(t)$:

$$q_i(t) = \sum_{j \in ar(i)} \frac{\mathrm{dif}_{j,i}(t) \cdot S_j}{\sum_{k \in ar(j)} \mathrm{dif}_{k,j}(t)} \tag{7-1}$$

$$\begin{cases} S_i = [1-p(k_i)] \cdot N \\ F_i = [1-p(d_i)] \cdot N \\ I'_i = S_i \cdot F_i \cdot e^{S_i \cdot \sum W_{ij}} \\ I_i = \dfrac{I'_i}{\sum_{i=1}^{N} I'_i} \\ H_i(t) = -I_i(t) \cdot \lg I_i(t) \\ \text{dif}_{i,j}(t) = \dfrac{H_i(t) - H_j(t)}{l_{ij}^{\gamma}} \end{cases} \quad (7-2)$$

其中,k_i 是节点 i 的度值;d_i 是节点 i 的介数值,代入前文计算结果;N 是网络中节点的数量,为 112;γ 为数据拟合参数,取 1.24。代入常数值,计算中间变量,可以获得车辆网络模型中,节点安全熵,如图 7-11 所示。

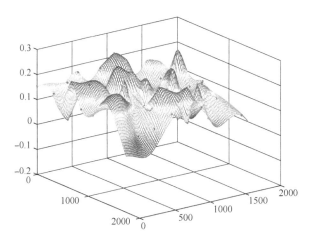

图 7-11 车辆系统节点安全熵

7.2.2.2 车辆系统风险传播演化模型构建及仿真

为了验证改进 SIR 风险传播仿真算法的实际应用效果,需要对车辆系统进行风险传播过程仿真,主要分为三个步骤:①首先根据实际场景设置假设条件及仿真参数;②确定仿真起止条件;③多次进行仿真对照实验。在仿真过程中,需要设定故障、事故发现时间、人工处置免疫时间等基本参数。参考对应线路实际处置经验以及巡检、维检平均时长,得到仿真参数值如表 7-10 所示。

第7章 城市轨道交通系统风险网络模型应用研究

仿真参数值　　　　　　　　　　　　　　　　　　　　　表 7-10

符号	含义	单位	参数值
t_a	仿真的总时间	s	2592000
t_m	能量蔓延型风险平均发现时间	s	3600
t_s	能量释放型风险平均发现时间	s	7200
t_{im}	平均免疫时间	s	86400
K_1	能量蔓延型风险平均链路长度	节点数	16.91
K_2	能量释放型风险平均链路长度	节点数	5.06
p_i	节点i的原生故障概率	—	历史数据拟合

在仿真过程中,蓄意攻击起点即为网络中风险的初始位置,需要对风险起点进行分类归纳。根据事故日报数据统计,城市轨道交通车辆系统风险主要分为以下三类:

(1) 运行前风险(车辆原生风险)。

运行前风险是车辆系统自身存在的、由理化性质变化引起的部件的变形、断裂以及腐蚀风险。该类风险开始于车辆系统内部,直接作用于车辆系统。车辆系统产生故障可能影响行车计划,转化为事故时严重危及乘客安全和正常运营秩序。

(2) 运行中风险(其他系统原生风险)。

运行中风险是车辆系统在运行过程中外部产生的,由轮轨关系、弓网关系、车地信息传输途径传播的风险。该类风险开始于车辆系统外部,通过风险传播过程影响车辆系统;运行中风险传播速度快,具有难以快速免疫的特点。

(3) 外部环境因素风险(环境原生风险)。

外部环境因素风险是车辆系统在日常运行维检过程中由外部产生的直接施加于车辆系统及相关系统的风险。该风险主要包括天气因素、工作人员因素。该类风险开始于外界环境且随机性较强,风险直接作用于车辆系统且不可阻断。

根据三种风险发生情况,分别在车辆系统内部、车辆系统相关系统、外部环境三个起点中按节点原生概率随机产生风险激活状态节点进行仿真实验。

扫描二维码"城市轨道交通车辆系统风险演化网络状态"看到的图片中,红色节点为能量蔓延型风险激活态节点,对应红色连边为风险传播路径;紫色节点为能量释放型风险激活态节点,对应紫色连边为风险传播路径;橙色连边为两种风险间相互转化影响传播路径;图片选取自在

城市轨道交通车辆系统风险演化网络状态

仿真过程中风险传播链路突破风险波面转化为事故的典型路径。

(1)车辆源生风险传播路径。

根据风险传播路径可以得到,车辆源生风险在传播过程中能量蔓延型风险比例较大(达到71.86%,远大于平均水平58.69%),风险传播规模社团化明显。车辆原生风险传播路径如表7-11所示。

车辆原生风险传播路径　　　　表7-11

编号	所属系统	传播路径	风险类型
l_1	转向架系统	v_{18}车轴→v_{15}轴箱装置 $\begin{array}{l}\to v_{13}\text{一系悬挂装置}\\ \to v_{17}\text{二系悬挂装置}\end{array}$	能量释放型
l_2	牵引系统	v_{25}齿轮箱→v_{21}联轴器→v_{22}牵引电机	能量蔓延型
l_3	制动系统	v_{58}空压机→v_{57}管路→v_{12}闸瓦→v_{19}轮饼	复合型

传播路径l_1是在转向架系统中产生的,路径由车轴传播至悬挂系统。车轴承担来自车轮的纵横向应力,并传输给轴承;轴箱主要包括滚动轴承、轴箱体,常见的风险因素有箱体油污、紧固螺栓松脱、轴承损伤腐蚀等,属于能量释放型风险;一系悬挂装置也被称为轴箱悬挂装置,其安装在轴箱和转向架之间,用于缓和垂向冲击,约束轴箱和转向架之间的横纵向运动。列车运行过程中,当由车轴传递的应力超过最大竖向载荷时,轴箱部件产生裂纹或损伤,从而导致垂向振动加速度增大,最终影响列车悬挂系统及减震性能,因此传播路径l_1是与实际情况相符的。

传播路径l_1

传播路径l_2是在牵引系统中产生的,路径由齿轮箱至牵引电机。齿轮箱将牵引电机的动力转化为轮轴系统的动力。联轴器是牵引电机与齿轮箱的连接部件,工作时由牵引电机的转动带动联轴器,联轴器再带动齿轮箱中的齿轮,最后由齿轮将转动传递给轮对从而完成动力传动。车辆运行过程中,齿轮箱由于设计结构复杂、工作环境恶劣,很容易出现齿轮损伤、轴承失效、油封失败等故障。当齿轮箱运转不畅,电机产生抱轴事故导致电机烧毁,与风险传播路径l_2相符。

传播路径l_2

传播路径l_3是在制动系统中产生的,路径由空气压缩机至轮饼。列车空气制动系统中风压缩机作用是将空气压缩储存在风缸内;当列车需要制动时通过管路将压力传递至闸瓦,通过闸瓦与轮对摩擦产生制动力。当风管破损、堵塞或空气压缩机动力不足时,制动力不足,进而闸瓦力量不足,从而产生列车制动性能差,超速等现象,与风险

传播路径l_3

传播路径l_3相符。

传播路径l_4是在牵引系统中产生的,路径由受电弓至牵引电机。本节调研的城市轨道交通列车通过受电弓或碳滑板与接触网接触获取能源或反馈列车再生能。由于受流工况复杂,受电弓或碳滑板存在纵性裂纹、异常磨耗、碳滑板掉块等现象;牵引逆变器主要用于交直流逆变系统为牵引电机提供电力支持。当碳滑板/受电弓受流部分破损故障,出现拉弧现象从而影响牵引电机正常运转,与风险传播路径l_4相符。

传播路径l_5是在线路系统中产生的,路径由电动转辙机至轮饼。在线路系统中,道岔转辙动力由电动转辙机提供,电动转辙机存在接触不良、齿条块不能转到位、齿轮咬合不紧等风险,会导致转辙动力不足或转辙位置变形。风险随力臂传递,导致尖轨三开、尖轨基本轨不密实。当列车行驶至道岔可能产生挤岔事故,严重的话可能导致列车出轨。该风险在轨道系统中为能量蔓延型风险,在与列车交互过程中转化为能量释放型风险,与风险传播路径l_5相符。

传播路径l_4与l_5如表7-12所示。

传播路径l_4与l_5 表7-12

编号	所属系统	传播路径	风险类型
l_4	牵引系统	v_{112}受电弓→v_{54}牵引逆变器→v_{22}牵引电机	能量蔓延型
l_5	线路系统	v_{98}电动转辙机→v_{45}辙叉→v_{53}尖轨→v_{19}轮饼	复合型

(2)环境原生风险传播路径。

环境原生风险在传播过程中平均产生事故风险路径长度较短,风险由原生节点开始传播至事故发生的时间较短快,事故数量在三种类型中最多。环境原生风险传播路径见表7-13。

环境原生风险传播路径 表7-13

编号	所属系统	传播路径	风险类型
l_6	车辆系统	v_{69}司机安全意识→v_{70}司机操作失误→v_{90}ATP/ATO系统→v_1车体结构	能量蔓延型
l_7	线路系统	v_{38}强降雨→v_{96}边坡→v_{44}钢轨→v_{19}轮饼	能量释放型

传播路径l_6是在车辆系统中产生的,路径由司机行为至车体结构。司机是运营过程中的重要外界因素,在网络中度值很大,司机的风险状态可能为:安全操作

意识不足、操作失误、精神状态不佳等。ATO 系统通过控制列车的牵引、制动来调节列车的速度。因此,当司机误操作或安全驾驶意识不足时,ATO 系统失灵或故障情况下,列车将会失去控制,严重情况下可能发生超速脱轨追尾事故,与风险传播路径l_6相符。

传播路径l_6

传播路径l_7是在线路系统中产生的,路径由强降雨至轮饼。城市轨道交通系统部分区间土建结构在地上,当外部环境中出现强降雨、大风等恶劣天气,受雨水冲刷或风力影响,边坡沙石、树木可能被冲入轨道,入侵限界,列车可能与异物相撞产生轨面破损、碰撞或者脱轨事故,与风险传播路径l_7相符。

传播路径l_7

通过以上分析能够发现,风险产生的起点与风险传播路径之间具有较为明显的相关关系。车辆系统中产生的风险路径倾向于在车辆系统内诸多小社团中传播,由于车辆系统节点能级较高,因此能量蔓延型风险比例较高。车辆系统风险在运行过程中严重影响行车安全,且由于移动速度快,难以及时免疫切断风险传播路径,因此在列车出库前需要对车辆系统进行维护、检修以确保关键节点风险状态未激活。

在其他系统中,风险通过与车辆系统交互的关键环节传播至车辆系统。在其他系统中由于风险能级较低,因此能量释放型风险比例有所提高。在其他系统发生事故后需要及时处理,严格管控关键环节,避免风险传播至车辆系统。

外部环境类风险具有影响范围广、产生随机的特点,可能导致多种系统节点(土建、线路、信号)状态同时变化,从而涌现形成严重事故。对关键外部环境因素需要进行人为监控,在恶劣天气下需要进行人员值守,对关键岗位操作人员业务水平需要进行定期考核,避免产生大范围的风险传播。

7.2.3　车辆系统风险免疫控制策略生成方法仿真验证

7.2.2 节将风险分为"车辆原生风险""其他系统原生风险""环境原生风险"三类,并根据事故典型风险传播路径,分析了各种类型风险的特点。由于车辆系统的空间位置动态变化,在系统发生故障或事故后不能像地面固定设施一样及时修复免疫。当发生重大事故后需要列车停运并进行乘客疏散,这将严重影响行车秩序和应急响应效率。因此,运营者需要根据风险原生位置的不同,制定符合运营场景的免疫策略,并尽可能地从风险链切断数、风险激活节点变化率、关键社团状态三个角度实现免疫最优。

依据《北京城市轨道交通工程设计规范》(DB 11995—2013),城市轨道交通车辆维修主要分为厂修、架修、月检、列检四种等级,某城市轨道交通企业车辆维修周期见表 7-14。

某城市轨道交通企业车辆维修周期　　　　　　表 7-14

维修等级	维修周期		停修周期	
	里程(万 km)	时间	停修	库停
厂修	140~150	14~15 年	60 日	50 日
架修	36.5~45.5	2~3 年	22 日	13 日
月检	3	2 个月	1 日	1 日
列检	每日或双休			

据调研,某城市轨道交通企业主要采用均衡修对车辆系统进行维护,其维修周期见表 7-15。

某城市轨道交通企业车辆维修周期　　　　　　表 7-15

维修等级	维修周期		维修等级	维修周期	
	里程(万 km)	时间		里程(万 km)	时间
厂修	110	9 年	架修	50	3 年
月检	1	1 个月	列检	每日	

对仿真基本参数及节点进行假设:

(1)模型仿真周期为 1 个月,免疫周期设置为月检、列检,其中月检设置为在第 15 天时进行,列检设置为每天 12 时进行。

(2)对除车辆系统以外的其他系统采用每日检修的方式,可获取节点的风险状态;外部环境类节点风险状态发生随机且无法获取。

(3)在检修过程中,根据专家意见设置节点检修规模为 $M=50$,因此采取随机免疫策略在网络中随机选择 50 个节点进行免疫,目标免疫选取节点中度值排名前 50 节点(排名重复参考介数指标)。根据社团直径及社团拓扑重要性,节点随机游走算法参数取值见表 7-16。

节点随机游走算法参数　　　　　　表 7-16

序号	社团名称	周期(T_c,单位:12min)	迭代次数(N)
1	主通信模块	167	12
2	供电系统	127	15
3	信号及轨道电路	179	9
4	车载通信系统	167	15

续上表

序号	社团名称	周期(T_c,单位:12min)	迭代次数(N)
5	调度人员、作业人员	138（外部环境类节点无周期）	12
6	道岔系统	135	15
7	线路系统	162	15
8	转向架系统	120	15
9	车体上部结构	150	12
10	司机行为	167	15
11	制动系统	171	15

首先，在网络中随机设置风险激活状态节点 $v_l \in \{v_1, v_2, \cdots, v_n\}$，使网络中节点状态不随时间（900个单位时间）变化，从而模拟在系统中产生的设施或设备故障。之后将 7.2.2 节预测得到的风险传播路径集 $L = \{l_1, l_2, \cdots, l_7\}$ 导入，分别对免疫过程进行仿真实验。通过观察网络中风险链的免疫过程，并与实际维修检修过程进行对比。不同风险传播路径下的风险免疫仿真结果如图 7-12 所示。

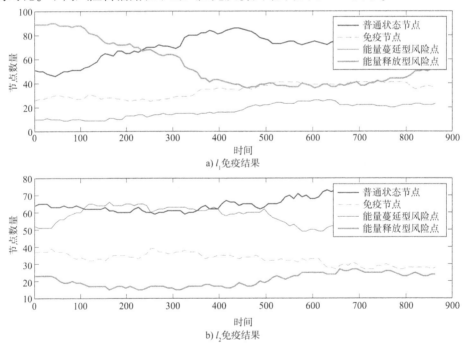

图 7-12

第 7 章 城市轨道交通系统风险网络模型应用研究

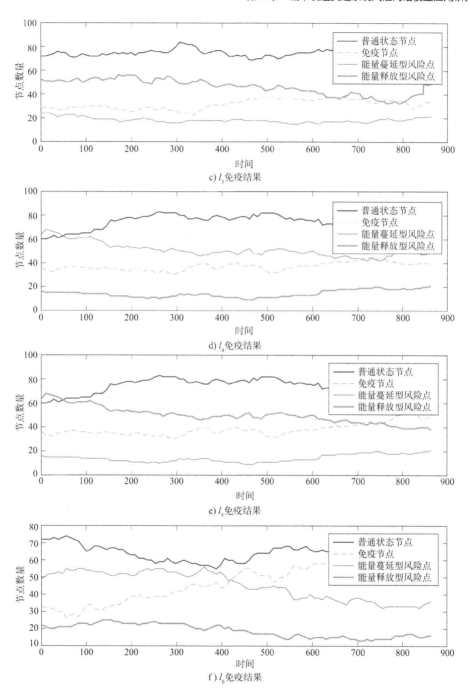

图 7-12 不同风险传播路径下的风险免疫仿真结果

图 7-12 中横轴为实验开始的时间，纵轴为网络中感染节点的数量，在网络中以 $L=\{l_1,l_2,\cdots,l_7\}$ 路径集作为感染状态。风险传播路径的前 120 单位时间前采取免疫措施，将各类风险点数量与仿真结果进行对比，能够发现，车辆类风险在生成免疫策略后关键风险路径被切断，网络中激活状态风险点比例变小，关键社团状态改善。免疫策略评价指标见表 7-17。

免疫策略评价指标　　　　　　　　　　　　　　表 7-17

参数名称	l_1	l_2	l_3	l_4	l_5	l_6	l_7
风险链切断数 $W_l(t)$	0.300	0.286	0.229	0.222	0.241	0.203	0.259
风险激活节点变化率 $W_n(t)$	0.281	0.320	0.432	0.278	0.461	0.308	0.297
关键社团状态完好率 $W_s(t)$	0.997	0.992	0.990	0.998	0.989	0.994	0.993

根据免疫策略评价指标，基于节点随机游走的免疫算法在对车辆系统、其他系统、外部环境原生风险免疫过程中均具有较好效果。从风险传播路径角度分析，路径 l_1、l_2 免疫效果最好，单位时间内切断的风险链数量 $W_l(t)$ 最多（0.300、0.286）。l_1、l_2 是以车辆系统节点为起点并传播形成的风险路径，由于车辆系统中风险倾向于在社团内传播，社团搜索算法在处理社团均匀分布的风险具有较好的效果。从免疫风险种类分析，免疫策略对于单一种类的风险路径免疫效果（l_1、l_2、l_4、l_6、l_7）较好，平均关键社团完好率 $W_s(t)=0.9948$；对于复合型风险路径（l_3、l_5）效果较差，平均关键社团完好率 $W_s(t)=0.9895$。由于复合型风险容易跨社团传播，而不同社团之间的随机游走周期不同，从而导致风险路径生成速率较快，随机游走器由于周期限制不能快速响应。

分析网络免疫效果发现，使用基于节点随机游走的免疫算法对车辆系统原生风险具有较好的免疫效果，对于单一类型的风险传播具有更好的免疫效果。制动系统及线路系统导致的列车脱轨事故，其中传播路径 l_3 为（v_{58} 空压机→v_{57} 管路→v_{12} 闸瓦→v_{19} 轮饼），传播路径 l_5 为（v_{98} 电动转辙机→v_{45} 辙叉→v_{53} 尖轨→v_{19} 轮饼），均由于轮轨间运行环境被内部、外部风险改变，导致列车动能意外释放。为了提高免疫效率，本节对列车系统中走行部进行实时免疫。风险传播关键路径节点永久免疫策略见表 7-18。

风险传播关键路径节点永久免疫策略　　　　　　　表 7-18

关键节点	路径	关键环节	实时免疫方式
v_{15}	$v_{18} \to v_{15} \begin{array}{c}\to v_{13}\\ \to v_{17}\end{array}$	$v_{18} \to v_{15}$	轴箱检测装置

续上表

关键节点	路径	关键环节	实时免疫方式
v_{25}	$v_{25} \rightarrow v_{21} \rightarrow v_{22}$	$v_{25} \rightarrow v_{21}$	齿轮箱检测装置
v_{57}	$v_{58} \rightarrow v_{57} \rightarrow v_{12} \rightarrow v_{19}$	$v_{58} \rightarrow v_{57}$	空气压力检测装置
v_{112}	$v_{112} \rightarrow v_{54} \rightarrow v_{22}$	$v_{112} \rightarrow v_{54}$	受电弓、碳滑板磨耗识别
v_{98}	$v_{98} \rightarrow v_{45} \rightarrow v_{53} \rightarrow v_{19}$	$v_{98} \rightarrow v_{45}$	轨道自动转辙机控制检测
v_{90}	$\begin{array}{c}v_{69} \rightarrow \\ v_{70} \rightarrow\end{array} v_{90} \rightarrow v_{1}$	$v_{90} \rightarrow v_{1}$	列车自动驾驶系统
v_{44}	$v_{38} \rightarrow v_{96} \rightarrow v_{44} \rightarrow v_{19}$	$v_{96} \rightarrow v_{44}$	钢轨异物入侵检测

如表7-19所示，对节点进行运营全过程的免疫，对网络节点进行仿真，结果如图7-13所示。由图7-13能够发现，在全局免疫后，两种风险激活状态节点的数量大幅下降，实现了预期免疫目的。

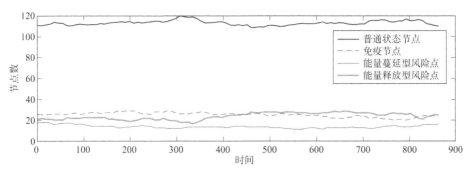

图7-13 关键节点免疫后免疫结果

7.3 人因复合风险网络模型构建及系统运营安全管理策略应用实例

7.3.1 城市轨道交通运营企业调研

结合本书提出的城市轨道交通运营人因复合风险网络模型构建方法，本节将通过调研城市轨道交通运营企业以及与相关专家进行访谈，获取网络模型构建资料。

(1) 岗位风险点运营联动行为调研。

本文根据事故案例分析及专家意见确定了 21 个重要运营岗位,并对某城市轨道交通运营企业展开调研,主要调研成果为各岗位员工的操作手册。这部分资料明确规定了员工在工作过程中的运营联动行为。这部分调研成果是运营联动行为邻接矩阵 A_H 的基础。

某城市轨道交通运营企业电客车司机操作手册

(2) 物理组分风险点及外部环境风险点相关调研。

物理组分是城市轨道交通运营功能实现的基础,其状态极大地影响了城市轨道交通系统的安全性。故本节也对物理组分进行了相关调研。

城市轨道交通运营系统是由列车系统、机电系统、土建系统、供电系统等业务子系统内的各种机电设备、基础设施组成的,物理组分之间有物理连接关系。根据前文中对物理组分风险的定义可知,并非所有的物理组分节点都是风险点,只有产生概率大或者对运营安全影响大的物理组分是风险点。相应地,外部环境风险点也是对运营安全影响较大的外部环境节点。外部环境风险点与物理组分风险点之间有逻辑连接关系。因此,本书通过事故、故障数据及专家意见提取物理组分风险点和外部环境风险点及对应的连接关系,为邻接矩阵 A_S 的构建提供基础。

(3) 岗位风险点安全屏障行为调研。

城市轨道交通运营企业已根据交通运输部下发的《城市轨道交通运营安全风险分级管理和隐患排查治理管理办法》(交运规〔2019〕7 号)辨识出了物理组分风险点和外部环境风险点,并针对不同的风险点规定了相应的责任岗位,设置了相应的安全屏障行为。根据调研获得的 ×× 城市轨道交通运营企业风险点登记清单,构建岗位风险点的安全屏障行为邻接矩阵 A_{HS}。

某城市轨道交通运营事故调查报告　　风险分级管控和隐患排查治理管理办法　　2019 年城市轨道交通运营企业通号车间风险点登记清单(部分)　　2019 年城市轨道交通运营企业机电车间风险点登记清单(部分)

7.3.2　城市轨道交通运营人因复合网络模型

在调研资料的基础上,提取出物理结构风险点、外部环境风险点、岗位风险点共 79 个。为了便于描述,将网络中的风险点进行编号,如表 7-19 所示。

城市轨道交通运营系统风险点列表　　　　表 7-19

风险点标号	风险点名称	风险点标号	风险点名称
S_1	轨道电路	S_{30}	二系悬挂装置
S_2	ATO/APO 车载设备	S_{31}	列车通风系统
S_3	ATO/APO 电源模块	S_{32}	列车车门
S_4	ATO/APO 地面设备	S_{33}	列车照明设备
S_5	数据通信子系统（DCS）	S_{34}	制动控制单元
S_6	ATS 模块	S_{35}	站台门门体
S_7	联锁模块	S_{36}	站台门门机模块
S_8	隧道主体	S_{37}	站台门门控模块
S_9	隧道附属设施	S_{38}	站台门驱动电源
S_{10}	基床	S_{39}	FAS 探测器
S_{11}	排水设施	S_{40}	气体灭火控制设备
S_{12}	桥梁下部结构	S_{41}	防火报警主机
S_{13}	桥梁上部结构	S_{42}	BAS 传感器
S_{14}	桥面	S_{43}	BAS 主控器
S_{15}	道岔	S_{44}	BAS 电扶梯通信接口
S_{16}	钢轨连接零件	S_{45}	BAS 风机变频接口模块
S_{17}	钢轨	S_{46}	自动扶梯驱动模块
S_{18}	接触轨组件	S_{47}	自动扶梯梯路
S_{19}	车体钢结构	S_{48}	自动扶梯传动模块
S_{20}	车钩	S_{49}	自动扶梯桁架
S_{21}	车体内装	S_{50}	自动扶梯扶手
S_{22}	轮对	S_{51}	车站照明设备
S_{23}	转向架排障器	S_{52}	车站电源模块
S_{24}	轴箱装置	S_{53}	风
S_{25}	转向架构架	S_{54}	雪
S_{26}	闸瓦	S_{55}	雨
S_{27}	速度检测装置	S_{56}	雾
S_{28}	轮缘润滑装置	S_{57}	异物入侵
S_{29}	一系悬挂装置	S_{58}	乘客

续上表

风险点标号	风险点名称	风险点标号	风险点名称
H_1	值班站长	H_{12}	给排水工
H_2	客运值班员	H_{13}	环控检修工
H_3	行车值班员	H_{14}	电扶梯检修工
H_4	站务员	H_{15}	低压供电检修工
H_5	行车调度员	H_{16}	高压接触轨维护工
H_6	电力调度员	H_{17}	巡检
H_7	环控调度员	H_{18}	FAS工
H_8	设修调度员	H_{19}	BAS工
H_9	电客车司机	H_{20}	通信信号维护工
H_{10}	车辆段调度员	H_{21}	车载维护工
H_{11}	车辆检修工		

本文所构建的城市轨道交通运营人因复合风险网络模型共有节点 79 个、边 262 条。网络模型利用 Gephi 软件生成和展示,可扫描二维码"城市轨道交通运营人因复合风险网络"查阅。网络图中,绿色边代表安全屏障行为,紫色边代表运营联动行为,红色边代表物理和逻辑连接关系。

城市轨道交通运营人因复合风险网络

7.3.3 运营基础风险子网

根据风险网络模型分解方法,提取基于物理和逻辑连接关系的运营基础风险子网。网络中共有节点 58 个,连边 77 条。

网络拓扑结构指的是网络中节点和边的结构特征。复杂网络的拓扑结构信息是理解复杂系统性质和功能的基础。城市轨道交通运营基础风险子网是安全屏障行为管理的对象,因此,分析城市轨道交通运营基础风险子网的拓扑特征有助于对安全屏障行为管理策略进行研究。

城市轨道交通运营基础风险子网

(1)节点度与平均度。

在无向网络中,节点度是指所有与其直接相连的节点数量,可以衡量一个节点与其他节点的联系程度。节点度是描述网络局部特征时最常用的一项指标。所有节点度的平均值则称为网络的平均度,反映全局网络中节点的疏密程度。相关计算公式如下：

$$\begin{cases} k_i = \sum_{j=1}^{N} a_{ij} \\ A = (a_{ij})_{NN} \end{cases} \quad (7\text{-}3)$$

$$<k> = \frac{1}{N}\sum_{i=1}^{N} k_i = \frac{2M}{N} \quad (7\text{-}4)$$

其中，k_i 表示节点 i 的度值；A 表示网络节点邻接矩阵；N 表示网络节点规模；M 表示网络总边数。

计算可得城市轨道交通运营基础风险子网的平均度为 2.655，这表示该网络中的每个风险点平均与其他 2 或 3 个风险点相连接。大部分风险点的度值在 1~3 之间，见图 7-14。

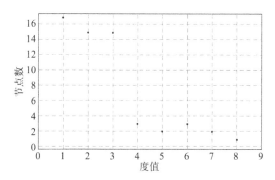

图 7-14　城市轨道交通运营基础风险子网节点度分布

(2) 平均路径长度。

在无向无权网络中，距离 d_{ij} 为节点 i 和节点 j 之间最短路径边数。网络平均路径长度 L 则表示任意两个节点之间路径长度的平均值。平均路径长度 L 是常用的网络全局特征指标，具体计算公式如下：

$$L = \frac{1}{\frac{1}{2}N(N-1)}\sum_{i \neq j} d_{ij} \quad (7\text{-}5)$$

计算得到网络中平均路径长度为 5.198。因此，在风险传播过程中，平均经过 5 个节点，风险便会波及整个网络。由此可见，城市轨道交通运营基础风险子网具有明显的小世界网络特征。

(3) 聚类系数。

聚类系数描述的是网络中节点的聚集程度。节点 i 的聚类系数是指节点 i

所有相邻节点之间实际边数占总的可能边数的比例，衡量的是节点之间聚集的紧密程度。若节点 i 有 k_i 个邻居节点，这 k_i 个节点之间的边数实际为 E_i，最多为 $k_i(k_i-1)/2$，则节点 i 的聚类系数 C_i 为：

$$C_i = \frac{2E_i}{k_i(k_i-1)} \tag{7-6}$$

全网聚类系数 C 是所有节点聚类系数的平均值，描述的是整个网络的聚集程度，计算公式如下：

$$C = \frac{1}{N}\sum_{i=1}^{N} C_i \tag{7-7}$$

聚类系数（图7-15）取值介于0到1之间，一半以上的风险点聚类系数接近0；网络的平均聚类系数为0.286。可以看出，网络中绝大部分风险点聚集较为稀疏，只有小部分风险点聚集紧密。

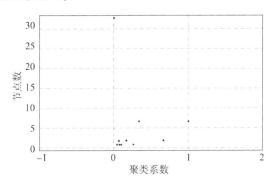

图7-15 城市轨道交通运营基础风险子网聚类系数分布

(4) 中心性。

介数中心性以经过该节点的最短路径个数来判断节点的重要程度。通过节点的最短路径数量越多，则这个节点就越有影响力。接近中心性计算的是该节点到网络中所有节点最短路径的平均长度，衡量了节点通过网络对其他节点的间接影响力。特征向量中心性兼顾根据邻居节点的数量和重要性来度量节点的重要性。城市轨道交通运营基础风险子网的三种中心性指标计算结果如图7-16所示。

观察中心性指标计算结果可知，网络中风险点的中心性指标分布不均衡，大部分风险点中心性较低，少量风险点的中心性较高。当针对某些关键风险点的人因安全屏障行为有效时，能够最大程度地破坏城市轨道交通运营基础风险子网的网络性能，使得风险在网络中难以产生及传播。因此，安全管理者只需要重点关注这部分关键风险点对应的人因控制行为，即可最大限度地保障运营安全。

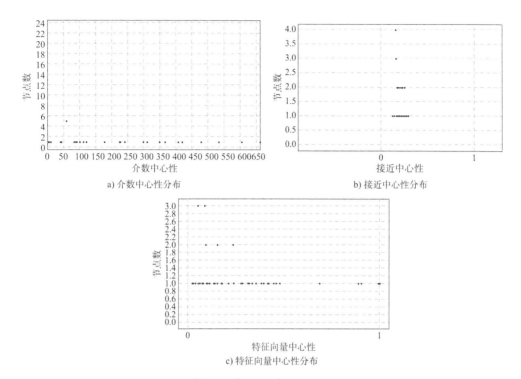

图 7-16 城市轨道交通运营基础风险子网三种中心性指标分布图

7.3.4 运营联动风险子网

根据本文提出的风险网络模型分解方法,提取基于运营联动行为的运营联动风险子网。网络中共有节点 21 个,连边 62 条。

运营联动行为是城市轨道交通系统能够安全高效地实现运营目标的基础,本节对城市轨道交通运营联动风险子网的网络拓扑特征进行分析,为后续关键运营联动行为安全管理策略研究提供基础。

(1) 节点度与平均度。

城市轨道交通运营联动风险子网

通过计算可知城市轨道交通运营基础风险子网的平均度为 2.952,即该网络中的每个风险点平均与其他 2 或 3 个风险点相连接。大部分风险点的度值在 3~7 之间,少量风险点的度值在 8~10 之间。城市轨道交通运营联动风险子网节点度分布如图 7-17 所示。

(2) 平均路径长度。

计算得到网络中平均路径长度为 1.9,因此在风险传播过程中,大约经过 2 个节点,风险便会波及整个网络。由此可见,因运营需要,各岗位之间的联动很紧密,风险激活时会快速传播,造成严重后果。因此,人因安全管理更需要注重岗位的关键运营联动行为。

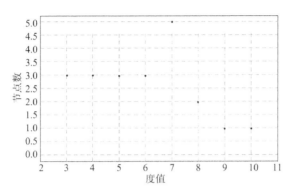

图 7-17　城市轨道交通运营联动风险子网节点度分布

(3) 聚类系数。

城市轨道交通运营联动风险子网中风险点的聚类系数分布如图 7-18 所示。风险点聚类系数取值介于 0 和 1 之间,一半以上的风险点聚类系数接近 0;网络的平均聚类系数为 0.470。可以看出,网络中绝大部分风险点聚集较为稀疏,只有小部分风险点聚集紧密。

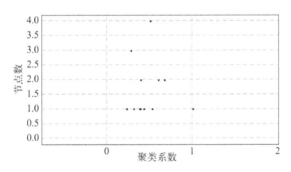

图 7-18　城市轨道交通运营联动风险子网聚类系数分布

(4) 中心性。

城市轨道交通运营联动风险子网的介数中心性、接近中心性和特征向量中心性指标计算结果如图 7-19 所示。

由中心性指标计算结果可知,网络中风险点的中心性指标分布不均衡,绝大部分风险点中心性较低。

第 7 章 城市轨道交通系统风险网络模型应用研究

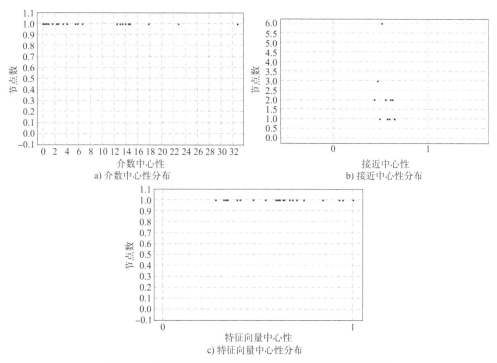

图 7-19 城市轨道交通运营联动风险子网三种中心性指标分布

7.3.5 面向组分和环境的关键安全屏障行为介入策略

根据实地调研及专家意见构建的运营基础风险子网,基于××市城市轨道交通运营企业提供的 2017—2020 年的 1357 条故障数据及事故报告计算网络中风险的原始发生概率 ω_i,计算方法如下:

$$\omega_i = \frac{G}{365} \tag{7-8}$$

其中,G 为年均故障(事故)发生次数,天气类外部环境风险点原始发生概率根据气象数据计算发生次数。计算结果如表 7-20 所示。

运营基础子网风险点原始发生概率　　　　表 7-20

编号	风险点名称	ω_i	编号	风险点名称	ω_i
1	轨道电路	0.014	5	数据通信子系统	0.011
2	ATO/APO 车载设备	0.020	6	ATS 模块	0.016
3	ATO/APO 电源模块	0.020	7	连锁模块	0.027
4	ATO/APO 地面设备	0.020	8	隧道主体	0.008

续上表

编号	风险点名称	ω_i	编号	风险点名称	ω_i
9	隧道附属设施	0.005	34	制动控制单元	0.080
10	基床	0.005	35	站台门门体	0.027
11	排水设施	0.014	36	站台门门机模块	0.027
12	桥梁下部结构	0.011	37	站台门门控模块	0.027
13	桥梁上部结构	0.011	38	站台门驱动电源	0.005
14	桥面	0.011	39	FAS 探测器	0.003
15	道岔	0.022	40	气体灭火控制设备	0.003
16	钢轨连接零件	0.041	41	防火报警主机	0.011
17	钢轨	0.019	42	BAS 传感器	0.005
18	接触轨组件	0.008	43	BAS 主控器	0.005
19	车体钢结构	0.014	44	BAS 电扶梯通信接口	0.014
20	车钩	0.025	45	BAS 风机变频接口模块	0.011
21	车体内装	0.014	46	自动扶梯驱动模块	0.016
22	轮对	0.032	47	自动扶梯梯路	0.011
23	转向架排障器	0.020	48	自动扶梯传动模块	0.016
24	轴箱装置	0.020	49	自动扶梯桁架	0.014
25	转向架构架	0.044	50	自动扶梯扶手	0.008
26	闸瓦	0.011	51	车站照明设备	0.008
27	速度检测装置	0.060	52	车站电源模块	0.003
28	轮缘润滑装置	0.014	53	风	0.005
29	一系悬挂装置	0.005	54	雪	0.008
30	二系悬挂装置	0.005	55	雨	0.016
31	列车通风系统	0.005	56	雾	0.003
32	列车车门	0.016	57	异物入侵	0.025
33	列车照明设备	0.011	58	乘客	0.027

通过公式可计算出初始状态下的风险点活跃度,本文利用 MATLAB 软件进行计算,计算结果可扫描二维码"初始状态下的风险点活跃度"查阅。

采取基于风险点活跃度的关键安全屏障行为介入策略进行系统安全管理,通过最大连通子图规模来评价关键安全屏障行为介入策略效

初始状态下的风险点活跃度

果,如图 7-20 所示。

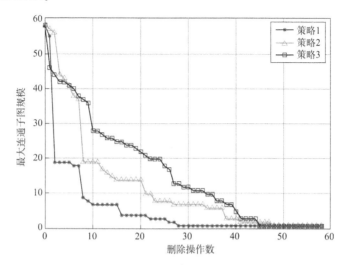

图 7-20　关键安全屏障行为介入策略效果

图 7-20 展示的三种安全屏障行为介入的策略分别是:基于风险点活跃度的关键安全屏障行为介入策略(策略 1)、基于原始发生概率的关键安全屏障行为介入策略(策略 2)、随机安全屏障行为介入策略(策略 3)。结果显示,本书提出的关键安全屏障行为介入策略可以快速降低网络中最大连通子图规模,只需要针对关键的 10 个(前 17.2%)风险点进行安全屏障行为介入即可使网络最大连通子图规模降低为 7,降低了约 88%,最大程度破坏了运营基础风险子网的网络性能,提升了系统运营安全性。对关键的 10 个风险点进行安全屏障行为介入不仅可以使风险网络性能大幅下降,还使网络中剩余风险点的最大活跃度从初始状态的 0.262 下降至 0.09,大幅降低了运营基础子网中风险产生可能性和传播的影响程度。

前 10 次风险点删除操作

7.3.6　面向人因的关键运营联动行为管理策略

根据实地调研及专家意见构建运营联动风险子网,基于××市城市轨道交通运营企业提供的 2017—2020 年的事故案例和员工违规记录计算网络中风险的原始发生概率 ω_i。

$$\omega_i = \frac{G'}{365} \tag{7-9}$$

其中,G' 为年均违规发生次数。计算结果如表 7-21 所示。

运营联动风险子网风险点原始发生概率　　　　　　　表 7-21

编号	风险点名称	ω_i	编号	风险点名称	ω_i
1	值班站长	0.1	12	电扶梯检修工	0.06
2	客运值班员	0.1	13	低压供电检修工	0.1
3	行车值班员	0.2	14	高压接触轨维护工	0.09
4	站务员	0.15	15	巡检人员	0.35
5	行车调度员	0.32	16	FAS 工	0.07
6	电力调度员	0.09	17	BAS 工	0.06
7	环控调度员	0.07	18	通信信号维护工	0.46
8	电客车司机	0.21	19	车载维护工	0.33
9	车辆检修工	0.26	20	设修调度员	0.28
10	给排水工	0.04	21	车辆段调度员	0.18
11	环控检修工	0.03			

计算出初始状态下的风险点活跃度,本书利用 MATLAB 软件进行计算,可扫描二维码"初始状态下的风险点活跃度"查阅计算结果。

为对比本文提出的基于边重要度的关键运营联动行为管理策略,选取另外两种管理策略进行对比,通过边连通性来评价管理效果。图 7-21 展示的三种关键运营联动行为管理的策略分别是:基于边重要度的关键运营联动行为管理策略(策略 1)、基于边两端风险点活跃度的关键运营联动行为管理策略(策略 2)、随机运营联动行为管理策略(策略 3)。

初始状态下的风险点活跃度

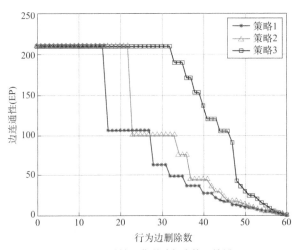

图 7-21　关键运营联动行为管理效果

由图 7-21 可知,岗位风险点之间基于运营行为边的联系是非常紧密的,需要删除大量的行为边,网络的边连通性才会大幅降低。本书提出的方法相比其他两种策略能够使得风险网络边连通性快速下降,当针对 18 个(前 29%)关键运营联动行为进行安全管理时,风险网络的边连通性下降了 50%,极大破坏了风险网络性能。

7.3.7 系统安全管理策略实施建议

关键安全屏障行为介入策略及关键运营联动行为管理策略共同组成城市轨道交通系统安全管理策略。选取运营基础风险网络中前 10 个关键风险点及介入的 23 个安全屏障行为及联动行为风险网络中的前 18 个关键运营联动行为作为系统安全管理策略,如表 7-22 所示。

基于人因行为的城市轨道交通运营系统安全管理策略　　　　表 7-22

编号	行为类别	风险点 1	风险点 2	编号	行为类别	风险点 1	风险点 2
1	安全屏障行为	S_{17}	H_4	22	安全屏障行为	S_{46}	H_4
2	安全屏障行为	S_{17}	H_9	23	安全屏障行为	S_{46}	H_{14}
3	安全屏障行为	S_{17}	H_{17}	24	运营联动行为	S_{46}	H_{18}
4	安全屏障行为	S_{55}	H_2	25	运营联动行为	H_3	H_5
5	安全屏障行为	S_{55}	H_{12}	26	运营联动行为	H_7	H_{19}
6	安全屏障行为	S_{55}	H_{20}	27	运营联动行为	H_6	H_{17}
7	安全屏障行为	S_{44}	H_7	28	运营联动行为	H_1	H_2
8	安全屏障行为	S_{44}	H_{19}	29	运营联动行为	H_4	H_9
9	安全屏障行为	S_7	H_3	30	运营联动行为	H_1	H_4
10	安全屏障行为	S_7	H_5	31	运营联动行为	H_5	H_7
11	安全屏障行为	S_7	H_{20}	32	运营联动行为	H_{18}	H_{19}
12	安全屏障行为	S_{10}	H_{17}	33	运营联动行为	H_{18}	H_{20}
13	安全屏障行为	S_{25}	H_{11}	34	运营联动行为	H_{15}	H_{18}
14	安全屏障行为	S_{19}	H_9	35	运营联动行为	H_{19}	H_{20}
15	安全屏障行为	S_{19}	H_{11}	36	运营联动行为	H_6	H_{20}
16	安全屏障行为	S_{35}	H_1	37	运营联动行为	H_7	H_{18}
17	安全屏障行为	S_{35}	H_4	38	运营联动行为	H_{11}	H_{19}
18	安全屏障行为	S_{35}	H_{13}	39	运营联动行为	H_7	H_9
19	安全屏障行为	S_{41}	H_2	40	运营联动行为	H_7	H_{20}
20	安全屏障行为	S_{41}	H_7	41	运营联动行为	H_{12}	H_{18}
21	安全屏障行为	S_{41}	H_{18}				

城市轨道交通运营安全管理人员可以根据表 7-22 进行基于城市轨道交通运营岗位群体人因行为的系统安全管理。本书以电客车司机 H_9 为例,根据表 7-23 中与之相关的人因行为提出具体的安全管理建议。

电客车司机是运营过程中最重要的岗位之一,是行车中最重要的一环,其行为对系统安全影响重大。根据分析结果,运营安全管理人员需要重点关注司机与行车调度员及站务员之间的运营联动行为,司机可采取钢轨和车体钢结构的安全屏障行为介入策略。

(1)电客车司机的行车作业是在行车调度员指令下进行的,因此需要在现有操作规范的基础上,进行行车事故下的安全演练,确保司机与行车调度员之间能够在突发状况下进行安全的运营联动,并通过日常行为记录和监控对司机与调度员之间的运营联动行为进行规范和监管;在司机和行车调度员之间增设第三方监管岗位,以确保两者联动时交换信息的准确性。

(2)电客车司机与站务员之间的运营联动行为发生在列车进出站时,两者之间的运营联动行为安全管理需要针对车站突发状况进行安全演练,如"车门夹人",确实两者能够在突发状况下进行安全联动;此外,还需畅通电客车司机与站务员之间的联系渠道,方便双方交流站台情况,以便及时作出正确反映。

(3)司机对钢轨的安全屏障行为介入主要发生在行车过程中,为实现该安全屏障行为的介入,需要对行车过程中的"异物入侵""钢轨异常"等突发状况进行安全技能学习和安全演练,确保司机能够在岗位风险点激活时作出正确的监测和处理行为;此外,可通过增加线路动态监测设备,及时向司机反馈线路状况。

(4)司机对车体钢结构的安全屏障行为介入主要发生在发车前、回场后和行车过程中。在发车前,需要轨道司机对车体钢结构的检查动作,回场后,需要司机将车体钢结构状况与车辆检修员进行交接,以确保钢结构风险点的风险状态无法激活或无法传播;在行车过程中,对车体钢结构异常突发状况进行安全演练,确保司机能够在风险点激活时进行正确的处理,避免风险继续传播造成严重后果。

7.4 本章小结

本章首先以城市轨道交通典型的制动场景为背景,辨识并构建了制动场景下的风险点集,构建得到制动场景下的风险链,使用所构建的风险链找出系统中的关键风险点,并分析了"司机"这一风险点状态变化对其他风险点的影响。其次,以城市轨道交通系统车辆系统及其相关系统为例,构建了基于改进 SIR 模型的风险网络传播仿真模型,通过对原生风险位置对照讨论,得到了车辆系统典型风险传播路径;通过对风险传播路径进行分析,发现风险传播路径与实际运营经验基本相符;对仿真得到的风险传播路径采用节点随机游走算法免疫,取得了较好的免疫效果,证明了理论方法的科学性。另外,结合实地调研数据,通过案例应用构建了城市轨道交通运营人因复合风险网络模型,运营基础风险子网、运营联动风险子网,使用本书提出的面向组分和环境的关键安全屏障行为介入策略生成方法和面向人因的关键运营联动行为管理策略生成方法,通过与其他策略进行对比证明本书提出的两种策略能够很好地破坏风险网络性能,降低系统整体风险。通过上述两种策略生成方法,得到系统全局安全管理策略,并以电客车司机岗位为例,针对其关键人因行为提出具体的策略实施建议。

参 考 文 献

[1] VOLPP L. Complex networks:structure and dynamics[J]. Physics Reports, 2006, 424(4):175-308.

[2] LEI L, ZHONG Z, LIN C, et al. Operator controlled device-to-device communications in LTE-advanced networks[J]. IEEE Wireless Communications, 2012, 19(3):96-104.

[3] KOMOTO H, TOMIYAMA T. Multi-disciplinary system decomposition of complex mechatronics systems[J]. CIRP Annals-Manufacturing Technology, 2011, 60(1):191-194.

[4] NEWMAN M E J. The structure and function of complex networks[J]. SIAM Review, 2003, 45(2):167-256.

[5] 龙晓林. 基于网络模型的多机器人系统研究[D]. 杭州:浙江大学, 2007.

[6] 徐丽平. 随机流网络可靠度的算法研究[D]. 沈阳:东北大学, 2006.

[7] 李振, 孙新利, 姬国勋, 等. 基于无效状态空间的多状态网络可靠性评估[J]. 计算机工程, 2012, 38(23):95-100.

[8] 黄宁, 伍志韬. 网络可靠性评估模型与算法综述[J]. 系统工程与电子技术, 2013, 35(12):2651-2660.

[9] 邵峰晶, 孙仁诚, 李淑静, 等. 多子网复合复杂网络及其运算研究[J]. 复杂系统与复杂性科学, 2013, 9(4):20-25.

[10] 昊俊, 段东立, 赵娟, 等. 网络系统可靠性研究现状与展望[J]. 复杂系统与复杂性科学, 2011, 8(2):77-86.

[11] 龙妍. 基于物质流,能量流与信息流协同的大系统研究[D]. 武汉:华中科技大学, 2009.

[12] 杨明. 基于多层流模型的核动力装置可靠性分析及故障诊断方法研究[D]. 哈尔滨:哈尔滨工程大学, 2013.

[13] LIND M, YOSHIKAWA H, JøRGENSEN S B, et al. Multilevel flow modeling of monju nuclear power plant[J]. Nuclear Safety and Simulation, 2011, 2(3):274-284.

[14] 禹扬. 基于禁忌搜索的有向网络最优瓦解策略研究[D]. 长沙:国防科技大学, 2017.

[15] 邓勇亮. 城市地铁网络系统物理脆弱性的评价及控制研究[D]. 南京:东南大学,2016.

[16] SAATY T L. Axiomatic foundation of the analytic hierarchy process[J]. Management Science, 1986, 32(7):841-855.

[17] SAATY T L. How to make a decision:the analytic hierarchy process[J]. European Journal of Operational Research, 1994, 24(6):19-43.

[18] GUENAB F, BOULANGER J L, SCHON W. Safety of railway control systems:a new preliminary risk analysis approach[C]. IEEE International Conference on Industrial Engineering and Engineering Management, 2008:1309-1313.

[19] 张亚东,郭进,单娜. 铁路信号系统风险严重度综合评判[J]. 西南交通大学学报, 2010, 45(5):759-763.

[20] 刘云,马香,岳天琛. 城市轨道交通运营风险识别与分析[J]. 公路交通科技:应用技术版, 2015(1):283-288.

[21] RAVIV G, SHAPIRA A, FISHBAIN B. AHP-based analysis of the risk potential of safety incidents:case study of cranes in the construction industry[J]. Safety Science, 2017, 91(c):298-309.

[22] KARAHALIOS H. The application of the AHP-TOPSIS for evaluating ballast water treatment systems by ship operators[J]. Transportation Research Part D Transport & Environment, 2017, 52(Part A):172-184.

[23] DUNJÓ J, FTHENAKIS V, VÌLCHEZ J A, et al. Hazard and operability (HAZOP) analysis. A literature review[J]. Journal of hazardous materials, 2010, 173(1-3):19-32.

[24] HUANG J G, JO H J, KIM D H. Hazard analysis of train control system using HAZOP-KR methods[C], International Conference on Electrical Machines and Systems, 2010:1971-1975.

[25] LI K, YAO X, CHEN D, et al. HAZOP study on the CTCS-3 onboard system[J]. IEEE Transactions on Intelligent Transportation Systems, 2015, 16(1):162-171.

[26] GAO T T, WANG S M. Fuzzy integrated evaluation based on HAZOP[J]. Procedia Engineering, 2018, 211:176-182.

[27] ZOU S, KUANG Y, TANG D, et al. Risk analysis of high level radioactive waste storage tank based on HAZOP[J]. Annals of Nuclear Energy, 2018, 119:

106-116.

[28] 李晓璐,于昕明,雷方舒,等. 城市轨道交通系统灾害链网络模型构建与评价[J]. 中国安全科学学报,2018(6).

[29] TENG S H, Ho S Y. Failure mode and effects analysis:an integrated approach for product design and process control[J]. International Journal of Quality & Reliability Management,1996,13(5):8-26.

[30] INGLEBY M, MEE D J. Calculus of hazard for railway signaling[C]. Workshopon Industrial-Strength Formal Specification Techniques,1995:146-158.

[31] 赵媛喆. 列控中心功能安全分析应用研究[D]. 成都:西南交通大学,2009.

[32] LOONG C C, CHYAN L S, CHOON Y K, et al. Prioritising redundant network component for HOWBAN survivability using FMEA[J]. Wireless Communications and Mobile Computing,2017,2017:1-13.

[33] MOHAMMAD H, MOHAMMAD R A. Risk assessment using fuzzy FMEA[J]. Indian Journal of Science and Technology,2017,10(9):1-9.

[34] ALRIFAEY M, SAI H T, SUPENI E E, et al. Identification and prioritization of risk factors in an electrical generator based on the hybrid FMEA framework[J]. Energies,2019,12(4):649.

[35] 李雷,王海峰,唐涛. 安全苛求系统综合功能危险源分析方法的研究[J]. 铁路计算机应用,2011,20(7).

[36] 施红星,闫彬. 基于模糊事故树法的车辆交通安全风险识别[J]. 军事交通学院学报,2014,16(12):4-9.

[37] 罗文文. 高速公路事故路段行车风险分布研究[D]. 哈尔滨:东北林业大学.2015.

[38] 罗毅,蔡凤田,鲁光泉. 基于聚类分析法的客运企业交通事故重点风险源辨识[J]. 道路交通与安全,2016(3):59-64.

[39] COLIN M S. Risk analysis for large projects:models, methods and cases[J]. Journal of the Operational Research Society,1987,38(12):1217-1217.

[40] KANGARI R. Risk management perceptions and trends of US construction[J]. Journal of Construction Engineering and Management,1995,121(4):422-429.

[41] VELI-PCKKA K,KAARH R,KIRSI P. Risk analysis of transportation finnish railways[J]. Research Board 81 st Annual Meeting,2002(1).

[42] RUAN D. Choquet integral based aggregation approach to software development

risk assessment[J]. Information Sciences, 2010, 180(3):441-451.

[43] ECKLE P, BURGHERR P. Bayesian data analysis of severe fatal accident risk in the oil chain[J]. Risk Analysis An Official Publication of the Society for Risk Analysis, 2013, 33(1):146-160.

[44] BOYSON S. Cyber supply chain risk management: revolutionizing the strategic control of critical IT systems[J]. Technovation, 2014, 34(7):342-353.

[45] TANG C S. Perspectives in supply chain risk management[J]. Social Science Electronic Publishing, 2006, 103(2):451-488.

[46] SYAHRIR I, VANANY I. Healthcare and disaster supply chain: literature review and future research[J]. Procedia Manufacturing, 2015, 4:2-9.

[47] KUMAR R S, CHOUDHARY A, BABU S A K I, et al. Designing multi-period supply chain network considering risk and emission: a multi-objective approach [J]. Annals of Operations Research, 2017, 250(2):427-461.

[48] MICHAEL L. supply chain risk management for critical commodities: a system dynamics model for the case of the rare earth elements[J]. Resources Conservation & Recycling, 2017, 125:349-362.

[49] 西宝, 李一军. 工程项目风险链管理及鞭梢效应[J]. 哈尔滨建筑大学学报, 2002, 35(4):112-116.

[50] 刘永胜, 杜红平. 供应链风险预警机制的构建[J]. 中国流通经济, 2006, 20(8):15-18.

[51] 马彦, 王海龙, 曹文娟, 等. 项目群风险链管理技术研究[J]. 航天制造技术, 2007, 12(6):35-37.

[52] 王元明, 赵道致, 徐大海. 基于风险传递的项目型供应链风险控制研究[J]. 软件学报, 2008, 22(12):1-4.

[53] 李藐, 陈建国, 陈涛, 等. 突发事件的事件链概率模型[J]. 清华大学学报: 自然科学版, 2010, 50(8):1173-1177.

[54] 张磊, 樊治平, 乐琦. 考虑风险关联情形的风险评估方法研究[J]. 运筹与管理, 2011, 6:188-195.

[55] 李存斌, 陆龚曙. 工程项目风险元传递的系统动力学模型[J]. 系统工程理论与实践, 2012, 32(12):2731-2739.

[56] 曹吉鸣, 申良法, 彭为, 等. 风险链视角下建设项目进度风险评估[J]. 同济大学学报(自然科学版), 2015, 43(3):468-474.

[57] 张艺凡. 人为、环境因素影响下城市轨道交通单线运营风险评估研究[D]. 北京:首都经济贸易大学,2016.

[58] LI Q, SONG L, LIST G F, et al. A new approach to understand metro operation safety by exploring metro operation hazard network[J]. Safety Science. 2017, 93:50-61.

[59] 贾文峥,王艳辉,苏宏明,等. 基于风险网络的轨道交通车辆风险评价[J]. 交通运输系统工程与信息,2019,19(4):143-148.

[60] 成思危. 复杂科学与系统工程[J]. 管理科学学报,1999(2):3-9.

[61] 王保国,王伟,黄伟光,等. 钱学森系统科学思想在人机环境系统工程中的应用[J]. 华北科技学院学报,2014,11(8):1-18.

[62] 朱庆明. 煤矿事故统计分析与预测研究[D]. 青岛:山东科技大学,2010.

[63] 李熙. 基于屏障模型的较大危化品事故致因分析[D]. 北京:中国地质大学(北京),2020.

[64] DUIJM N J, HALE A R, GOOSSENS L, et al. Evaluating and managing safety barriers in major hazard plants[J]. Probabilistic Safety Assessment and Management, 2004.

[65] DIANOUS V D, FIEVEZ C. ARAMIS project:a more explicit demonstration of risk control through the use of bow-tie diagrams and the evaluation of safety barrier performance[J]. Journal of Hazardous Materials, 2006, 130(3):220-233.

[66] LEVESON N. A new accident model for engineering safer systems[J]. Safety Science, 2004, 42(4):237-270.

[67] SVENSON. The accident evolution and barrier function (AEB) model applied to incident analysis in the processing industries[J]. Risk analysis,1991,11(3):499-507.

[68] SUNDAY A A,FAISAL K,MING Y. Process accident model considering dependency among contributory factors[J]. Process Safety and Environmental Protection,2016,102.

[69] STANLEY S. Layers of protection analysis—simplified process risk assessment[J]. Journal of Loss Prevention in the Process Industries,2002,15(4).

[70] LI Y,FRANK W G. Safety management systems:A broad overview of the literature[J]. Safety Science,2018:103.

[71] 肖雪梅,王艳辉,张思帅,等. 基于耗散结构和熵的高速铁路事故演化机理研

究[J]. 中国安全科学学报,2012(5):101-107.

[72] 张兆宁. 基于耗散结构理论的空中交通管制风险演化机理研究[C]. 中国智能交通协会. 第十届中国智能交通年会优秀论文集. 中国智能交通协会:中国智能交通协会,2015:7-14.

[73] 蔡天富,张景林. 对安全系统运行机制的探讨——安全度与安全熵[J]. 中国安全科学学报,2006,16(3):4-7.

[74] 王元明,赵道致,徐大海. 项目供应链的风险单向传递机理及其对策[J]. 北京交通大学学报(社会科学版),2009(4):51-56.

[75] 温欣岚,罗占业,樊美娜,等. 链式风险评估方法研究及工程应用[J]. 中国安全生产科学技术,2019,15(3):156-162.

[76] 黄浪,吴超,王秉. 基于熵理论的重大事故复杂链式演化机理及其建模[J]. 中国安全生产科学技术,2016,012(5):10-15.

[77] 李睿琪,王伟,舒盼盼,等. 复杂网络上流行病传播动力学的爆发阈值解析综述[J]. 复杂系统与复杂性科学,2016,13(1):1-39.

[78] PASTOR S, ROMUALDO, VESPIGNANI, et al. Epidemic spreading in scale-free networks[J]. Physical Review Letters, 2001, 86(14):3200-3203.

[79] ERDÖS P, RÉNYI A. On the evolution of random graphs[J]. Transactions of the American Mathematical Society, 2011, 286(1):257-274.

[80] WATTS D J, STROGATZ S H. Collective dynamics of 'small-world' networks[J]. Nature, 1998, 393:440-442.

[81] SEBASTIAN S. Emergence of scaling in random networks[M]. Springer Fachmedien Wiesbaden,2018.

[82] LI Q,SONG L L,GEORGE F. A new approach to understand metro operation safety by exploring metro operation hazard network[J]. Elsevier,2016.

[83] ZHOU T,YAN G,WANG B. Maximal planar networks with large clustering coefficient and power-law degree distribution[J]. American Physical Society,2005,71(4).

[84] PERRA N, GONCALVES B, PASTORSATORRAS R, et al. Activity driven modeling of time varying networks[J]. Sci Rep, 2012, 2(6):469.

[85] LIU S,PERRA N,KARSAI M,et al. Controlling contagion processes in activity driven networks[J]. Pubmed,2014,112(11).

[86] 李钊,徐国爱,班晓芳,等. 基于元胞自动机的复杂信息系统安全风险传播

研究[J]. 物理学报, 2013, 62(20):10-19.

[87] 吕元海, 孙江辉, 杜程. 基于复杂网络的风险传播模型及有效算法[J]. 计算技术与自动化, 2016, 35(2):44-49.

[88] 杨康, 张仲义. 基于复杂网络理论的供应链网络风险传播机理研究[J]. 系统科学与数学, 2013, 33(10):1224-1232.

[89] PASTOR SATORRAS R, VÁZQUEZ A, VESPIGNANI A. Dynamical and correlation properties of the internet[J]. Physical Review Letters, 2001, 87(25):258701.

[90] MORENO Y, PASTOR SATORRAS R, VESPIGNANI A. Epidemic outbreaks in complex heterogeneous networks[J]. The European Physical Journal B-Condensed Matter and Complex Systems, 2001, 26(4):521-529.

[91] ROCHA L E, LILJEROS F, HOLME P. Simulated epidemics in an empirical spatiotemporal network of 50,185 Sexual Contacts[J]. Plos Computational Biology, 2011, 7(3):101-109.

[92] BOGUÑÁ M, PASTOR SATORRAS R. Epidemic spreading in correlated complex networks[J]. Pubmed, 2002, 66(4 Pt 2).

[93] MOTTER A E, LAI Y C. Cascade-based attacks on complex networks[J]. Physical Review E, 2002, 66(6):065102.

[94] ZHAO L, PARK K, LAI Y C. Attack vulnerability of scale-free networks due to cascading breakdown[J]. Pubmed, 2004, 70(3 Pt 2).

[95] SANSAVINI G, HAJJ M R, PURI I K, et al. A deterministic representation of cascade spreading in complex networks[J]. Institute of Physics, 2009, 87(4).

[96] 蒋文君, 刘润然, 范天龙, 等. 多层网络级联失效的预防和恢复策略概述[J]. 物理学报, 2020, 69(8):81-91.

[97] GAO J, BULDYREV S V, STANLEY H E, et al. Networks formed from interdependent networks[J]. Nature Physics, 2011, 8(1):40-48.

[98] FAQEEH A, MELNIK S, COLOMER-DE-SIMÓN P, et al. Emergence of coexisting percolating clusters in networks[J]. Physical Review E, 2016, 93(6):062308.

[99] MURAKAMI M, ISHIKURA S, KOMINAMI D, et al. Robustness and efficiency in interconnected networks with changes in network assortativity[J]. Applied Network Science, 2017, 2(1):6.

[100] ZOU C C, GONG W, TOWSLEY D. Worm propagation modeling and analysis under dynamic quarantine defense[C]. ACM Workshop on Rapid Malcode. 2003:51-60.

[101] WILLIAMSON M M, LÉVEILLÉ J. An epidemiological model of virus spread and cleanup[J]. Information Infrastructure Laboratory, 2003.

[102] WANG Y, CHAKRABARTI D, WANG C, et al. Epidemic spreading in real networks:an eigenvalue viewpoint[C]. International Symposium on Reliable Distributed Systems, 2003. Proceedings. IEEE, 2003:25-34.

[103] LI Q, SONG L, LIST G F, et al. A new approach to understand metro operation safety by exploring metro operation hazard network[J]. Safety Science, 2017, 93:50-61.

[104] 赵之滢,于海,朱志良,等. 基于网络社团结构的节点传播影响力分析[J]. 计算机学报, 2014, 4:753-766.

[105] LIU Z H, HU B. Epidemic spreading in community networks[J]. Europhysics Letters, 2005, 72(2):315-321.

[106] PENG X L, MICHAEL S, XU X J, et al. Temporal prediction of epidemic patterns in community networks[J]. New Journal of Physics, 2013, 15(11): 113033.

[107] SHAO F, JIANG G P. Traffic driven epidemic spreading in homogeneous networks with community structure[J]. Journal of Networks, 2012, 7(5): 850-855.

[108] VINCENT D B, JEAN-LOUP G, Renaud Lambiotte, et al. Fast unfolding of communities in large networks[J]. Journal of Statistical Mechanics:Theory and Experiment,2008(10), 1000.

[109] ZHAO X, YANG J. Research on the comprehensive benefits evaluation of urban rail transit based on the double-hierarchy model with discrete catastrophe- extenics method[C]. International Conference on Transportation Information & Safety, 2014.

[110] KITSAK M, GALLOS L K, HAVLIN S, et al. Identification of influential spreaders in complex networks[J]. ProQuest,2010,6(11).

[111] 李婵婵,蒋国平. 社团结构网络环境下 SIS 病毒传播建模与分析[J]. 复杂系统与复杂性科学,2016,13(2):67-73.

[112] KOOHBORFARDHAGHIGHI S, KIM J. One node at one step discovery process

as an immunization strategy[J]. Journal of Information Science & Engineering, 2014, 30(5):1425-1444.

[113] YAN S, TANG S, FANG W, et al. Global and local targeted immunization in networks with community structure[J]. Journal of Statal Mechanics Theory and Experiment, 2015(8):10.

[114] YUAN P, TANG S. Community-based immunization in opportunistic social networks[J]. Physica A Statistical Mechanics & Its Applications, 2015, 420: 85-97.

[115] LI M, FU C, LIU X Y, et al. Evolutionary virus immune strategy for temporal networks based on community vitality[J]. Future generation computer systems, 2017, 74(9):276-290.

[116] NOUREDDINE B. A Kernighan-Lin inspired algorithm for MAX-SAT[J]. Science China Information Sciences,2019,62(11).

[117] ZHANG T, BU B J. Detecting community structure in complex networks via resistance distance[J]. Physica A:Statistical Mechanics and its Applications, 2019,526.

[118] NEWMAN M E J. Modularity and community structure in networks[J]. Proceedings of the National Academy of ences of the United States of America, 2006, 103(23):8577-8582.

[119] 汪小帆. 复杂网络理论及其应用[M]. 北京:清华大学出版社, 2006.

[120] NEWMAN M E J. Detecting community structure in networks[J]. European Physical Journal B, 2004, 38(2):321-330.

[121] 郭崇慧,张亮.基于PCA的复杂网络社区结构分析方法[J].运筹与管理, 2008,17(6):144-149.

[122] 李琳,李生红,陆松年,等. 基于PCA的社团结构谱聚类改进算法[J].计算机工程与设计,2013,34(10):3448-3452.

[123] 张我华,灾害系统与灾变动力学[M].北京:科学出版社, 2011.

[124] 韦巍,何衍. 智能控制基础:Fundamentals of intelligent control[M].北京:清华大学出版社, 2008.

[125] 师黎. 智能控制理论及应用[M].北京:清华大学出版社, 2009.

[126] 关莹. 建筑工人不安全行为的传播路径及管理对策研究[D].阜新:辽宁工程技术大学,2020.

[127] BANDURA A. Self-efficacy. In. VS Ramachaudran[J]. Encyclopedia of Human Behavior,1994,4(4):71-81.

[128] 张卫东,栾碧雅,李松涛.基于信息风险感知的网络虚假信息传播行为影响因素研究[J].情报理论与实践,2019,42(9):93-98+110.

[129] 吴怡萍,蔡恒进.造假行为的传播与遏制——基于进化博弈模拟的研究[J].武汉大学学报(哲学社会科学版),2014,67(3):112-118.

[130] WHEELER L. Toward a theory of behavioral contagion.[J]. Psychological Review,1966,73(2):179-192.

[131] YOUNG G S,ROGERS S J,HUTMAN T,et al. Imitation from 12 to 24 months in autism and typical development:a longitudinal Rasch analysis[J]. Developmental Psychology,2011,47(6).

[132] SINAN A,DYLAN W. Identifying influential and susceptible members of social networks[J]. Science,2012,337(6092).

[133] 韩豫,梅强,周丹,等.群体封闭性视角下的建筑工人不安全行为传播特性[J].中国安全生产科学技术,2016,12(3):187-192.

[134] 周丹.建筑工人不安全行为的传播特性与机理研究[D].镇江:江苏大学,2016.

[135] 范丽群,石金涛,王庆燕.国外组织气氛研究综述[J].华东经济管理,2006(1):100-103.

[136] 王新华,孙倩,王家坤,等.基于 SIRS 模型的矿工不安全行为传播研究[J].煤炭经济研究,2018,38(3):19-25.

[137] 闫文周,杨翻艳,杨波涛.地铁施工班组安全氛围对人因风险传播的 SEM 研究[J].土木工程与管理学报,2018,35(2):39-44.

[138] 傅杰,邹艳丽,谢蓉.基于复杂网络理论的电力网络关键线路识别[J].复杂系统与复杂性科学,2017,14(3):91-96.

[139] 胡宸瀚,马亮,王健.铁路运输复杂网络的拓扑特征与动力学研究综述[J].铁路计算机应用,2021,30(2):10-17.

[140] LAM S,DORAN S,YUKSEL H H,et al. Addressing the heterogeneity in liver diseases using biological networks[J]. Briefings in Bioinformatics,2021,22(2).

[141] 张利亚,杜川,逯鹏.由病毒传播网络谈复杂网络的发展[J].企业科技与发展,2020(11):94-95,98.

[142] HUI H W, ZHOU C C, LV X, et al. Spread mechanism and control strategy of social network rumors under the influence of COVID-19[J]. Nonlinear Dynamics, 2020.

[143] 邓烨. 复杂网络最优攻击策略研究[D]. 长沙:国防科学技术大学, 2015.

[144] 于昕明. 城市轨道交通系统多层灾害链网络构建及安全态势评价[D]. 北京:北京交通大学, 2018.

[145] ALBERT R, JEONG H, BARABÁSI AL. Error and attack tolerance of complex networks[J]. Nature, 2000, 406(6794):378-82.

[146] HOLME P, KIM B J, YOON C N, et al. Attack vulnerability of complex networks[J]. Physical Review E Statistical Nonlinear & Soft Matter Physics, 2002, 65(5):056109.

[147] WANG H, HUANG J Y, XU X M, et al. Damage attack on complex networks[J]. Physica A:Statistical Mechanics and its Applications, 2014, 408.

[148] CHEN Y P, PAUL G, HAVLIN S, et al. Finding a better immunization strategy[J]. Physical review letters, 2008, 101(5).

[149] 孙昱, 姚佩阳, 张杰勇, 等. 基于优化理论的复杂网络节点攻击策略[J]. 电子与信息学报, 2017, 39(3):518-524.